Trabalhadores das Plataformas Digitais de Prestação de Serviços

Trabalhadores das Plataformas Digitais de Prestação de Serviços:

Proteção Social como Forma de Inclusão no Desenvolvimento Econômico Tecnológico

Aguimar Martins Peixoto

LACIER

LACIER

Lacier Livraria e Editora
www.livrarialacier.com.br

Rua Doutor Quirino, 808 – Centro
CEP 13015-081 – Campinas, SP – Brasil

Janeiro, 2023

Diretor: *Lacier José de Rezende*
Diretor assistente: *Eduardo Soares Aureliano*
Projeto de capa: *Fabio Giglio*
Projeto gráfico e editoração eletrônica: *Peter Fritz Strotbek – The Best Page*

Ficha Catalográfica

Dados Internacionais de Catalogação na Publicação (CIP)
(Câmara Brasileira do Livro, SP, Brasil)

P379t Peixoto, Aguimar Martins

Trabalhadores das plataformas digitais de prestação de serviços : proteção social como forma de inclusão no desenvolvimento econômico tecnológico / Aguimar Martins Peixoto . — 1. ed. — Campinas : Lacier Editora, 2023.
194 p. : 17 x 24cm.

ISBN 978-65-88805-45-9

1. Trabalho — Efeito das inovações tecnológicas. 2. Plataforma digital. 3. Direito do trabalho. 4. Relações trabalhistas — Aspectos jurídicos. I. Título.

CDU 331.101.5

Índices para catálogo sistemático:

1. Trabalho — Efeito das inovações tecnológicas

Angela Schmidt da Rosa – Bibliotecária – CRB-14/1171

Este trabalho é dedicado
à minha esposa Maria Helena,
aos meus filhos Marcela Rúbia e Lucas Gabriel,
à minha nora Maria Bárbara,
e ao meu netinho Lucas Peixoto,
por quem vivo.

Agradecimentos

Primeiramente agradeço a Deus, pelo dom da vida e oportunidade de estar consciente de Sua presença na minha vida, e pela força que me dá de permanecer na luz de Sua face.

Agradeço ao meu orientador, professor Saul Duarte Tibaldi, que acreditou no meu potencial e me incentivou a buscar por várias vezes vencer a concorrência para ser selecionado no PPGD-UFMT, e posteriormente caminhar comigo na realização deste almejado mestrado da Faculdade de Direito da UFMT.

Gratidão por minha família, pelo apoio e incentivo que recebi, para não desistir jamais dos meus sonhos, projetos e realizações.

Eterna gratidão por meus queridos mestres Carla Leal, Marcelo Theodoro, Carlos Eduardo, Felipe Carvalho, Valerio Mazzuoli e André Molina, que compartilharam generosamente comigo a riqueza dos seus saberes, amizades e o carisma de suas presenças.

Agradecimento especial ao amigo e colega de profissão, professor Leonardo Wandelli, que gentilmente aceitou meu convite para ser meu avaliador externo, com todo meu respeito e admiração.

Sumário

Lista de Abreviaturas e Siglas

AB5 .... Assembly Bill n. 5
ADI .... Ação Direta de Inconstitucionalidade
CC .... Código Civil
CF .... Constituição Federal
CLT .... Consolidação das Leis do Trabalho
DIEESE.. Departamento Intersindical de Estatísticas e Estudos Socioeconômicos
UE .... União Europeia
IA .... Inteligência Artificial
IEDI .... Instituto de Estudos para o Desenvolvimento Industrial
ITF .... *International Transport Workers Federation*
OIT .... Organização Internacional do Trabalho
LLE .... Lei da Liberdade Econômica
MP .... Medida Provisória
MTSD..... Movimento dos Trabalhadores Sem Direitos
OCDE .... Organização para a Cooperação e Desenvolvimento Econômico
PAT .... Programa de Alimentação do Trabalhador
PIDESC.. Pacto Internacional de Direitos Econômicos, Sociais e Culturais
PNAD..... Pesquisa Nacional por Amostra de Domicílios
RDU........ *Ride-share Drivers United*
RGPD..... Regulamento Geral de Proteção de Dados
STF .... Supremo Tribunal Federal
TST .... Tribunal Superior do Trabalho
TVDE..... Transporte em Veículo Descaracterizado a partir de Plataforma Eletrônica

Lista de Abreviaturas e Siglas

A privatização do Estado-Providência não leva ao desaparecimento dos direitos sociais, mas à concentração do benefício naqueles que deles têm menos necessidade.

Enquanto que todo o Direito Social foi construído sobre uma colocação metódica de dúvida em relação ao consentimento do fraco submetido à vontade do forte, este consentimento torna-se, com a desconstrução do Direito Social, a condição necessária e suficiente da obrigação jurídica. Essa desconstrução faz o Direito Social perder sua capacidade de tornar os cidadãos solidários [...]. Os impostos obrigatórios são fervorosamente denunciados quando se trata de financiar o seguro social ou os serviços públicos, mas tornam-se um imperativo mundial quando se trata de remunerar os direitos de propriedade intelectual [...]. O estatuto salarial é rompido, provocando desigualdades vertiginosas no mercado de trabalho, mas todos os anos o princípio de igualdade é lembrado para alongar a lista das discriminações proibidas pelo Código do Trabalho.

Supiot, 2014.

Apresentação

A partir do segundo pós-guerra observa-se uma contundente alteração sociocultural nos mais diversos países ocidentais, o que acaba influenciando definitivamente a nossa forma de observar o mundo e as certezas em todos os espaços do saber, alcançando as relações de trabalho, a legislação trabalhista especializada e a ciência do direito.

A pós-modernidade é o movimento cultural que atende os anseios da sociedade pós-industrial e hipercomplexa, marcada pela velocidade da informação, pelo primado da tecnologia, o surgimento dos meios de comunicação de massa, a busca de uma civilização e religião universais, de uma autoridade política global, com o fim das antigas polaridades entre esquerda e direita, capitalismo e socialismo, industriais e classe operária, próprias da modernidade histórica e de uma sociedade escalonada e organizada.

A estética pós-moderna é marcada pela desconstrução das formas pré-estabelecidas, uniformizadoras, acenando ao ecletismo, à efemeridade e a inclusão. Perry Anderson, falando do pós-modernismo na literatura, nas artes e na arquitetura — *locus* originário do conceito —, ensina que ele se conecta com a noção de ecletismo, enquanto um estilo de "codificação dupla", ou seja, uma modalidade de manifestação cultural que adotava um híbrido da sintaxe moderna e da historicista, com apelo tanto para o gosto mais refinado e educado quanto para a sensibilidade popular. "Era essa mistura libertadora do novo e do velho, do elevado e do vulgar que definia o pós-modernismo como um movimento e lhe assegurava o futuro."(1)

A ruptura cultural promovida pela pós-modernidade aparece com maior evidência no final da década de 1960, quando passa a ser observável uma profunda mutação de valores: a anarquia parece preferível à hierarquia, o jogo ao projeto estruturado, a "desconstrução" toma o lugar da criação, a liberdade individual é preferida aos valores coletivos. Poder-se-ia dizer que a pós-modernidade caracteriza também a passagem das certezas de uma ciência positiva triunfante para uma incerteza generalizada, criando um clima desfavorável ao modernismo, confrontando as diversas figuras instituídas nesta era.

Uma das características de pós-modernidade é a substituição da crença de uma verdade única para explicar as relações sociais pela existência de vários questionamentos e incertezas, paradoxais inclusive, o que reclama a convivência de ideias contraditórias

---

(1) ANDERSON, Perry. *As origens da pós-modernidade*. Trad. Marcus Penchel. Rio de Janeiro: Jorge Zahar Editor, 1999. p. 30.

em busca de uma solução dialogada, da coesão a partir da diversidade, naquilo que Gilles Lipovetsky intitulou de coexistência dos contrários.(2)

As características desta nova fase, em essência, são a velocidade da informação, a diluição das barreiras nacionais, a ascensão da informática (com todos os reflexos na robótica, cibernética, telemática etc.) e a complexidade social, trazendo como reflexo na economia o deslocamento das fontes de riqueza da matéria-prima e bens industrializados para o acúmulo da informação (produção, estocagem e circulação de dados).

E as contradições que marcam a pós-modernidade alcançaram as ciências, desde o princípio da incerteza de Werner Heisenberg, a teoria da relatividade de Einstein, os teoremas da incompletude de Kurt Gödel, as estruturas dissipativas de Prigogine, a teoria dos campos morfogenéticos de Rupert Sheldrake, a autopoiese de Humberto Maturana e Francisco Varela e a ordem implicada de David Bohm, apenas para recordar de alguns cientistas pós-modernos, os quais, nada obstante atuaram dentro dos limites das ciências clássicas, marcadas pela racionalidade e pelo formalismo, adotaram os paradigmas pós-modernos da relatividade e da incerteza, contribuindo, indiretamente, para a formação de uma nova filosofia da ciência para a nossa era contemporânea.

Substitui-se o pensamento formal, linear e determinista da modernidade, por uma reflexão aberta, em movimento e dialogada com cientistas das especialidades diversas, bem como com o mundo da vida, a filosofia e a sociedade. Nesta nova forma do pensar científico admitem-se as incertezas, as interrogações, os erros e as soluções provisórias, sempre em constante reflexão e permanente evolução.

E o Direito, como dado cultural, reflete as teorias sociais e filosóficas das suas determinadas épocas, ainda que seja conservador, em um primeiro momento, em relação às mudanças da sociedade, recepcionando as influências das alterações dos paradigmas apenas no final do itinerário de consolidação destes.

Neste sentido, observa Franz Wieacker, que todas as grandes épocas do direito e da ciência do direito têm como pano de fundo as teorias ético-sociais aceitas em geral: a jurisprudência romana clássica tem o seu pano de fundo na filosofia da Academia; a dos glosadores, canonistas e conciliadores, na filosofia moral e nas teorias sociais da igreja medieval; o jusracionalismo, na filosofia humanista e no renascimento cultural; a pandectística do século XIX na ética da liberdade e do dever de Kant; o pensamento sistemático na teoria geral dos sistemas etc.(3)

---

(2) LIPOVETSKY, Gilles. *Metamorfoses da cultura liberal.* Trad. Juremir Machado da Silva. Porto Alegre: Sulina, 2004. } p. 23.

(3) WIEACKER, Franz. *História do direito privado moderno.* 3. ed. Trad. A. M. Botelho Hespanha. Lisboa: Fundação Calouste Gulbenkian, 2004. p. 279-280.

Justamente por tudo isso é que defendemos a tese[4] de que o direito está começando a sentir os primeiros reflexos dos paradigmas sociais e filosóficos da pós-modernidade, como a complexidade, o ecletismo, a caoticidade e o imediatismo, exigindo que também precisemos repensar uma ciência do direito mais adequada a interpretar o seu objeto em constante processo de transformação, notadamente no espaço do direito material e do processo do trabalho.

O direito e o processo do trabalho ainda revelam uma franca acepção moderna, representados legislativamente pela CLT, visto que são construídos sobre os pilares da centralização (codificação); simetria e identidade de tratamento entre as relações, como se toda relação de trabalho fosse idêntica, acenando ao modelo clássico do empregado hipossuficiente e do empregador como a grande indústria; rigidez procedimental (regras processuais estáticas); emancipação da disciplina (defesa de autonomia científica) etc.

O direito material e processual do trabalho precisam conviver com diversas fontes normativas, principalmente as negociadas, as internacionais e as constitucionais, na medida em que a legislação material generalizante da CLT não mais conseguirá dar conta de toda a complexidade das relações sociais e de trabalho, seguindo disso que o direito processual rígido e uniforme também não será mais efetivo para atender a multiplicidade de direitos que demandam atuação jurisdicional célere, eficiente e efetiva.

O legislador deverá substituir paulatinamente a regulamentação estanque, por meio dos códigos, para cada ramo jurídico, com a sua doutrina especializada e seus métodos próprios de interpretação, pela pulverização em diversos microssistemas legislativos, mais adaptáveis às relações sociais que visam alcançar.

Por tudo isso que sugerimos que o futuro do Direito do Trabalho, para recolher adequadamente cada uma das novas modalidades de trabalho, que foram surgindo dentro dos paradigmas da pós-modernidade, deverá ser a decomposição da legislação única em diversos microssistemas, cada qual adequado às diferentes realidades, substituindo-se a CLT, uniforme e inflexível, por legislações especializadas para cada espécie de relação jurídica trabalhista, complementadas, depois, pelas negociações coletivas.[5]

Um exemplo contundente daquele futuro que sugerimos para as relações de trabalho foi o surgimento, nos últimos anos, das plataformas digitais de prestação de serviços, que conectaram uma grande massa de usuários e, na outra ponta, trabalhadores via aplicativos, sem que tenhamos, ainda, uma legislação específica, no Brasil, para regular estas relações, o que instaurou um cenário de dúvidas e incertezas sobre a melhor resposta jurídica a ser dada para estas novas modalidades de trabalho.

---

(4) MOLINA, André Araújo. *Os direitos fundamentais na pós-modernidade:* o futuro do Direito e do Processo do Trabalho. Rio de Janeiro: Lumen Juris, 2017.

(5) *Op. cit.*, p. 25.

Aguimar Martins Peixoto assumiu a tarefa de pesquisar a fundo sobre o emergente fenômeno, dentro do Programa de Pós-Graduação em Direito da Universidade Federal de Mato Grosso, ao final brindando a comunidade acadêmica e a sociedade em geral com uma rica dissertação sobre a utilização das plataformas digitais como um novel meio da realização do trabalho, principalmente para as pessoas que têm dificuldade para entrar no mercado de trabalho tradicional, por não possuírem a qualificação hoje exigida.

A pesquisa inicia-se com a descrição das principais características da sociedade dita industrial, inaugurada com o advento da primeira revolução industrial, quando houve a transição da força muscular dos trabalhadores para a utilização da energia mecânica, traço que reformulou as relações de trabalho da época e, conforme a tecnologia foi sendo aprimorada e desenvolvida, seguiu impactando na forma em que o trabalho era prestado, até chegarmos em um nova era, atual, dita pós-industrial, com a concentração da força de trabalho no setor terciário da economia, onde a tecnologia ocupa lugar de destaque, dando lugar à quarta revolução industrial ou era das indústrias 4.0.

A reconfiguração que a tecnologia impõe, segundo o autor, leva-nos à uma posição de perplexidade, na medida em que as inovações geram benefícios para toda a sociedade, trazem riqueza para os inovadores e a quem detenha os novos meios de produção, porém diminui a necessidade de trabalhadores nos antigos postos de trabalho, atropelados pela automação; há uma reengenharia do mercado de trabalho pela aplicação da tecnologia, que cria formas de trabalho contemporâneas, como aquelas sob demanda por aplicativos.

Partindo da premissa que a tecnologia seguirá promovendo o desenvolvimento da economia, de outro lado tendendo a aumentar a desigualdade social e a exclusão daqueles que não tenham condições de oferecer novas ideias, mas apenas a sua força de trabalho, o autor sugere a necessidade da urgente regulação legislativa do trabalho sob demanda por meio dos aplicativos, para que seja alcançada a verdadeira justiça social, que permite a distribuição de renda e a promoção do bem-estar entre as pessoas.

Enquanto o urgente tratamento legislativo específico não vem, no Brasil, é preciso, segundo Aguimar Peixoto, que os intérpretes e a jurisprudência trabalhista compreendam a evolução do conceito de subordinação — indispensável ao reconhecimento de relação de emprego, segundo os arts. 2º e 3º da CLT —, que deixou de ser apenas jurídica, para ser agora algorítmica, atenta à identificação da dependência econômica dos trabalhadores via plataforma, proporcionando, *de lege lata*, que as decisões judiciais possam declarar a existência de um vínculo de emprego, com todos os direitos que daí decorrem, para essa nova massa desprotegida de pessoas.

É por tudo isso e muito mais que a obra nos ensina, que recomendamos a leitura atenta do livro de Aguimar Martins Peixoto, ao mesmo tempo em que rogamos ao autor as melhores inspirações para que siga refletindo e transformando a vida de todos aqueles que tenham o privilégio da convivência com ele e que os seus anseios de uma condição de vida digna para todos aqueles que vivem do trabalho se realize.

Cuiabá-MT, novembro de 2022.

André Araújo Molina
Professor da Faculdade de Direito da Universidade Federal de Mato Grosso (UFMT). Pós-Doutor em Direito do Trabalho pela Faculdade de Direito da Universidade de São Paulo (USP). Doutor em Filosofia do Direito e Mestre em Direito do Trabalho pela Pontifícia Universidade Católica de São Paulo (PUC-SP). Bacharel em Direito pela Universidade Federal de Mato Grosso (UFMT). Titular da Cadeira n. 80 da Academia Brasileira de Direito do Trabalho (ABDT). Juiz do Trabalho Titular no TRT da 23ª Região.

Prefácio: Por Uma Rua Ladrilhada para Todos

Am Dm
Se essa rua, se essa rua quer ser livre
E7 Am
Combinar já um breque de arrepiar
Am Dm
Sem mais donos, todo trampo com direitos
E7 Am
Pro amor de todo mundo passar.(1)

O tema da proteção jurídica dos trabalhadores plataformizados, cuidadosamente estudado por Aguimar Martins Peixoto neste livro, que tenho a honra de prefaciar, nos coloca diante de escolhas sociais e jurídicas que terão enorme impacto sobre o modo de vida e de convívio societário que pretendemos doravante. Revivemos e revisamos decisões tomadas há um século e meio atrás acerca do conflito central em torno da forma de regular a questão vital do trabalho.

Nos princípios da primeira revolução industrial e, mais especialmente, por onde foi se disseminando a manufatura, tornou-se inescondível a emergência da chamada questão social. Péssimas condições de trabalho e vida das massas de trabalhadores que, expulsos dos meios rurais e do acesso à terra, aglomeravam-se nos centros urbanos onde somente tinham, como meio de sobrevivência, a venda da força de trabalho em troca de baixos salários, longas jornadas e elevados riscos à saúde. Cenas de uma realidade de degradação econômica, sanitária e moral foram imortalizadas na literatura em clássicos de autores como Émile Zola ou Charles Dickens e em um sem número de obras de ciências sociais — Marx à frente — e relatos do espanto ante àquela situação, como o do médico Louis René Villermé. Em 1840, ele traçou em dois volumes o célebre "Quadro do estado físico e moral" dos trabalhadores na indústria tecelã da Alsácia:

> Só as oficinas de Mulhouse, em 1835, computavam mais de 5.000 trabalhadores, morando nos bairros arredores. Eles são os trabalhadores de mais

(1) Cantiga popular de domínio público e autor desconhecido. Acredita-se que tenha sido composta em homenagem à Princesa Isabel, pela extinção da escravidão em 1888. Paródia de Leonardo Vieira Wandelli.

> baixa remuneração. Trata-se de famílias com muitas crianças pequenas que vieram de todas as partes para estabelecer-se na Alsácia, para poder, ali, alugar seus braços para as manufaturas. (...) Em Mulhouse, em Dornach, etc., as fiações e tecelagens mecânicas abrem geralmente às 5h da manhã e fecham às 8h ou por vezes 9h da noite. No inverno, a entrada é frequentemente postergada até o amanhecer, mas os trabalhadores não ganham com isso nem um minuto. Assim sua jornada é de ao menos 15 horas.(...) Quanto aos ateliês em que se tece à mão, como aí os teares trabalham sem o auxílio de um motor geral e os salários constantemente são pagos por peça ou por medida, a saída ou a entrada são mais livres que nas outras. Entretanto, a duração do trabalho diário aí é quase sempre muito longa; e é sobretudo para muitos tecelões que levam para casa os fios que tecem em família em seus próprios teares. (...) Em pouco tempo as penúrias, a alimentação insuficiente, a continuidade de todas as privações, a insalubridade do novo trabalho e duração excessiva da jornada alteram a sua saúde: sua tez se desvanece, emagrecem e perdem suas forças.(2)

As reações à emergência da "questão social" condensaram-se em torno da necessidade de um "novo direito" que oferecesse alguma proteção aos trabalhadores diante da desigualdade estrutural do processo de degradação humana que os mecanismos de mercado, incontidos pela regulação crua do Direito Civil, vinham produzindo.(3) Fruto de lutas sociais e após as duas grandes guerras do século XX, o mundo capitalista acabou por reconhecer a necessidade de intervir no mercado de trabalho, por meio de um Direito do Trabalho com regras imperativas e políticas públicas, a fim de assegurar patamares minimamente aceitáveis de condições de trabalho, o que inclusive favoreceu a estabilização das expectativas de renda e de consumo, a hegemonia do assalariamento e a canalização dos conflitos laborais para o campo jurídico.(4)

Algumas "revoluções industriais" adiante, no Brasil de novembro de 2022, tomei um transporte por aplicativo do aeroporto de Guarulhos até São José dos Campos, distante 80Km, onde deveria dar uma palestra para ergonomistas. Já tinha em mente a honrosa missão de escrever este prefácio. Sob a chuva torrencial, Francisco(5), o motorista, uns 25 anos de idade, dizia-se feliz de ter conseguido uma viagem com destino vizinho a sua

---

(2) VILLERMÉ, Luis René. *Tableau de l'état physique et moral des ouvriers employés dans les manufactures de coton, de laine et de soie.* Paris: Jules Renouard, 1840. p. 20-30. Tradução livre. Fac-símile disponível em: <https://gallica.bnf.fr/ark:/12148/btv1b86268422/f9.item>.

(3) BARBAGELATA, Héctor-Hugo. *A evolução do pensamento do Direito do Trabalho.* Trad. Sidnei Machado. São Paulo, LTr, 2012.

(4) WANDELLI, Leonardo Vieira. Comentários ao art. 7º, *caput*, da Constituição. In: CANOTILHO, J. J. G. *et alii* (Coords.). *Comentários à Constituição do Brasil.* 2. ed. São Paulo: Saraiva/Almedina, 2018. p. 585-587.

(5) Nome fictício.

cidade, Jacareí. Relatou sua predileção por viagens longas e que já tinha naquele dia ido até São Carlos. Havia solicitado, pelo aplicativo, viagens com destino ao Rio de Janeiro, aguardando até aquela altura da noite na fila virtual da plataforma no aeroporto. *"Quanto mais longe a gente coloca o destino, mais longe o algoritmo te manda pela Rodovia Dutra. Apostei que conseguiria uma viagem para cá e deu certo."* Do banco de trás, reparei uma mochila aberta com uma toalha e uma *nécessaire* na parte da frente. *"Vou normalmente pra São Paulo e fico lá trabalhando, quatro, cinco dias sem parar, e aí tá na hora de voltar. Sim, durmo no carro, tomo banho no posto, às vezes algum hotel de estrada. Desse jeito a minha renda fica maior. Emprego fixo tá difícil e os salários são mais baixos"*, relata Francisco. Logo aponta, com visível orgulho, à margem da rodovia, o bairro de Nova Jacareí, onde mora com a família. Em mais alguns minutos venceríamos o tempestuoso trajeto sem maiores incidentes e retornaria a casa. *"Pelo menos não tenho patrão. É, mas são eles que ditam o preço. A gente só pode trabalhar do jeito que o aplicativo manda."* Disse gostar da liberdade de horários e temia que se tivesse direitos reconhecidos as empresas de transporte por aplicativo iriam embora do país. Francisco me deixou no hotel e seguiu. Continuaria possivelmente dormindo no veículo durante a semana, alojamento ainda pior, por certo, que as miseráveis moradias do bairro operário de Mulhouse, em 1835, descrito por Villermé. E sem ter certeza de ter ou não direitos trabalhistas. Aliás, sem sequer estar seguro de ter direito a ter direitos.

O sociólogo Zygmunt Bauman evidenciou como a modernidade se desenvolveu produzindo vidas sobrantes, verdadeiros resíduos humanos[(6)]. Enquanto levas de trabalhadores encontravam inclusão na indústria nascente, como naquelas péssimas condições das vilas industriais da região da Alsácia no início do século XIX, muitos ficaram à margem ou foram excluídos dessas oportunidades de colocação, pelas crises, pelas guerras, pelo despojamento dos seus modos de vida. A migração ao terceiro mundo, então, permitiu por décadas escoar parte da população sobrante na Europa para a periferia do mundo, inclusive o Brasil, onde vieram aportar muitos trabalhadores europeus e de outras origens nos séculos XIX e XX. Aqui eles foram incluídos, nas formas que a elite local ia permitindo, a despeito da imensa população pobre e não escrava, que já era sobrante no imenso país. Uma vez que a dinâmica moderna, a qual trata o trabalho, a natureza e a moeda como mercadorias[(7)], instalou-se e desenvolveu-se também na periferia mundial, destruindo outros modos de trabalhar e viver, a produção de seres humanos residuais — diz Bauman — passa a ocorrer em todo o planeta e já não há mais vertedouros territoriais para onde direcionar a sua eliminação. Daí que a globalização neoliberal transformou-se numa linha de produção de humanidade sobrante, com sucursais ativas em todos os recônditos do globo, sem ter mais como escoar os seus resíduos humanos em "aterros" periféricos. Migrantes perambulam dentro e fora das fronteiras do centro e da periferia,

(6) BAUMAN, Zygmunt. *Vidas desperdiciadas:* la modernidade y sus parias. Barcelona: Paidós, 2005.

(7) POLANYI, Karl. *A grande transformação:* as origens de nossa época. 2. ed. Rio de Janeiro: Elsevier/Campus, 2012.

mas poucos encontram inclusão. Trata-se, então, de tentar fazer a gestão desses resíduos no nível dos estados nacionais, notoriamente enfraquecidos e sem as condições de soberania para ditar as regras para a inclusão dos necessários e a exclusão dos excedentes.

Certo, inclusão social e proteção jurídica são promessas sustentadas pelos Estados Nacionais como fonte de sua legitimação. Mas as condições de cumprimento dessas promessas são impactadas por corporações privadas que, pela sua capacidade de movimentar recursos globalmente e pelo enorme poderio de influência sobre as democracias fragilizadas[(8)], dispõem dos recursos nacionais mas pouco se submetem à lei local e em boa medida chegam a submeter a lei local. Como muito bem observa Aguimar Peixoto, as empresas baseadas plataformas de trabalho e serviços disseminam uma mística de nuvem tecnológica, mas a sua atuação "é uma ação territorial, de construção do espaço geográfico no qual o trabalho não é virtual, mas físico, localizado, realizado por pessoas de carne e osso, com regras locais".

Esse trabalho, diz o nosso autor, embasado em ampla pesquisa bibliográfica, se insere em uma ampliação das formas precárias de trabalho, que rompem com o paradigma de inclusão pelo assalariamento padrão. Esses trabalhadores, sintetiza Aguimar, "estão nas ruas, no carro, nas motos e bicicletas, e a despeito de não cumprirem jornadas fixas e não se deterem em locais certos, perambulam pela cidade, sem tempo certo de parar, e face à concorrência entre eles, não descansam porque a contraprestação percebida é aviltante." A estratégia das empresas, sustenta, é criar zonas de regulação híbrida e ambígua, as denominadas zonas cinzentas, estudadas por Christian Azaïs com inspiração em Alain Supiot. Nestas, o que se tem é a permanente desestabilização dos critérios definidos legalmente de inclusão e exclusão, de modo que a aplicação ou não da lei local fica à mercê de configurações das relações de poder em cada caso, sem qualquer garantia de coerência e de estabilidade. Com isso, mantém-se aberto o espaço para a mobilização permanente de amplos contingentes de trabalhadores e de clientes, mediados pelos comandos algorítmicos, descarregando sobre os primeiros os riscos — econômicos e mesmo físicos — da atividade empresarial. A incerteza se torna um ativo da plataforma e um calvário para os trabalhadores.

A História demonstra que a utilidade social do trabalho não assegura um reconhecimento positivo das pessoas que trabalham.[(9)] É o que se viu no trabalho dos escravos, degradados à condição de coisa, pela sociedade escravocrata que deles dependia. Assim também a utilidade social dos trabalhadores modernos, indispensáveis à produção de valor, não impediu que fossem associados a toda sorte de desqualificações e formas de

(8) VITALI, S.; GLATTFELDER, J.B.; BATTISTON, S. *The Network, of Global Corporate Control* — Chair of Systems Design, ETH Zurich, 2011. PLoS ONE 6(10): e25995. <https://doi.org/10.1371/journal.pone.0025995>.

(9) Nesse sentido, CASTEL, Robert. Trabajo y utilidad para el mundo. Revista Internacional del Trabajo, OIT, vol. 115, n. 6, p. 671-678, 1996.

subcidadania. O reconhecimento de um valor social positivo do trabalho e, por consequência, das pessoas que se qualificam pelo trabalho, não advém da utilidade. Ele somente chega por meio do suporte de um regulamento jurídico, produto das lutas sociais, que retire o trabalho da indignidade social. O reconhecimento jurídico, neste caso, potencializa, cria espaços de pertencimento e autoestima e fomenta as lutas reivindicatórias. Foi por meio da mediação conflitiva do direito do trabalho, a partir do início do século XX, ponderando a contratualidade civil — em especial pondo limites à livre dispensa e à livre fixação de salários e jornada, mas também introduzindo um novo olhar, em que a realidade vale mais que as aparências formais —, que o trabalho passou a ter pelo direito uma dimensão de suporte de reconhecimento social, além de mero objeto de intercâmbio ou matéria do direito penal. A par da utilidade econômica, passou também a ser encarado do ponto de vista da cidadania social, como condição jurídica formada por direitos e deveres e baseada no reconhecimento do pertencimento a uma coletividade. O assalariamento sujeito à regulação pública pelo Direito do Trabalho tornou-se um dos principais instrumentos de integração social, construção cultural e expressão da luta por reconhecimento das massas trabalhadores nas sociedades capitalistas.(10)

Note-se o que ocorre com os trabalhadores ditos domésticos, ainda em vias de suplantarem a sua condição histórica de subcidadania, uma dívida apenas parcialmente resgatada pelo Brasil, com a Lei Complementar n. 150/2015, vez que segue deixando à margem de qualquer proteção imenso contingente de trabalhadores domésticos considerados "diaristas". No caso dos milhões de trabalhadores plataformizados, que tornaram possível a vida das pessoas nos piores momentos da pandemia, também não basta o quanto nos foram úteis. É a perspectiva de reconhecimento de seus direitos, pela lei ou pelo judiciário, que pode permitir tirá-los dessa condição de "cidadania laboral cinzenta" como se pode chamar, à luz dos estudos reunidos neste livro, a sua condição jurídica. Assim como o motorista Francisco, muitos trabalhadores plataformizados estão contaminados não só pela mística do empreendedorismo, por diversas formas de manipulação da verdade, mas também pelo medo. O temor de que se tiverem direitos reconhecidos, se forem tratados da mesma forma que os demais trabalhadores, perderão a sua fonte de subsistência.

Esse aspecto é também analisado por Ana Carolina Paes Leme, em tese doutoral recentemente publicada e que dialoga com diversos aspectos da presente obra: "Caso houvesse vínculo de emprego, acreditam, isso implicaria muito mais horas de trabalho, assim como o medo de não poderem arcar com esses custos e ficarem endividados. Tudo isso se soma à culpabilização pela própria precariedade e, diante dela, acaba por surgir o dever de preservar a empresa às custas de renunciar à perspectiva de reconhecimento de direitos igualitários. (...) Emerge, aí, a necessidade de se agarrar a um discurso de

(10) WANDELLI, Leonardo Vieira. *O Direito Humano e Fundamental ao Trabalho:* fundamentação e exigibilidade. São Paulo, LTr, 2012. p. 189-198.

justificação dessa condição de estar obrigado a permanecer assujeitado a uma relação de trabalho, na qual estão impedidos do direito de acesso a ter direitos, o que Fraser denomina de metainjustiça." Para a autora, isso equivale a conviver com a negação da própria dignidade, o que impõe "recorrer a estratégias discursivas de autoproteção, de negação da realidade sofrida". Essas estratégias de autodefesa psíquica passam pela repetição acrítica de *slogans* disseminados pelas empresas quanto à "liberdade e autonomia", de "ser seu próprio chefe" e "trabalhar quando quiser". E arremata: "É assim que se constrói essa relação de poder, na qual os sujeitos dominados e explorados passam a defender a manutenção das condições de dominação e exploração"[(11)].

Essa referência ilustra a reiterada crítica ao engodo do empreendedorismo que Aguimar Peixoto traz, dialogando com autores como Laval e Dardot, Han e Ricardo Antunes, concluindo que "o empreendedorismo é um 'mito' que se fortalece em meio ao alto desemprego. As novas modalidades de trabalho são deprimentes, a mistificação torna-se o remédio que só fará alimentar a doença." Contudo, nosso autor não se limite à necessária crítica externa do fenômeno jurídico, adentrando em sua elaboração dogmática, unindo, aí, a pesquisa à sua densa trajetória na magistratura. O empreendedorismo, diz, desviou as águas da subordinação clássica "para uma independência que é dependência, para uma autonomia que é ilusória". Por isso, propugna pela necessidade de uma ressignificação da subordinação jurídica, aportando preciosos elementos para esse fim, hauridos na melhor doutrina recente e nos exemplos legislativos e decisões judiciais colhidos no direito comparado, bem como no direito internacional dos direitos humanos. Em especial, chama a atenção para a necessidade de compreender a subordinação nas novas situações que se estendem para além das plataformas de serviços, em que, cada vez, mais, "o algoritmo passa a ser o instrumento da subordinação", à medida em que permite monitorar e direcionar continuamente a prestação de serviços, mascarando o comando sob a aparência do automatismo.

Por ora, o que temos no Brasil é a oscilação da jurisprudência em reconhecer ou não a relação de emprego, e a pífia Lei n. 14.297/2022, limitada ao trabalho dos entregadores, que se autorrestringiu ao período legal de emergência sanitária da pandemia, malgrado editada já ao seu final, previu apenas alguns direitos relativos à securitização de adoecimentos e acidentes e de motivação para a exclusão da plataforma, ao passo que pretensamente afirmou não se tratar de relação de emprego. Contudo, apesar de todas as transformações sociais e tecnológicas, a questão parece seguir sendo a mesma dos últimos dois séculos: como se pretende assegurar a dignidade das pessoas que vivem do trabalho, qualquer que ele seja? A resposta a essa questão é determinante de que tipo de sociedade, sob os aspectos econômico, político, moral e ecológico, queremos produzir. Como arremata de forma lapidar Aguimar Peixoto, "ainda subjaz a figura do trabalhador

(11) LEME, Ana Carolina Paes. *De Vidas e Vínculos:* As Lutas dos Motoristas Plataformizados por Reconhecimento, redistribuição e Representação no Brasil. São Paulo, LTr, no prelo. p. 230-231.

juridicamente hipossuficiente perante o tomador de serviços, que controla e dirige a prestação de serviços (agora pelo algoritmo) ... e a relação jurídica entre eles se apresenta com o mesmo desequilíbrio que ensejou do direito do trabalho".

Uma última palavra antes de entregar o leitor diretamente ao texto. Penso que este livro, resultante de rigorosa pesquisa de mestrado produzida no Programa de Pós-Graduação em Direito da Universidade Federal do Mato Grosso, é um exemplo da extrema relevância da formação acadêmica e especialmente da pesquisa científica por magistrados, para a independência do judiciário, algo tão essencial à democracia. Juízes se tornam frequentemente alvos e, por vezes, presas fáceis, de toda sorte de manipulação ideológica. O cultivo da pesquisa científica, em ambiente pautado pelo rigor e pelo diálogo crítico, é um recurso valioso para que magistrados possam julgar com independência dos poderes que se acumulam na sociedade desigual que vivemos. Longe de ser um desvio da atividade judicante, é uma verdadeira obrigação do magistrado, com vistas à sua missão na democracia e, ainda mais, nestes tempos de verdades fabricadas. Aguimar Martins Peixoto, hoje desembargador do Tribunal Regional do Trabalho do Mato Grosso, dedicou-se de forma louvável à pesquisa que se traz à lume, produzindo uma obra que merece ser lida, refletida, criticada. Uma obra que traz a marca da pessoa do seu autor: a generosidade de alguém que não mede esforços para servir com amor. Aguimar é um magistrado exemplar que, aqui, deposita toda a sua devoção em contribuir para um mundo do trabalho que chegue um pouco mais perto de reconhecer e fazer valer a dignidade das pessoas que trabalham. Quem sabe ajudando a ladrilhar o caminho para o amor de todo mundo passar.

Leonardo Vieira Wandelli
Doutor em Direito pela Universidade Federal do Paraná. DEA em Derechos Humanos y Desarrollo pela Universidad Pablo de Olavide de Sevilla. *Consultant Contractor do OHCHR Office of the High Commissioner for Human Rights — UN.*
Juiz Supervisor da Secretaria de Pesquisa Judiciária e Ciência de Dados do TST. Professor em diversos cursos de pós-graduação e de formação de magistrados. Juiz do Trabalho no Paraná.

Introdução

Apresentamos neste trabalho uma pesquisa teórica sobre trabalhadores informais das plataformas digitais, especificamente sobre aqueles que fazem parte da economia do bico (*Gig Economy*), estudo no qual aplica-se o pensamento social crítico.

Como método de procedimento, o estudo se utiliza do levantamento por meio da técnica de pesquisa bibliográfica e da técnica de pesquisa jurisprudencial e, como método de abordagem, o dedutivo.

Utiliza-se ainda o método empírico, onde a análise parte da realização e interpretação de uma entrevista semiestruturada.

Percebemos no decorrer do estudo que as plataformas digitais oferecem trabalho e renda adicional para pessoas que têm dificuldade para entrar no mercado de trabalho tradicional, principalmente por não contarem com o quesito qualificação.

As novas formas de trabalho exploradas pelas plataformas de trabalho estão associadas a más condições de trabalho, como na ausência de remuneração mínima, de transparência das condições contratuais, de precária proteção social, do desprezo de garantias de formação profissional ou do direito à representação e à negociação coletiva, esta dificultada pela dimensão sem fronteiras do tipo de trabalho e por falta de parâmetro para se delimitar uma categoria de trabalhadores.

A situação dos trabalhadores da economia do bico, e de tantos outros sob a influência de novos modelos de prestação de trabalho(1), atualmente vigentes, deve-se aos avanços econômicos e sociais, os quais fez surgir o imperativo de flexibilidade nas relações entre empregadores e trabalhadores, de forma que novas formas de trabalho repontaram em todo o mundo.

---

(1) "No âmbito dos 'novos empregos', destacam-se as atividades realizadas por meio da 'mediação digital' das plataformas *online*, como o *crowdworking* e o *work-on-demand-via-app*. Se no primeiro caso a referência for sobre trabalhadores autônomos que encontram os próprios clientes em contextos digitalizados, os prestadores de serviços *on-demand*, que operam via *app*, são sujeitos que, geralmente, desempenham a própria prestação para as plataformas digitais, as quais, por sua vez, fornecem um serviço a terceiros. Em ambos os contextos, evidenciam-se críticas específicas relativas a uma prestação de trabalho estritamente conexa aos instrumentos disponibilizados da digitalização, tais como: o papel preponderante das plataformas e dos algoritmos através dos quais elas operam e que incidem na determinação da remuneração e na distribuição das tarefas; a precariedade das prestações de trabalho que são realizadas em um contexto de elevada competitividade e com uma estrutura que assegura escassas tutelas; os riscos inerentes à maior facilidade que se tem para superar os limites temporais diários, que típicos deste trabalho e que aumentam a frequência de fenômenos de *workalcholism*, de estresse e de síndromes de *burn-out*". AVOGARO, Matteo. Direitos coletivos. Tratamento do direito sindical e convênios. In: LUDOVICO, Giuseppe; ORTEGA, Fernando Fita; NAHAS, Thereza Christina (Coords.). *Novas tecnologias, plataformas digitais e direito do trabalho:* uma comparação entre Itália, Espanha e Brasil. Edição do Kindle: Thomson Reuters Revista dos Tribunais. São Paulo. 2020. Posições 258, 263 e 269.

A flexibilidade nas relações de trabalho descaracterizou a tradicional relação um-para-um entre empregador e empregado, e fez ceder lugar aos empregos coletivos, intermediados por plataformas digitais, bem assim pelo fenômeno conhecido como compartilhamento de trabalhadores, quando um prestador individual é admitido em conjunto por um grupo de empregadores.

Passou a ocorrer ainda a partilha de vagas, onde dois ou mais trabalhadores são contratados para dividirem a mesma função em turnos distintos.

O trabalho ocasional ou intermitente passa a ocupar uma forma em ascensão, onde o empregador resta dispensado de oferecer trabalho regular ao empregado, e passa a convocá-lo somente quando se faz necessário, por impossibilidade de previsão de aumento da demanda.

As tradicionais formas de emprego transmudaram-se ainda em trabalho com *voucher*, nos países da União Europeia, onde o vínculo empregatício é justificado no pagamento de serviços com vales, adquirido em entidade autorizada, que cobre tanto o salário quanto as contribuições previdenciárias.

Vivencia-se o trabalho em carteira ou em portfólio, no qual um trabalhador autônomo é apresentado para se ativar para um grande número de clientes, realizando prestações de pequena escala para cada um deles, a exemplo de plataformas como a *Get Ninja*.

Citem-se outros tantos como o emprego colaborativo, com a atuação de cooperativas de trabalhadores, e outras formas do mesmo gênero conhecidas como *coworking* ou *freelancers*, que são autônomos ou microempresas que cooperam de alguma forma para superar limitações do capital social aplicado ou para saírem do isolamento profissional.

O trabalho móvel, baseado em tecnologia de informação e comunicação, análogo ao teletrabalho, onde os trabalhadores podem realizar seu trabalho de qualquer lugar e a qualquer hora.

Outra forma bastante disseminada é a modalidade de emprego coletivo ou de multidão, intermediado por plataforma *online*, que combina empregadores e trabalhadores, na realização de microtarefas, divididas entre uma 'nuvem virtual' de trabalhadores[(2)].

Todas essas novas modalidade de emprego permitem a realização de atividades laborais com a flexibilidade necessária exigida pelas atividades comerciais, a um custo viável. Para os trabalhadores, no entanto, essas formas de emprego incluem pelo menos algum elemento involuntário. Eles se submetem a essas novas formas como um meio de obter renda adicional ou qualquer renda quando as formas alternativas de emprego são limitadas[(3)].

---

(2) EUROFOUND. Novas formas de emprego. Serviço de Publicações da União Europeia, 2015. Disponível em: <https://www.eurofound.europa.eu/pt/topic/new-forms-of-employment>. Acesso em: 29 jun. 2022.

(3) *Idem*.

Essas novas formas de trabalho caracterizam-se por padrões de trabalho e locais não convencionais da atividade laboral, bem assim pela prestação de trabalho sem a proteção social desejável.

Mas a principal forma de trabalho objeto da presente pesquisa é aquela que se denomina de economia compartilhada ou uberização.

Entre as inúmeras formas de trabalho oriundas da economia de compartilhamento[(4)], interessa-nos aqui especificamente aquelas em que as atividades dos trabalhadores, intermediadas por plataformas digitais, localizam-se na economia de bico (*Gig Economy*[(5)]), como os entregadores e motoristas de aplicativo (os que complementam renda nos aplicativos).

Diante da globalização do mercado econômico com reflexos imediatos sobre as costumeiras relações de emprego, discussões políticas giram em torno da questão contraditória de como tornar o mercado de trabalho mais flexível e ao mesmo tempo inclusivo; de como legalizar práticas de emprego camufladas; de como garantir proteção social e condições de trabalho sólidas num mercado de trabalho volátil, no qual as empresas já não têm domicílio fixo; e de como evitar a substituição do emprego padrão por formas de emprego menos favoráveis aos trabalhadores.

Os representantes dos empregadores desejam sempre mais flexibilidade nas relações de trabalho e os representantes dos trabalhadores opõem a proteção social, os direitos laborais adquiridos e condições mais dignas de trabalho.

A flexibilidade com segurança (flexigurança) já não atende ao debate sobre as atuais relações de trabalho, na medida em que a primeira pretende se impor à segunda.

A Declaração da OIT sobre justiça social para uma globalização justa, estabelece nos seus prolegômenos que

> [...] a integração econômica à escala mundial colocou muitos países e sectores perante importantes desafios como as desigualdades de rendimentos, persistência de elevados níveis de desemprego e pobreza, vulnerabilidade das economias aos choques externos e aumento do trabalho precário e da economia informal, os quais têm um impacto na relação de trabalho e na proteção que a mesma pode proporcionar[(6)].

E propugna que o pleno emprego produtivo e o trabalho digno deve estar no centro das políticas econômicas e sociais, independentemente da maior ou menor proteção

(4) SLEE, Tom. *Uberização* — A nova onda do trabalho precarizado. São Paulo: Elefante Editora, 2017.

(5) *Gig Economy*: no mercado de trabalho, onde o trabalho temporário ou *freelance* é comum; também pode se referir a ocupações temporárias (tarefas que normalmente se faz de uma só vez), nos modernos modelos econômicos denominados de economia sob demanda ou economia compartilhada. O termo foi cunhado há um século atrás, para se referir a *performance*. Disponível em: <https://encyclopedia2.thefreedictionary.com/gig+economy>. Acesso em: 11 nov. 2021.

(6) ORGANIZAÇÃO INTERNACIONAL DO TRABALHO. *Declaração da OIT sobre justiça social para uma globalização justa*. Genebra, 2008.

social de cada país aos seus trabalhadores; e, para que isso se cumpra, a violação dos princípios e direitos fundamentais no trabalho "não poderá ser invocada ou utilizada como vantagem comparativa legítima e que as normas do trabalho não deverão ser usadas para fins comerciais protecionistas"[(7)].

Vários países, principalmente aqueles em desenvolvimento como o Brasil, vêm afrontando a regulamentação internacional da OIT, ao incentivarem e validarem políticas que atendem mais ao capital do que aos trabalhadores, sob o vetusto princípio de que a mão invisível do mercado tudo equilibra e provê, e nesse desiderato propagam que os direitos trabalhistas nacionais e a rede de proteção social comporia o custo-Brasil, que estaria a travar o progresso econômico.

Visando desmistificar o princípio aludido, a pesquisa começa por investigar fenômenos socioeconômicos desde a revolução industrial até as terceiras e quarta revoluções industriais, para se concluir que não haverá progresso econômico que favoreça condições dignas de vida para aqueles que sempre propiciaram a prosperidade do capital, os trabalhadores, se não houver a valorização destes, com permanência e respeito de todos seus direitos sociais mínimos já conquistados ao longo da história do capital e do trabalho.

(7) *Idem*. Item A, IV. Este item constitui o quarto objetivo estratégico da OIT na articulação da Agenda do Trabalho Digno, e seu *caput* está assim redigido: "respeitar, promover e aplicar os princípios e direitos fundamentais no trabalho, que se revestem de particular importância, não só como direitos, mas também como condições necessárias à plena realização de todos os (outros) objectivos estratégicos [...]".

1. Sociedade Industrial e Pós-Industrial — Avanços e Retrocessos dos Direitos Sociais

A partir do final do século XI, a classe dos artesãos e a classe dos mercadores, que se haviam tornado mais numerosos e muito mais indispensáveis à vida de todos, afirmaram-se cada vez mais vigorosamente no contexto urbano, em especial a classe dos mercadores, pois a economia medieval, desde a grande renovação destes anos decisivos, foi sempre dominada, não pelo produtor, mas pelo comerciante.

[...]

A evolução da economia desencadeava uma verdadeira revisão dos valores sociais[(8)].

Marc Bloch, 1979.

Antes de se discorrer sobre o trabalho humano vinculado às plataformas digitais faz-se indispensável resgatar alguns relatos sobre as tensões entre o processo produtivo industrial controlado pela elite proprietária[(9)] e a classe trabalhadora, principalmente diante do evento da primeira revolução industrial, fenômeno que inaugurou uma nova era, com a mudança de todos os paradigmas, principalmente sociais e culturais.

(8) Essa revisão dos valores sociais provocada pela evolução da economia, conforme Bloch, ainda persistia às vésperas da Revolução Francesa, e depois desta somente ter-se-ia concluído com a denominada "Revolução dos povos" ou de "1848", conforme constatado em Hobsbawm: "O que na verdade aboliu as relações agrárias feudais em toda a Europa ocidental e central foi a Revolução Francesa, por ação direta, reação ou exemplo, e a Revolução de 1848". HOBSBAWM, Eric. *A era das revoluções:* 1789-1848. Edição Kindle: Paz e Terra, 2015. p. 62.

(9) Como Richard Edwards argumentou, o controle da força de trabalho por quem detém os meios de produção "[...] torna-se problemático porque, diferentemente de outras mercadorias envolvidas na produção, a força de trabalho está sempre incorporada nas pessoas, que têm seus próprios interesses e necessidades e que retêm o poder de resistir a serem tratadas como uma mercadoria". *Apud* WOODCOCK, Jamie. O panóptico algorítmico da Deliveroo: mensuração, precariedade e a ilusão do controle. In: ANTUNES, Ricardo (Org.). *Uberização, trabalho digital e indústria 4.0.* Edição do Kindle: Boitempo. 2020. Posição 486.

Autores como Klaus Schwab sustentam que o movimento originou-se nos setores agrícolas das diversas sociedades, cujas alterações provocaram uma série de revoluções industriais, iniciadas na segunda metade do século XVIII(10).

Paulo Sérgio do Carmo já pensava assim, antes de Schwab, ao anotar que a revolução acelerou a gestão de tempo e das fortunas, "[...] que trocaram de donos, saltando da terra para a indústria e, por fim, para a publicidade, marketing, finanças e meios de comunicação"(11).

Para Klaus Schwab, "a marca dessas revoluções foi a transição da força muscular para a energia mecânica, a qual evolui até a atual quarta revolução industrial, momento em que a produção humana é aumentada por meio da potência aprimorada da cognição"(12).

Octávio Ianni inclui a primeira revolução industrial como um evento do fenômeno da globalização(13), que não é somente econômica, mas envolve questões tecnológicas, culturais, dentre outras. Para ele, a história da globalização tem três fases distintas:

A que se deu entre os séculos XV e XVI, tendo como eventos protagonistas "[...] as grandes navegações, que resultaram na descoberta de regiões do globo ainda não exploradas pelos europeus"(14).

Resultante dessa fase é a quebra, pelos navegadores portugueses, do monopólio comercial das cidades italianas com o Oriente, e uma nova era se iniciava em toda a Europa, que se beneficiava de produtos de outros continentes.

A segunda fase teve lugar no século XVIII, coincidente com a revolução industrial, "[...] com as principais nações europeias expandindo seus mercados consumidores em todo o mundo"(15).

A terceira fase da globalização, a atual, inicia-se no pós-guerra, e caracteriza-se pelo completo domínio das empresas multinacionais, e integração dos grandes mercados mundiais às economias periféricas dos países do Terceiro Mundo(16).

---

(10) SCHWAB, Klaus. *A quarta revolução industrial*. São Paulo: Edição do Kindle. Edipro Edições Profissionais, 2019. p. 16.

(11) CARMO, Paulo Sérgio do. *Sociologia e sociedade pós-industrial, uma introdução*. São Paulo: Paulus, 2007, p. 154.

(12) SCHWAB, Klaus. *Op. cit.*, 2019. p. 16.

(13) "Desde que a 'globalização' começou a ser puxada pelas finanças (liberação total do câmbio, privatização do setor bancário e abertura dos mercados financeiros, visando socorrer a dívida pública dos Estados, que seria paga por investidores internacionais), a maioria dos países viu-se na impossibilidade de tomar medidas que iriam de encontro aos interesses dos detentores do capital. Por isso, eles não impediram nem a formação das bolhas especulativas nem o estouro delas". DARDOT, Pierre; LAVAL, Christian. *A nova razão do mundo:* ensaio sobre a sociedade neoliberal. Edição do Kindle: Boitempo Editorial, 2016. p. 255.

(14) IANNI, Otavio. *Teorias da Globalização*. 16. ed. Rio de Janeiro: Civilização Brasileira, 2010. p. 75.

(15) *Idem*.

(16) CARMO, Paulo Sérgio do. *O trabalho na economia Global*. São Paulo: Editora Moderna, 1998. p. 7-8.

O que mais se evidencia será sempre a circunstância de que a revolução industrial sucedeu à sociedade feudal, quando nesta, a partir do século XV, ocorreram relevantes transformações como: a expansão marítima, as grandes navegações, a descoberta de outros povos em novos continentes e o comércio ultramarino.

Mas foi a revolução francesa o ponto culminante da dissolução da sociedade feudal, quando a burguesia emergente tomou o lugar da nobreza.

Há consenso doutrinário de que a revolução industrial dominou apenas a segunda metade do século XVIII, mas suas características, acentuadas pela pós-industrialização, teriam perdurado no século seguinte, até o advento da segunda revolução industrial, marcada pela produção em massa inaugurada por Henry Ford: produção em escala, redução de custos e popularização dos produtos, que podiam ser adquiridos pela massa dos trabalhadores.

Eric Hobsbawm, sobre a primeira revolução industrial, teoriza que o evento não deve ser considerado tanto no que se refere ao surgimento de um mercado mundial, sob intensa atividade de uma classe de empresários privados.

Nem mesmo de um Estado que incentiva ao máximo os lucros privados(17), como alicerce da política governamental; ou ainda como fator que fez evoluir a tecnologia, que propiciou o conhecimento científico ou a ideologia de uma crença no progresso individualista, secularista(18) e racionalista.

Importa menos para Hobsbawn explicar os elementos de uma nova economia e sociedade do que o roteiro do triunfo desta economia e sociedade, que para ele, tal triunfo não é definitivo.

Também seria irrelevante se deter na evolução do gradual solapamento da economia e sociedade pelos séculos anteriores à Revolução, mas em como se chegou à conquista da fortaleza constituída por aqueles elementos (surgimento de um mercado mundial com aval do Estado e evolução da tecnologia), e como seria combatida posteriormente(19).

Sob a ótica de Hobsbawn, a história da dupla revolução (francesa e industrial) não significa "meramente a história do triunfo da nova sociedade burguesa", pois outras

(17) A desregulamentação das finanças pelo Estado colocou as respectivas instituições no centro dos novos dispositivos econômicos, o que as permitiu captar de forma sólida a poupança das famílias e das empresas, circunstâncias que as empoderou ainda mais nas esferas econômicas e sociais, de forma que "[...] aquilo que se denomina 'liberalização' das finanças — que é mais propriamente a construção de mercados financeiros internacionais — engendrou uma "criatura" com uma força ao mesmo tempo difusa, global e incontrolável. DARDOT, Pierre; LAVAL, Christian. *A nova razão do mundo:* ensaio sobre a sociedade neoliberal. Edição do Kindle: Boitempo, 2016. p. 260.

(18) A secularização é mais que o declínio da crença religiosa que acompanhou o progresso capitalista, pois se apresenta também como "[...] o 'desencantamento' progressivo do mundo e um processo promovido pela racionalização [...]", por sua vez estimulada pelo desgaste da profecia religiosa, cujo ritual mágico foi eliminado pelo advento do calvinismo, "[...] que por sua vez se tornou progressivamente irrelevante com o progresso da produção industrial capitalista". GIDDENS, Anthony. *O capitalismo e a moderna teoria social:* uma análise das obras de Marx, Durkheim e Max Weber. 2. ed. Editorial Presença, 1972. p. 289-290.

(19) HOBSBAWM, Eric. *A era das revoluções:* 1789-1848. São Paulo: Paz e Terra, 2015. p. 24-25.

forças transformariam a expansão em contração, de forma que a partir de 1848 e durante o século XX, ainda que não claramente discernível na sua primeira metade, sobressai a revolta do mundo contra o ocidente[20].

O autor que nos fundamenta, ao discorrer sobre as repercussões causadas ao mundo pelas revoluções francesa e industrial, destaca que

> [...] sua mais notável consequência para a história mundial foi estabelecer um domínio do globo por uns poucos regimes ocidentais (e especialmente pelo regime britânico) que não tem paralelo na História.[21]

O historiador em destaque narra que as velhas civilizações e impérios do mundo ruíram diante da potência[22] britânica, que emergiu das consequências vitoriosas da revolução industrial, com negociantes sagazes, máquinas a vapor, navios e canhões.

A Índia tornou-se província administrada pelas autoridades britânicas; os estados islâmicos entraram em crise; a África fragilizou-se, favorecendo as conquistas diretas, e o império chinês teve que abrir suas fronteiras à exploração do ocidente entre 1839 e 1842[23].

Os ventos foram tão favoráveis ao dominador inglês que, por volta de 1848, nada se opunha ao avanço da conquista ocidental, que abarcava qualquer território que governos ou homens de negócios achassem vantajoso ocupar, "[...] como nada a não ser o tempo se colocava ante o progresso da iniciativa capitalista ocidental"[24].

Mas tal liberalismo econômico, por volta de 1850 em diante, passa a expor linhas de fratura que se aprofundam até a primeira guerra mundial e o entreguerras.

Surge tensão entre dois tipos de liberalismo, o "[...] dos reformistas sociais que defendem um ideal de bem comum e o dos partidários da liberdade individual como fim absoluto"[25], e este último, na realidade, nunca cessou.

Retornaremos ao estudo do liberalismo econômico em oposição à intervenção estatal limitadora do poder do capital.

---

(20) *Idem*.

(21) *Idem*.

(22) O verbete 'potência' foi utilizado no seu sentido objetivo, de superação individual da natureza humana ou dominação de um Estado sobre outros. É que a verdadeira potência ou superpoderes relaciona-se com as virtudes, que não têm nada a ver com nenhuma vontade de dominação. Deleuze assim enfatiza, ao assimilar Nietzche: "[...] A vontade de potência no seu mais alto grau, sob sua forma intensa ou intensiva, não consiste em cobiçar, nem mesmo em tomar, mas em dar e criar". DIDI-HUBERMAN, Georges. *Povo em lágrimas, povo em armas*. Ambassade de France au Brésil, 2020. p. 46.

(23) HOBSBAWM, Eric, *op. cit.*, 2015. p. 24.

(24) *Ibidem*, p. 24.

(25) DARDOT, Pierre; LAVAL, Christian. *Op. cit.*, 2016. p. 44

Continuando no contexto da primeira revolução industrial, principalmente sobre os fenômenos que a ensejaram, bem como às invenções de novas máquinas, à organização dos trabalhadores, à nova divisão do trabalho, à disciplina do capitalismo e à disciplina para o trabalho.

Como acentua Domenico de Masi, a sociedade em geral passa de um ciclo para outro quando na História coincidem três tipos de eventos revolucionários: a descoberta de novas fontes energéticas, uma nova divisão do trabalho e uma nova organização do poder, pois trazem consigo uma novel epistemologia, novo modo de ver o progresso e o mundo; e a revolução industrial foi tudo isso(26).

Quanto a descoberta de novas fontes energéticas, surgiram o carvão (combustível básico da máquina a vapor(27)), e avanços científicos da eletricidade, ao par de invenções como o tear mecânico(28), decisivos para a instalação da revolução industrial(29).

A máquina a vapor superou, com seu novo poder energético, a força da água, do vento, dos animais e do homem, e foi empregada principalmente na produção têxtil e metalúrgica.

São invenções da revolução industrial a pólvora e o moinho d'água; difundem-se a bússola e os arreios modernos dos cavalos, e este novo aparato passou a render vinte vezes mais do que com o velho tipo de freio"(30).

A expansão da divisão do trabalho, segundo Marx, causa o aparecimento das sociedades de classes, que perduram em razão da especialização das tarefas, cuja intensidade decorre do aumento da produção. A abolição das sociedades de classe levaria à extinção da divisão do trabalho, que não é "[...] senão a forma alienada da atividade humana"(31).

Sobre essa afirmação de Marx, sustenta Anthony Giddens:

> A superação da alienação de mercado através de uma reorganização revolucionária da sociedade terá como resultado uma reversão dos efeitos

(26) DE MASI, Domenico. *O ócio criativo*. Rio de Janeiro: Sextante, 2000. p. 44.

(27) MUMFORD registra que "A máquina mais importante da era industrial moderna é o relógio, e não a máquina a vapor". Complementa que o relógio não tem somente a função de medir o tempo, mas principalmente sincronizar as atividades humanas. MUMFORD, Lewis. *Técnica e civilização*. Lisboa: Editores Refratários, 2018. p. 49.

(28) "[...] na indústria algodoeira, processos do tipo tecelagem eram expandidos pela criação de multidões de teares manuais domésticos para servir aos núcleos de fiações mecanizados, e o primitivo tear manual era um dispositivo mais eficiente do que a roca. Em toda parte a tecelagem foi mecanizada; uma geração após a fiação, e em toda parte, incidentalmente, os teares manuais foram morrendo vagarosamente, ocasionalmente se rebelando contra seu terrível destino, quando a indústria não mais necessitava deles". HOBSBAWM, Eric. *Op. cit.*, 2015. p. 88-89.

(29) Observa DE MASI que "Indispensáveis a esta revolução serão as descobertas da eletricidade, da máquina a vapor e da organização taylorista, mas também a primazia da razão". DE MASI, Domenico. *Op. cit.*, 2000. p. 42.

(30) DE MASI. *Op. cit.*, 2000. p. 40.

(31) MARX, Karl *apud* GIDDENS, Anthony. *Op. cit.*, 1972. p. 307.

> de fragmentação que caracterizam a especialização que, confinando as atividades do indivíduo à execução de uma única tarefa, não lhe permite assim, realizar no seu trabalho todas as suas capacidades e talentos.[32]

De fato, a revolução industrial provocou desenvolvimento na divisão do trabalho, como se verifica em Paulo Sérgio do Carmo:

> Com o desenvolvimento da divisão do trabalho, rompe-se a autossuficiência dos antigos grupos, que cedem lugar às relações de troca [...] À medida que os indivíduos se empenham em tarefas novas e diferentes, cada vez mais eles se tornam necessariamente dependentes uns dos outros.[33]

O sistema doméstico de trabalho (o trabalhador era dono dos meios de produção e da matéria prima, e o produto do trabalho era para sua subsistência) passou primeiro à manufatura (esforço físico no manuseio de ferramentas para a produção e habilidade técnica) e depois à maquinofatura (o homem serve à máquina), o que fez com que as antigas relações sociais de produção fossem rompidas[34], proporcionando o completo domínio da máquina e do capital sobre a sociedade.

Do Carmo acrescenta ainda que a divisão do trabalho no seu desenvolvimento pressupõe a especialização, de maneira que um sistema solidário ou integração do todo social une todas as partes, e tal sistema solidário ou integração social "[...] depende de normas legais que deem sustentação à sua dependência mútua"[35].

Uma das formas anormais da divisão do trabalho, nas modernas sociedades industriais caracteriza-se como ausência de normas reguladoras ou anômica, que enfraquecem ao invés de promover a coesão social.

A divisão do trabalho anômica ocorre quando há uma extrema especialização que debilita a solidariedade social, e nesse contexto, o trabalhador resta isolado em sua especialização, incapacitado de reconhecer significado em suas limitadas atividades[36].

Durkheim, autor de obras nas quais constata essa divisão anômica do trabalho, diz que ele (trabalhador) "[...] já não sente os colaboradores que trabalham a seu lado na

(32) GIDDENS, Anthony. *Op. cit.*, 1972. p. 307.

(33) CARMO, Paulo Sérgio do. *Sociologia e sociedade pós-industrial, uma introdução*. São Paulo: Paulus, 2007. p. 68.

(34) "[...] a maneira óbvia de se expandir a indústria no século XVIII, tanto na Saxônia e na Normandia como na Inglaterra, não era construir fábricas, mas sim o chamado sistema 'doméstico', no qual os trabalhadores — em alguns casos, antigos artesãos independentes, em outros, antigos camponeses com tempo de sobra nas estações estéreis do ano — trabalhavam a matéria-prima em suas próprias casas, com ferramentas próprias ou alugadas, recebendo-a e entregando-a aos mercadores que estavam a caminho de se tornarem patrões". HOBSBAWM, Eric. *Op. cit.*, 2015. p. 88.

(35) CARMO, Paulo Sérgio do. *Op. cit.*, 2007. p. 68.

(36) *Ibidem*, p. 69.

mesma obra, já não tem sequer a noção dessa obra comum. A divisão do trabalho não poderia, pois, ser levada demasiado longe sem se tornar uma fonte de desintegração"[(37)].

Embora não se possa dispensar a diversidade das funções (útil e necessária), a unidade não é menos indispensável, e não resulta espontaneamente da diversidade, e o cuidado de como realizar e manter referida diversidade no organismo social, em forma de uma função especial, deverá ser representada por um órgão independente (o Estado ou o governo)[(38)].

Uma nova divisão do trabalho se impõe no sistema fabril, mas a transição se deu de forma lenta.

A partir do século XIX, a produção atende a um mercado em expansão, e o trabalho se dá nas dependências da fábrica, sob rigorosa fiscalização; o trabalhador, para sobreviver, sujeita-se a longas jornadas, e sob precárias condições de segurança e higiene; é obrigado a vender não mais o produto de seu trabalho, mas sua força de trabalho, como se mercadoria fosse.

A revolução industrial fez emergir na cena social o operariado e seus mecanismos de luta, como os sindicatos e as greves por melhores condições de trabalho e combate ao desemprego crescente, pois a industrialização atraiu a urbanização, com crescente migração do trabalhador do campo à cidade.

Neste ponto, importante esclarecer que o trabalho tradicional, aquele desenvolvido no campo, ofereceu resistência à disciplina do capitalismo, porque, como constatou Max Weber, "o homem, numa conduta conformista, não desejava por natureza ganhar cada vez mais dinheiro, mas simplesmente viver como estava acostumado"[(39)].

Mesmo as pessoas que viviam à margem da sociedade, em evidente miséria, não raro recusavam-se ao trabalho, e somente passaram a aceitá-lo depois da interiorização da disciplina do trabalho pelos empregadores, através de rigorosa supervisão disciplinar, o que implicou numa predisposição para se dedicar diariamente, por longas jornadas, a tarefas rotineiras, exaustivas e sem significado, em troca de um diminuto salário.

A essa disciplina para o trabalho, Marx, em "O Capital", diz que "não basta que apareçam as condições de trabalho para que as pessoas que nada tem para vender, a não ser sua força de trabalho, façam-no 'voluntariamente' para um empregador"[(40)].

Por isso, a formação de mão de obra disciplinada exigia "toda uma criação cultural de transformação de valores, superação da tradição e de costumes", de forma que o assalariado se predispusesse a trabalhar para outrem, como se isso decorresse de lei 'natural'[(41)].

(37) DURKHEIM, Émile. *Da Divisão do Trabalho Social.* Edição do Kindle: WMF Martins Fontes, 2015. p. 342.

(38) *Ibidem,* p. 342.

(39) CARMO, Paulo Sérgio do. *Op. cit.,* 2007. p. 33.

(40) *Ibidem,* p. 33.

(41) *Ibidem,* p. 33.

A intermitente luta sindical e política que se travou a partir da aceitação da disciplina para o trabalho, entre trabalhadores e capitalistas, colocam sempre em pauta oposição daqueles às longas jornadas(42) e salários aviltantes, e o intuito destes em introduzirem novas máquinas no sistema da grande indústria, de forma a eliminar postos de trabalho e aumentar a concorrência entre os próprios trabalhadores.

Autores como Charles Dickens descrevem a Inglaterra vitoriana, onde pululavam trabalhadores maltrapilhos, mal alimentados, entre eles crianças da mais tenra idade; sobressai a pobreza, agravada pela falta de higiene, de ar ou de sol, na degradação em alojamentos imundos; era o desamparo do proletariado ao longo de cem anos da industrialização(43).

Paulo Sergio do Carmo destaca que progressivamente, "elaborou-se uma ideologia do trabalho de forma que o conceito de caridade aos mais necessitados foi substituído pela obrigatoriedade de trabalhar para a sobrevivência"(44).

As precárias condições de trabalho fizeram o operariado odiar as máquinas, tanto que os tecelões passaram a ter horror à 'oficina comum', considerada prisão. Por isso preferiam renunciar ao ofício a se alistarem para o trabalho nas fábricas.

Os operários ingleses, em 1810, além de amaldiçoarem as máquinas, promoveram a destruição de teares recém-inventados, na revolta liderada por Ned Ludd, no movimento que ficou conhecido como ludistas; responsabilizavam as máquinas pelo desemprego, fome e miséria, e imaginaram que a destruição delas pararia o progresso.

Nas entrelinhas da obra de Paulo Sergio do Carmo percebe-se o desespero dos trabalhadores, que desafiavam a própria morte, ao infligirem às máquinas(45) "a barbaridade em que se transformara suas vidas", pois sabiam que desde 1769 existia lei contra a destruição de máquinas, a qual previa para os culpados pena de morte(46).

Mas prevaleceu a crescente confiança no progresso, que se funda nos sucessos da ciência e da técnica, que auspiciam avanços sem fim.

---

(42) Interessante o registro de DE MASI quando cita Villarmé: "No seu [...] Tratado sobre o estado físico e psíquico dos operários nas fábricas de algodão, lã e seda, de 1840, Villarmé referia que naqueles tempos os escravos das Antilhas trabalhavam nove horas por dia, os condenados ao trabalho forçado nas instituições penais, dez, e os operários de algumas indústrias de manufaturas trabalhavam dezesseis horas por dia. Operários daquela mesma França que com sua revolução tinham proclamado os Direitos do Homem". DE MASI, Domenico. *Op. cit.*, 2000. p. 43.

(43) CARMO, Paulo Sérgio do. *Op. cit.*, 2007. p. 35.

(44) *Ibidem*, p. 33.

(45) MUMFORD sublinha que as máquinas e ferramentas foram desenvolvidas na tentativa de modificar o ambiente de modo a fortalecer e sustentar o organismo humano, não para escravizá-lo, de forma que o aprimoramento delas se deu "[...] a partir de um conjunto de agentes não orgânicos, para converter energia, realizar um trabalho, aumentar as capacidades mecânicas e sensoriais do corpo humano ou reduzir os processos de vida a uma ordem e a uma regularidade mensuráveis". MUMFORD, Lewis, *op. cit.*, 2018. p. 45.

(46) CARMO, Paulo Sérgio do. *Op. cit.*, 2007. p. 36.

A racionalidade pela ciência trouxe à sociedade a segurança no controle da natureza ameaçadora, e pelo fato de se poder dirigir o curso dos acontecimentos, e a pensar no futuro com menos incertezas, no qual se pode fazer projetos ambiciosos para a posteridade.

Na realização de tais projetos utilizou-se da racionalidade ao expoente máximo, de forma que a sociedade econômica moderna festeja seu esforço bem-sucedido, que foi capaz de produzir organizações com personalidade de grupo superior à de uma pessoa natural, "[...] e com a vantagem da imortalidade"(47), graças a profissionais sofisticados, de todas as qualificações, "[...] do economista ao matemático, do sociólogo ao publicitário, de modo a pensar as condições e perspectivas dos mercados efetivos e potenciais [...]"(48).

Nessa concepção científica, valorizou-se a produtividade em prejuízo da contemplação, seja filosófica ou religiosa. Nas palavras de Paulo Sergio do Carmo, "A expressão 'tempo é dinheiro' é o símbolo mais evidente de um momento totalmente transformado em mercadoria, reduzindo-o a uma 'coisa', racionalizada e matematizada"(49).

No mundo do trabalho de então destacava-se a mudança no perfil profissional dos trabalhadores, que concebiam o produto na sua inteireza, para produzi-lo por partes, época em que se instaurou o conceito de manufatura em linha de produção.

Tal circunstância "[...] causou uma alienação profissional, pois o indivíduo passou a raciocinar menos e produzir mais, ou seja, o trabalho tornou-se mais mecânico e menos intelectual"(50).

Paulo Samuel de Almeida observa que do trabalho mecânico "[...] nasceu o conceito de processo de produção, o que mais tarde seria a base para outra revolução industrial"(51).

Poucas linhas são dedicadas à segunda revolução industrial, que tomou assento entre 1913 a 1969, e definiu-se pela utilização do petróleo e da energia elétrica na produção.

Desde já importa destacar que no final do interregno em que perdurou a segunda revolução industrial, especificamente no fim dos anos 1960, o modelo "virtuoso"(52) do crescimento fordista enfrenta seus primeiros sinais de enfraquecimento(53).

(47) GALBRAITH, John Kenneth. *O novo Estado industrial*. Rio de Janeiro: Civilização Brasileira, 1968, p. 70 e 72.

(48) IANNI, Otavio. *Teorias da Globalização*. 16. ed. Rio de Janeiro: Civilização Brasileira, 2010. p. 153.

(49) CARMO, Paulo Sérgio do. *Op. cit.*, 2007. p. 37.

(50) DE ALMEIDA, Paulo Samuel. *Indústria 4.0*. Pinheiros: Saraiva, 2019. p. 18-19.

(51) *Ibidem*, p. 18-19.

(52) O período virtuoso ou glorioso refere-se à regulação keynesiana macroeconômica, no qual valorizava-se "[...] a propriedade pública das empresas, o sistema fiscal progressivo, a proteção social, o enquadramento do setor privado por regulamentações estritas, especialmente em matéria de direito trabalhista e representação dos assalariados". DARDOT, Pierre; LAVAL, Christian. *Op. cit.*, 2016. p. 243.

(53) *Ibidem*, p. 250.

De fato, as empresas tiveram uma redução considerável em suas taxas de lucro. A queda da lucratividade pôde ser justificada pela desaceleração dos ganhos de produtividade, causada "[...] pela relação das forças sociais e da combatividade dos assalariados (o que deu aos 'anos 1968' sua característica histórica), pela alta inflação amplificada pelas duas crises do petróleo, em 1973 e 1979"(54).

Dardot e Laval, ao discorrerem sobre o fim da segunda revolução industrial e início da terceira, com a desregulamentação da economia como exigência do capitalismo(55), enfatizam que "A estagflação parece assinar o atestado de óbito da arte keynesiana de 'pilotar a conjuntura', que pressupunha a arbitragem entre inflação e recessão"(56).

A segunda revolução industrial esteve sob os auspícios da ordem econômica keynesiana e fordista, que se fundavam "[...] sobre a ideia de que a concorrência entre empresas e entre economias capitalistas deveria ser enquadrada por regras fixas comuns no que diz respeito a taxas de câmbio, políticas comerciais e divisão de renda"(57).

Assim, sob o signo do Estado do bem-estar, importantes invenções surgiram no decorrer da segunda revolução industrial, como a câmera fotográfica, o fonógrafo, a lâmpada, o bonde elétrico, a metralhadora, a fibra sintética, o motor a diesel, o automóvel, o cinematógrafo, o gramofone, o raio X, o telégrafo sem fio, o rádio, a gravação magnética do som(58), etc.

Interessa-nos na presente pesquisa a terceira revolução industrial, que teve início a partir de 1970, mas há discussões doutrinárias se ainda perdura nos dias atuais, a partir de 2010.

Ainda como parte d.este capítulo primeiro, importante tecer alguns informes sobre a sociedade pós-industrial, assim definida como fenômenos sociais decorrentes da primeira e segunda revoluções industriais.

De Masi sustenta que a sociedade pós-industrial teria nascido em 1950, mas que poucos como Daniel Bell ou Alain Touraine (sociólogo, tornou-se conhecido por ter sido o criador da expressão "sociedade pós-industrial") perceberam de pronto esse evento, que chama de um novo sistema global, único(59).

---

(54) *Ibidem*, p. 251.

(55) "O aumento brutal das taxas de juros à custa de uma grave recessão e de um aumento do desemprego permitiu lançar rapidamente uma série de ofensivas contra o poder sindical, baixar os gastos sociais e os impostos e facilitar a desregulamentação [...]. As mais famosas das medidas adotadas foram a grande onda de privatizações de empresas públicas (na maioria das vezes vendidas a preço de banana) e o movimento geral de desregulamentação da economia". *Ibidem*, p. 251-252.

(56) *Ibidem*, p. 251.

(57) *Ibidem*, p. 252.

(58) CARMO, Paulo Sérgio do. *Op. cit.*, 2007. p. 36.

(59) DE MASI sublinha que "[...] a massa de intelectuais percebeu somente aspectos singulares da mudança (a tecnologia, ou os meios de comunicação de massa, ou a tecnoestrutura, a globalização, etc.), mas não entendeu que todo o paradigma tinha mudado completamente". *Op. cit.*, 2000. p. 49.

Na opinião de De Masi, a possível data de nascimento da sociedade pós-industrial teria ocorrido em 1956. Nesse ano, complementa, "[...] pela primeira vez num país do mundo — os Estados Unidos —, o número de trabalhadores do setor terciário [...] superou a soma do número de trabalhadores dos setores industrial e agrícola"(60).

O mesmo autor ainda lembra que a sociedade pós-industrial viria a provocar mudanças profundas no modo de trabalhar e de como organizar a vida individual. Acentua ele:

> [...] estamos às vésperas de uma revolução nova e, igualmente, drástica: a da reorganização informática, graças ao teletrabalho e ao comércio eletrônico, que trarão de volta o trabalho para dentro dos lares e, assim, nos obrigarão a rever toda a organização prática da nossa existência.(61)

A sociedade pós-industrial se caracteriza por transformações recentes, como a microeletrônica, a biotecnologia e a energia nuclear, que constituem o seu conjunto tecnocientífico.

Na era pós-industrial capital e técnica(62) não se perderam um do outro, como o bem e o mal, "de braços e abraços [...] num romance astral"(63).

Transformações tais sugerem um novo modelo de sociedade, visto que "[...] o termo 'sociedade pós-industrial' descreve a rápida queda no número de operários fabris a partir da década de 70 e o avanço do setor de serviços"(64).

A diferença entre 'serviço' e trabalho fabril decorre da constatação de que 'os serviços são mais intangíveis, e qualidade e produtividade são difíceis de mensurar', e isso significa que 'é difícil estabelecer objetivos específicos para os empregados e avaliar sua performance com base nesses objetivos' (Rosemary Batt)(65).

---

(60) *Ibidem*, p. 84.

(61) *Ibidem*, p. 59.

(62) Para Heidegger: "A técnica [...], num sentido nem metafísico, nem instrumental, passa a ter a função e o papel de desvelar algo para o homem e de oferecer-lhe um caminho para descobrir algo que não estava nele nem pertencia a ele antes". DI FELICE, Massimo. Martin Heidegger. Edição do Kindle: Paulus. Posição 184.

(63) Utilização de termos opostos [bem e mal] para comparar percepções da sociedade, como na obra de Raul Seixas. MUMFORD já utilizava estilo semelhante para explicar capital e técnica, não como oposição, mas como termos que se complementam reciprocamente, quando ensina que ambos passaram a caminhar juntos desde tempos imemoriais: "[...] os dois condicionavam-se mutuamente e reagiam um ao outro [...] O mercador acumulava capital, alargando a escala das suas operações, desenvolvendo o volume dos seus negócios e descobrindo novos territórios para exploração; o inventor seguia um processo paralelo, explorando novos métodos de produção e imaginando novos artefatos para serem produzidos". MUMFORD, Lewis, *Op. cit.*, 2018. p. 60.

(64) CARMO, Paulo Sérgio do. *O trabalho na economia Global*. São Paulo: Moderna, 1998. p. 9.

(65) *Apud* WOODCOCK, Jamie. In: ANTUNES, Ricardo (Org.). *Uberização, trabalho digital e indústria 4.0*. São Pauo: Boitempo. 2020. *Op. cit.*, posições 528 e 532.

Uma maneira de superar tal empecilho tem sido aplicar novos tipos de tecnologia ao processo de trabalho em serviços"[66], o que caracteriza a era do trabalho pós-industrial.

A oposição entre sociedade industrial e pós-industrial pode ser colocada também como modernismo fordista *versus* pós-modernismo flexível. De forma que caracteriza o modernismo fordista, segundo David Harvey:

> "[...] capital fixo na produção em massa, mercados estáveis, padronizados e homogêneos, uma configuração fixa de influência e poder político-econômicos, uma autoridade e meta-teorias facilmente identificáveis, um sólido alicerce na materialidade e na racionalidade técnico-científica [...]."[67]

Por outro lado, o pós-modernismo flexível, pela visada do mesmo autor, é dominado

> "[...] pela ficção, pela fantasia, pelo imaterial (particularmente do dinheiro), pelo capital fictício, pelas imagens (em oposição à narrativa), pela efemeridade, pelo acaso e pela flexibilidade em técnicas de produção, mercados de trabalho e nichos de consumo [...]", tudo isso permeado por uma política carismática e preocupações com o ser (em oposição ao vir-a-ser) e a ontologia (em oposição à epistemologia)[68].

Na primeira década do século atual, estudiosos sugerem que já estamos vivendo uma nova revolução, pois passou a existir aqueles eventos revolucionários citados por De Masi, principalmente a mudança de poder, do militarismo estatal para as grandes empresas de tecnologia e informação, e uma nova divisão do trabalho, circunstâncias que predispõem para um "(... novo modo de ver o progresso e o mundo)"[69].

A informação capitalizada (dados digitalizados), agora tem importância maior que a produção industrial.

Informação capitalizada e a técnica estão sendo utilizadas pela elite de forma tão intensa[70] e desigual (os menos favorecidos não têm acesso a elas) que poderá haver uma

---

(66) *Idem.*

(67) HARVEY, David. *Condição pós-moderna* — Uma pesquisa sobre as origens da mudança cultural. São Paulo: Loyola, 2017. p. 303-305.

(68) HARVEY, David. *Op. cit.*, 2017. p. 303-305.

(69) DE MASI, Domenico. *Op. cit.*, 2000. p. 44.

(70) Apesar da intensa utilização da informação virtual, o que, para alguns aumentaria o QI dos usuários, ante a existência de padrões e associações e sequências e respostas, se diz ser possível que se possa melhorar o QI, mas "Processar informações e completar uma tarefa com grande agilidade mental não quer dizer que a compreensão e a intuição melhoraram. Não devemos confundir informação com conhecimento. [...] Com as redes sociais, temos uma identidade mais fraca, menos empatia e um novo tipo de relacionamento sobre o qual precisamos pensar com muito cuidado". GREENFIELD, Susan. Computadores melhoram nosso QI, mas reduzem nossa inteligência? In: SCHÜLER, Fernando; WOLF, Eduardo. *21 Ideias do fronteiras do pensamento*. Porto Alegre: Arquipélago Editorial, 2017. p. 112-136.

outra narrativa apoteótica, em comparação às narrativas da época da industrialização (como a de que a mão invisível do mercado dispensaria intervenção estatal na economia), agora sobre as façanhas da vitória global do mercado capitalista[71].

No âmbito da revolução digital "[...] ocorre a introdução dos elementos de automação na planta empresarial, com sistemas e robôs que flexibilizam as linhas de montagem, tais como: sistemas de soldagem, prensas automáticas etc."[72].

Benjamin Bratton situa o final da terceira revolução industrial por volta de 2008 ou mais, e a partir daí inicia-se a quarta revolução industrial[73].

Colhe-se de sua obra que a terceira revolução industrial alcançou o final dos anos 2010, mais especificamente entre 2008 e 2010, e que antes de 2008 o processo produtivo em questão teria se caracterizado pelo "[...] crescimento do sistema de computação em escala planetária (geopolíticas da computação)"[74], e que podia ser visto como um florescimento benéfico.

A velha ordem, continua Bratton, seria varrida para longe,

> [...] e um novo dia iluminado surgiria (quarta revolução) com a força das redes — *'iStuff'*, revoluções do *Twitter*, liberdade na internet e cidades inteligentes. Após esse período (2008) o céu escureceu, e agora a Nuvem vaticina, e ao invés de vigilância estatal, (tem-se) evasão fiscal, desemprego estrutural, cultura das *'fake news'* e destaque instantâneo de desastres.[75] (Tradução livre)

A internet se tornou protagonista da terceira revolução industrial, representada por um canal de comunicação que converge todas as tecnologias, pelo que os fenômenos de ambas poderiam ser estudados sem distinção, mas assim não será feito, instaurando-se investigação específica no âmbito da quarta revolução industrial ou indústria[76] 4.0, palco do trabalho humano nas plataformas digitais.

Dá-se por cumprida a empreitada de evidenciar neste capítulo que as primeira, segunda e terceira revoluções industriais, e a constatação do fenômeno da pós-industrialização, foram caminhos percorridos pelo desenvolvimento econômico, que trouxe a

---

(71) CARMO, Paulo Sérgio do. *Op. cit.*, 2007. p. 184.

(72) DA ROCHA, Cláudio Jannotti; OLIVEIRA, Marcos Paulo da Silva. A quarta revolução tecnológica e o trabalho na *Gig Economy:* limites e fronteiras do Direito do Trabalho na proteção dos trabalhadores em aplicativos. *Revista de Direito do Trabalho e Seguridade Social*, São Paulo, vol. 216, ano 47, mar./abr. 2021, p. 148.

(73) BRATTON, Benjamin H. *The Stack, on software and sovereignty*. London-England: Matthew Fuller, Lev Manovich, and Noah Wardrip-Fruin Editors, 2015. p. 248.

(74) *Idem*.

(75) *Idem*.

(76) No dizer de Byung-Chul Han, "A palava inglesa *industry* significa assiduidade ou laboriosidade. Chamam-se de Industrial school as instalações de melhoria". HAN, Byung-Chul. *Topologia da violência*. Petrópolis: Vozes, 2017. p. 48-49.

reboque as conquistas sociais, e estas nunca se tornaram seguras a ponto de se tornarem estáveis.

Ao contrário da consolidação do desenvolvimento econômico, que nem sempre retribuiu com condições justas de trabalho à classe trabalhadora, esta, por necessidade de sobrevivência, sempre deu e dá de si a mais valia ao desenvolvimento econômico, que, por sua vez não teria alcançado o progresso tecnocientífico a que chegou, sem ter se beneficiado da geração de valor novo do operariado.

Doravante, a investigação prosseguirá com a quarta revolução industrial, que traz no bojo da análise um sem número de características da terceira, até porque alguns estudiosos acreditam que a quarta revolução constituir-se-ia de fenômenos inaptos a ensejarem classificá-los como um evento revolucionário.

A perquirição da quarta revolução industrial será precedida pelos dois próximos subitens, como antecedentes indispensáveis, sobre os quais fundamenta-se o evento que, utilizando-se da internet, da tecnologia de informação e comunicação, dos computadores, da digitalização e outros incrementos tecnocientíficos, instaurou grandes mudanças nas sociedades do mundo todo, a partir de 2010.

1.1. Inovações tecnológicas

Rodrigo Carelli e Murilo Oliveira advertem que há uma confusão entre ciência e tecnologia, e acrescentam que "toda tecnologia é científica, mas nem toda ciência é tecnológica"(77).

Daí o cuidado dos autores em distinguir técnica e tecnologia: "[...] técnica é um gênero que envolve dois ramos (1) as técnicas que são vinculadas ao conhecimento científico, que é a tecnologia e (2) outras que decorrem da acumulação das descobertas empíricas, que são chamadas de técnicas em sentido estrito"(78).

Não há neutralidade nas tecnologias, porque elas têm dono que investiu nelas capital, e também objetivou para elas determinados fins e limites(79).

Por isso, Carelli e Oliveira sublinham que "A ideia de neutralidade da ciência — e, portanto, da tecnologia — é uma capa ideológica da força produtiva que esconde que junto à vontade de conhecer está a vontade de dominar o objeto: conhecer para ter controle"(80).

---

(77) CARELLI, Rodrigo de Lacerda; OLIVEIRA, Murilo Carvalho Sampaio. *As plataformas digitais e o direito do trabalho*. Belo Horizonte: Dialética, 2021. p. 31.

(78) *Ibidem*, p. 30-31.

(79) *Ibidem*, p. 31. Heidegger propõe que "[...] a técnica não é um fazer do homem nem um meio para alcançar fins; a filosofia e o pensamento ocidentais não conseguiram produzir um saber idôneo para pensar a técnica". DI FELICE, Massimo. *Martin Heidegger* — Clássicos para a comunicação. Edição do Kindle: Paulus. Posição 188.

(80) CARELLI, Rodrigo de Lacerda; OLIVEIRA, Murilo Carvalho Sampaio. *Op. cit.*, 2021. p. 32.

Susan Greenfield distingue a ferramenta tecnológica — que age como um meio para um fim de que necessitamos — da tecnologia virtual, que se transforma no próprio fim[(81)].

Para a pesquisadora, o mundo das redes sociais "[...] não parece estar agindo como facilitador ou potencializador dos encontros reais das pessoas, mas substituto desses encontros"[(82)].

A vida que se anima no mundo virtual não parece ser "melhor", segundo Greenfield, "[...] na medida em que possibilita e fortalece a falsificação de comportamentos e vivências que, tanto quanto mais falsificadas, mais intensamente atingem nossa persona real, deprimindo-a"[(83)].

Contudo, a tecnologia não é um ente metafísico com força e vontade para alterar o mundo, e contra o qual nada se poderia opor. Sob a tecnologia há interesses de indivíduos que dela se aproveitam.

E tais interesses visam ao poder, tanto que Paulo Sérgio do Carmo traça um paralelo entre poder militar e tecnologia, e o primeiro cedeu lugar ao último.

Acentua ele que a guerra fria entre a antiga União Soviética e os Estados Unidos, após a derrubada do muro de Berlim[(84)], se deslocou do campo militar para o tecnológico, de forma que "O poder não era mais formado pelos soldados do exército, mas sim pelos milhares de funcionários das grandes empresas multinacionais espalhadas pelo mundo. Passava a mandar mais quem detinha o poder sobre novas tecnologias"[(85)].

Mas por trás da tecnologia existe a vontade humana consciente, que deve ser responsabilizada em eventual mal uso perante a comunidade política e suas leis[(86)].

Reportagem na *Folha de S. Paulo* desvela a obra de Bratton[(87)], que apresenta diferentes escalas de computação tecnológica, as quais podem ser compreendidas como

(81) Ou será que são os dispositivos tecnológicos que instrumentalizam os operadores, como se estes fossem as suas ferramentas? Nota do autor da pesquisa.

(82) GREENFIELD, Susan. *Op. cit.*, 2017. p. 131.

(83) *Idem.*

(84) "Desde a queda do Muro de Berlim em 1989, poucas partes do planeta permaneceram fora do alcance das corporações transnacionais. O exército de reserva é agora, em geral, composto por estranhos. Foi criado um exército de reserva global, em rápida expansão, equipado com um conhecimento básico de pelo menos uma língua mundial, competências tecnológicas genéricas e um smartphone, capaz de ser convocado a curto prazo para realizar uma das tarefas cada vez mais padronizadas exigidas nas maiores vinte economias mundiais". HUWS, Ursula. *Reinventing the Welfare State: Digital Platforms and Public Policies* (Reinventando o Estado Social: Plataformas Digitais e Políticas Públicas). Edição do Kindle: Pluto Press. Tradução livre. 2020. Posição 406.

(85) CARMO, Paulo Sérgio do. *O trabalho na economia Global*. São Paulo: Moderna, 1998. p. 29.

(86) CARELLI, Rodrigo de Lacerda; OLIVEIRA, Murilo Carvalho Sampaio. *Op. cit.*, 2021. p. 32.

(87) Dados do livro de Benjamin H. Bratton, citados no jornal *Folha de S. Paulo* (12 set. 2021): The Stack, on software and sovereignty. London-England: Matthew Fuller, Lev Manovich, and Noah Wardrip-Fruin Editors, 2015.

forma de "megaestrutura acidental", como se a estrutura das redes fosse composta de múltiplos níveis ou camadas, formando uma pilha (*stack*).

As camadas dessa estrutura são modulares, disponíveis para inovação ou substituição.

A matéria aludida diz que Bratton cria uma boa metáfora para explicar a estrutura dos tempos atuais: A 'pilha' do título diz respeito a 'empilhamento'. Na visão dele, o mundo de hoje é construído por meio de empilhamentos acidentais e planejados de várias formas de infraestrutura, *software*, conteúdo e redes de governança.

Assim, nas camadas profundas jazem os elementos físicos, como os minerais que dão origem aos microprocessadores; acima cabos submarinos, satélites e redes de fibras ópticas.

Sobrepondo todos, os dispositivos como celulares e computadores; *softwares*, protocolos e aplicativos continuam a se empilhar.

Nova camada: o conteúdo que trafega e é trafegado. Dominando todas as camadas, os usuários. Mas estes ainda cedem o nível superior às leis que regulam os fluxos da informação, monitorando práticas e costumes de cada comunidade política, e assim por diante.

O empilhamento resulta na estrutura do mundo contemporâneo. Quem controla, ainda que parte do conjunto, tem grande influência que se projeta para além da camada que domina, por isso o subtítulo do livro denomina-se soberania.

Seis elementos estão representados nas camadas: a terra, a nuvem, a cidade, os endereços, as interfaces e os usuários. Há quem tenha visto elegância no jeito de pensar de Benjamin Bratton sobre o estado atual das coisas[(88)].

As inovações tecnológicas são vistas como dádivas que possibilitam o acesso a bens de forma mais fácil e barata, produto do progresso combinado, exponencial e digital[(89)]. Mas a forma pela qual ocorre a sua propagação indica a existência de grandes e crescentes diferenças entre as pessoas em relação à renda[(90)].

---

(88) LEMOS, Ronaldo. É preciso parar de falar "usuário" de internet. *Folha de S. Paulo*, 2021. Disponível em: <https://www1.folha.uol.com.br/colunas/ronaldolemos/2021/09/e-preciso-parar-de-falar-usuario-de-internet.shtml?utm_source=sharenativo&utm_medium=social&utm_campaign=sharenativo>. Acesso em: 30 jun. 2022.

(89) KALIL, Renan Bernardi. *A regulação do trabalho via plataformas digitais*. São Paulo: Editora Edgard Blücher, 2020. p. 53.

(90) "Por óbvio, o trabalho não desaparecerá, mas está criando enorme segregação entre quem detém tecnologia digital — uma minoria bem paga, em contraste com a grande maioria à beira da pobreza. Esses trabalhos mais modestos serão desenvolvidos pelos chamados 'digital galley slaves' — soldados (ou escravos) digitais confinados em galerias (galeras), utilizados por empresas como Google, aos milhares, para checar, classificar, filtrar e codificar um substancial volume de dados, em tempo real". MANNRICH, Nelson. Futuro do direito do trabalho, no Brasil e no mundo. *Revista LTr*, São Paulo-SP, ano 82, nov. 2017, p. 1.289.

Inovações reproduzem ideias e conceitos relevantes a um baixo custo, gerando benefícios para a sociedade e riqueza para os inovadores. Mas diminuem a necessidade de trabalhos anteriormente importantes, suprimindo a fonte de subsistência de inúmeros trabalhadores(91).

Situações contraditórias: Uma que enuncia que as inovações tecnológicas sempre elevam os ganhos do trabalhador(92).

Outra, que a automação reduz os salários, dado que os trabalhadores são substituídos por máquinas(93).

A realidade se torna mais complexa diante do fato de que ambas as situações estão ocorrendo, de forma que as inovações estão gerando riquezas em elevadas dimensões, mas não há qualquer regra econômica que assegure que os trabalhadores se beneficiarão nesse cenário.

O avanço da *commoditização* digital reduz o custo de acesso a inovações tecnológicas e amplia a eficiência empresarial, o que ocasiona a queda da necessidade de trabalhadores, a diminuição dos salários e o encolhimento da participação do trabalho no PIB.

Houve uma reconfiguração do mercado de trabalho pelas inovações tecnológicas. Estas criaram novas formas de trabalho, como aquelas sob demanda por aplicativos, e de organização da produção, como o desenvolvimento de cadeias produtivas horizontais e globais(94).

A tendência do mercado de trabalho é o crescimento de empregos com altos salários e que demandam criatividade de ocupações manuais com baixos salários. Não se descarta uma queda significativa de trabalhos de rotina e repetitivos com salários médios, segundo a constatação de Klaus Schwab(95).

Sob essa reconfiguração haveria uma precarização do trabalho? Ou estaríamos somente diante da consequência da mutação dos modelos de produção e de gestão ocasionados pelas novas tecnologias?(96)

(91) Nelson Mannrich traz para seu artigo os dilemas apresentados por Graciela Bensusán: "[...] há dúvidas se 'a economia digital e as plataformas conduzirão à formalização do setor informal ou se, pelo contrário, agravarão esse problema estrutural nos países em desenvolvimento'". *Ibidem,* p. 1292.

(92) "Economia virtual implica suportes digitais avançados, favorecendo o surgimento de novas organizações de trabalho e novas estratégias produtivas". *Ibidem,* p. 1292.

(93) Nelson Mannrich ratifica a lição de William Robinson: "[...] Interessa 'advertir as consequências da economia global ao tornar informal e precarizar o emprego e colocar luzes sobre a necessidade de voltar a proteger os trabalhadores'". *Ibidem,* p. 1292.

(94) KALIL, Renan Bernardi. *Op. cit.,* 2020. p. 59.

(95) SCHWAB, Klaus. *Op. cit.,* 2019. p. 48.

(96) ZYLBERSTAJN, Hélio *apud* KALIL, Renan Bernardi. *Op. cit.,* 2020. p. 59.

A constatação mais provável é que "A tecnologia tende a aumentar a desigualdade ao mesmo tempo que promove o crescimento econômico"[(97)].

Na visão de Klaus Schwab, aqueles com capacidade de participarem plenamente de ecossistemas guiados para a inovação serão os vitoriosos, vocacionados para oferecerem "[...] novas ideias, modelos de negócios, produtos e serviços, e não aquelas pessoas que podem apenas oferecer trabalho menos qualificados ou capital comum[(98)].

Para finalizar este subitem, trazemos a experiência do prêmio Nobel de economia Wassily Leontief com a tecnologia aplicada na economia de mercado.

Polenske, em tributo ao economista, afirma que este quis muito compreender como funcionava a economia e os efeitos da mudança tecnológica sobre os trabalhadores. Por isso Leontief desenvolveu o modelo *input-output*[(99)], que o fez merecedor da premiação em 1973.

Leontief observou que convencionalmente a produtividade do trabalho (capital) é a divisão da produção total do que se exporta ou saídas (*output*) pelo número de trabalhadores (*input* ou quantidade de capital).

Testou o método empiricamente: "[...] à medida que a economia se desenvolvia, os tratores substituíam os cavalos na agricultura" (tradução livre)[(100)].

Cogitou a partir daí que os economistas deveriam "[...] dividir a produção anual da agricultura manual pelo número de tratores e cavalos"[(101)].

Mas se o número de tratores vinha aumentando, a produtividade destes diminuía; e como o número de cavalos vinha diminuindo, a produtividade destes aumentava.

Leontief usou deste paradoxo para explicar que "de fato, a relação custo-eficácia dos cavalos, evidentemente, diminuiu constantemente em comparação com a dos tratores cada vez mais eficientes"[(102)].

---

(97) BRYNJOLFSSON, Erik *apud* KALIL, Renan Bernardi. *Op. cit.*, 2020. p. 55.

(98) SCHWAB, Klaus. *Op. cit.*, 2019. p. 180.

(99) "Modelo *'Input-output'* ou 'insumo-produto" ou análise interindústria — o estudo e medição empírica das inter-relações estruturais entre os setores de produção dentro de uma economia. A técnica foi desenvolvida por Wassily Leontief (1906-1999) para medir o fator de entrada requerido por diferentes indústrias para alcançar um determinado produto. Um determinado setor da economia requer insumos de outros setores, sejam matérias-primas, bens intermediários e serviços, ou mão de obra, para produzir o produto. A interdependência entre indústrias, ou setores, não é linear, mas complexa. Ou seja, um setor não produz, digamos, carvão para outros setores independentemente das exigências da indústria do carvão para insumos de outros setores. Para o setor de mineração, o carvão é uma saída. Mas o carvão é um insumo para a indústria de eletricidade. Da mesma forma, a indústria do carvão requer insumos (incluindo eletricidade) para produzir o carvão. A complexidade de uma economia pode ser avaliada a partir deste exemplo simples". Tradução livre do texto disponível em: <https://financial-dictionary.thefreedictionary.com/input-output+analysis>. Acesso em: 09 fev. 2022.

(100) POLENSKE, Karen R. Leontief's "magnificent machine" and other contributions to applied economics. In: DIETZENBACHER, Erick; LAHR, Michael L. *Wassily Leontief and input-output economics*. Cambridge: Edição do Kindle, 2004. p. 249.

(101) *Ibidem*, p. 249.

(102) *Idem*.

O economista aplicou esta constatação na relação entre automação e trabalho humano, e chegou a acreditar, até 1986, que "com a continuação da revolução informática, a utilização da automação (robôs e outras máquinas) na economia conduziria rapidamente à substituição de pessoas por máquinas.[(103)].

Questionava Leontief a si mesmo: os sistemas de controle provindos da automação conduzirão ao desemprego tecnológico?

Chegou à conclusão de que a automação, para não reduzir o número de trabalhadores, poderia ser contornada, e fez cálculos retroativos/comparativos, tendo por base a redução da carga horária semanal, de 67,2 horas em 1870 para 42,5 em 1950.

Acreditava que "Se os trabalhadores podem ou não adaptar-se à automação ou ficar desempregados [...], dependerá de a mão de obra poder ou não treinar-se e reciclar-se"[(104)].

Mas Leontief ressentia-se da ausência de maiores dados quantitativos. Utilizou, então, do modelo dinâmico de *input-output*, "para projetar os resultados setoriais e as necessidades de investimento e de mão de obra ano após ano para 1963 até 2000.[(105)].

Testou pelo menos quatro caminhos alternativos para mudanças tecnológicas entre 1980 e 2000, e verificou que "os trabalhadores não se tornariam obsoletos; pelo contrário, os trabalhadores adaptar-se-iam das antigas tecnologias às novas com menos perturbações do que se pensava inicialmente"[(106)].

Aqui vale a pena mencionar Murray N. Rothbard[(107)], que na introdução da obra de Hayek, intitulada "A pretensão do conhecimento", afirma que o prêmio Nobel concedido ao seu autor em 1974 veio como surpresa,

> [...] porque eles (os prêmios) foram uniformemente concedidos para economistas que têm transformado a disciplina em uma suposta "ciência" preenchida por um jargão matemático e "modelos" irrealistas que são então utilizados para criticar o sistema de livre empreendedorismo e tentar planejar a economia através de um governo central.[(108)]

---

(103) *Idem.*

(104) *Idem.*

(105) *Idem.*

(106) *Idem.*

(107) Economista heterodoxo norte-americano da Escola Austríaca, que já afirmou que todos os serviços prestados pelo "sistema de monopólio do estado corporativo" poderiam ser fornecidos de forma mais eficiente pelo setor privado e escreveu que o Estado é "a organização do roubo sistematizado e em larga escala".

(108) HAYEK, Friedrich A. *A pretensão do conhecimento*. São Paulo: Edição do Kindle. LVM Editora. 2019. Posição 86-87.

É uma evidente crítica à fórmula matemática de economia utilizada por Wassily Leontief, ganhador do Nobel de 1973, valendo acrescentar que essa passagem endossa a clássica crítica de Hayek, embutida no seu "construtivismo econômico"(109).

Pensamos ter atingido o objetivo deste subitem, qual o de apresentar o estado da arte das inovações tecnológicas (trampolim para a quarta revolução industrial), a par de constatar que as tecnologias tendem a aumentar a desigualdade social, ao mesmo tempo que incrementa o crescimento econômico.

1.2. O trabalho humano na inserção tecnológica

As inovações tecnológicas passaram a influenciar a atividade laboral, melhoraram a maneira de a sociedade se comunicar, viajar e consumir(110).

O desenvolvimento das tecnologias impactaram o mundo do trabalho, e depois disso desafiam a concepção de formas possíveis de intervenção nesse âmbito(111).

Mas é certo que alguma intervenção (possivelmente legislativa) será indispensável para que os seres humanos atendam necessidades que dependem do trabalho, para serem satisfeitas.

Leonardo Wandelli sustenta que

> "O trabalho, para o humano, não é só um instrumento para outros bens, mas ele em si, como conjunto de atividades e relações, é um bem indispensável para a realização de necessidades de desenvolvimento da personalidade e das capacidades psicofísicas, de fortalecimento da identidade, do amor próprio e da autoestima, de conquista da saúde, de formação de vínculos de solidariedade e pertencimento, de aprendizado técnico, ético e político."(112)

Mutações profundas no universo do trabalho foram implementadas com as novas tecnologias da informação.

A partir daí as empresas encolheram-se, pois passaram a se utilizar da terceirização e do teletrabalho, e a reboque, da teledisponibilidade e da telesubordinação.

---

(109) Intenção nos escritos de Hayek de atacar o modelo planificado, utilizando-se de "[...] um racionalismo construtivista ou cartesiano, utilizando para isso conceitos de regras, ordem e complexidade, afirmando que seria impossível a coordenação de uma sociedade por um único agente, no caso o Estado". MAUERBERG JUNIOR, Arnaldo. *A complexidade e o construtivismo na economia*. Extraído do sítio: <https://www.scielo.br/j/rep/a/q94nWkZ6MDMFKKxnCfwYfBn/?lang=pt>.

(110) KALIL, Renan Bernardi. *Op. cit.*, 2020. p. 48.

(111) *Ibidem*, p. 52.

(112) WANDELLI, Leonardo Vieira. Assédio moral organizacional: os direitos fundamentais ao trabalho, à saúde e ao meio ambiente saudável na tutela da organização do trabalho. *In*: NEMER NETO, Alberto; DA ROCHA, Claudio Iannotti; ARANTES, Delaíde Alves Miranda; RIZK FILHO, José Carlos; AZEVEDO NETO, Platon Teixeira de. *80 Anos da Justiça do Trabalho:* A democracia e a cidadania à luz da tutela jurisdicional trabalhista. São Paulo: Lex Editora. 2021. p. 658.

Diante dos fenômenos tecnológicos, das plataformas digitais, Nelson Mannrich constatou "[...] o aumento do trabalho autônomo dependente, do trabalho precário e da grande massa dos excluídos do mundo formal do trabalho"(113).

Enfatiza que "A globalização e a internacionalização do capital determinaram novas estratégias de reestruturação das empresas e novas modalidade contratuais [...]", implicando no fim de horários fixos e jornadas rígidas(114).

Com a tecnologia surgiu uma novel forma de trabalho humano, em constante proliferação, sob roupagens de autonomia.

Complexos problemas desafiam o mundo do capital e do trabalho. Neste último âmbito uma das principais dificuldades é a de incluir parcela da coletividade trabalhadora no progresso tecnológico, pelo descompasso entre a educação formal e as habilidades exigidas pelas mudanças tecnológicas(115).

Aquisição de novas habilidades pelos trabalhadores na era tecnológica não dispensa a atuação e assistência sindicais, antes esta deve ser reforçada (*v. g.*, prestação de serviços aos associados, conforme previsão dos arts. 513, 514 e 592, todos da CLT).

Por seu turno, a Recomendação 184, da OIT, dispõe sobre preservação do direito de sindicalização e do direito à negociação coletiva para o trabalho em domicílio, recomendações que vem sendo aceitas no universo do teletrabalho.

Sem cumprimento da re(qualificação)(116), como desafio do acesso dos trabalhadores a novos postos de trabalho digno na era da empresa 4.0, questiona-se se a tecnologia digital, especialmente sob o trabalho por demandas, não seria uma ilusão da maioria dos trabalhadores, quando se intitulam autônomos, empreendedores(117) ou parceiros, e ao mesmo tempo se deparam com uma brutal competição entre eles(118).

---

(113) MANNRICH, Nelson. *Op. cit.*, 2017. p. 1.289.

(114) *Ibidem*, p. 1.289.

(115) KALIL, Renan Bernardi. *Op. cit.*, 2020. p. 41.

(116) "Compreender o capitalismo digital como uma nova forma de capitalismo mais tecno-eficiente que subsume a vida humana através da datificação da vida e das relações sociais, debatendo novas estratégias e compreendendo o escopo da interpretação dos dados como bens comuns [...]". SCASSERRA e SAI (2020), *apud* Observatório laboral de las américas. Relatório especial. Trabalhadores de plataformas: condições de trabalho e desafios para os sindicatos, uma análise a partir da perspectiva das Cadeias Globais de Fornecimento. *Confederación Sindical de Trabajadores y Trabajadoras de las Américas*. Buenos Aires 404/406, CP 11000, Montividéu, Uruguai, <www.csa-csi.org>, dez. 2021.

(117) Consequência da ideologia neoliberal capitalista: "Que cada indivíduo seja empreendedor por si mesmo e dele mesmo, essa é a grande inflexão que a corrente austro-americana (Ludwig von Mises e Friedrich A. Hayek) e o discurso gerencial neoschumpeteriano (gestão empresarial como nova tecnologia, que segundo Joseph Schumpeter, supera as ciências e as invenções, e fez a economia norte-americana passar para o estágio da economia de empreendedores) darão à figura do homem econômico". DARDOT, Pierre; LAVAL, Christian. *Op. cit.*, 2016. p. 197-198.

(118) CARELLI enfatiza a garantia da concorrência leal entre os trabalhadores: "[...] Essa função do direito do trabalho impede que os trabalhadores concorram entre si, impondo níveis cada vez mais baixos de condições de trabalho. Por isso a imperatividade do direito do trabalho: o dia que o direito do trabalho for disponível — e, por conseguinte, a condição de empregado — será o fim do direito do trabalho, pois a competição entre os trabalhadores levará a terra

Resultado da emulação é a consequente baixa da contraprestação oferecida pelas empresas, o que faz com que os trabalhadores sempre mourejem mais do que poderiam, configurando-se, na verdade, a dependência econômica.

Ao se verem economicamente frágeis, o sonho do empreendedorismo certamente dá lugar à reflexão de que eles, trabalhadores, detêm apenas seus instrumentos de trabalho [próprios ou locados], ou na ausência das ferramentas de trabalho, unicamente a força própria de trabalho.

Leonardo Wandelli vê engodo nas promessas de liberdade e autonomia no trabalho pós-industrial.

Aduz ser igualmente deficitária posições críticas que reivindicam mera resistência às transformações, "[...] como se fosse possível reavivar o arranjo social do estado de bem-estar, esquecendo-se, ainda, da realidade do trabalho em sentido concreto, como mediação humana essencial"(119).

Agora, ao invés de mercadoria, a força de trabalho apresenta-se como a energia locada do 'trabalhador flexível', na expressão revelada por Rodrigo de Lacerda Carelli, para quem materializa-se um "[...] novo tipo de liame de direito que, à diferença do contrato [do antigo contrato de trabalho] não tem por objeto uma quantidade de trabalho, mas *a própria pessoa do trabalhador*"(120).

O trabalho, entre tantas definições, segundo Carelli e Oliveira, indicaria as atividades humanas conscientes, de transformação da realidade, para atendimento de necessidades próprias(121).

Esse novo trabalhador da tecnologia é um 'sujeito objetivo', "movido pelo cálculo, capaz de se adaptar em tempo real às variações do ambiente para atingir os objetivos que lhe são assinalados"(122).

Certo é que a este trabalhador, debutante nas plataformas, restou conferida certa parcela de autonomia na realização do trabalho, diferente da tradicional subordinação jurídica. É dizer: a subordinação cede à direção da empresa por objetivos, "trocando-se a

---

todos os direitos". CARELLI, Rodrigo de Lacerda. O caso *Uber* e o controle por programação: de carona para o século XIX. In: LEME, Ana Carolina Paes; RODRIGUES, Bruno Alves; CHAVES JÚNIOR, José Eduardo de Resende (Coords.). *Tecnologias disruptivas e a exploração do trabalho humano:* a intermediação de mão de obra a partir das plataformas eletrônicas e seus efeitos jurídicos e sociais. São Paulo: LTr, 2017. p. 144.

(119) WANDELLI, Leonardo Vieira. *O direito humano e fundamental ao trabalho, fundamentação e exigibilidade*. São Paulo: LTr, 2012. p. 25.

(120) Expressão utilizada e grifada por SUPIOT, Alain. *La gouvernance par lesnombres*, p. 256. Paris: Fayard, 2015. *Apud* CARELLI, Rodrigo de Lacerda. *Op. cit.*, 2017. p. 139.

(121) CARELLI, Rodrigo de Lacerda; OLIVEIRA, Murilo Carvalho Sampaio. *Op. cit.*, 2021. p. 29.

(122) Expressão entre aspas, utilizada por SUPIOT, Alain. *La gouvernance par lesnombres*, p. 255. Paris: Fayard, 2015. *Apud* CARELLI, Rodrigo de Lacerda. *Op. cit.*, 2017. p. 139.

ficção do trabalho-mercadoria pela noção de liberdade programada. Assim, a autonomia concedida é uma 'autonomia na subordinação'"[(123)].

A inovação de monta no novo modelo, que em última análise não escapa à regulamentação pelo Direito do Trabalho, como se verá mais adiante, é a de que "os trabalhadores não devem seguir mais ordens, mas sim a 'regras do programa'"[(124)] empresarial.

É uma liberdade induzida pela faculdade do trabalhador controlar sua jornada de trabalho, agora cumprida fora das dependências da empresa, que se vale de engenhos tecnológicos avançados, característica de um segmento econômico digitalizado[(125)].

Uma vez programadas ou reprogramadas as metas empresariais, "[...] na prática os trabalhadores não agem livremente, mas exprimem 'reações esperadas' e [...] devem estar mobilizados e disponíveis à realização dos objetivos que lhe são consignados"[(126)].

Eis o trabalhador das plataformas digitais ou submetido a trabalho sob demanda, alcunhado de 'autônomo', mas que não passa de um trabalhador precarizado, dependente economicamente de seu tomador de serviços.

Caracteriza esse trabalhador uma força de trabalho não mais considerada como mercadoria, pois a força de trabalho apresenta-se agora como a energia locada do 'trabalhador flexível', para quem materializa-se um novo tipo de relação jurídica, cujo contrato (quando existente) não tem por objeto uma quantidade de trabalho, mas a própria pessoa do trabalhador.

Ainda que se lhe confira certa parcela de autonomia na realização do trabalho, diferente da tradicional subordinação jurídica, à nova empresa interessa os objetivos, de forma que a autonomia concedida ao trabalhador é uma 'autonomia na subordinação".

1.3. Quarta revolução industrial

A quarta revolução industrial, revolução digital ou do computador, ou revolução industrial 4.0 (indústria 4.0) se confundem ou sucedem à terceira revolução industrial[(127)].

---

(123) Expressão entre aspas, utilizada por SUPIOT, Alain. *La gouvernance par lesnombres*, p. 353/354. Paris: Fayard, 2015. *Apud* CARELLI, Rodrigo de Lacerda. *Op. cit.*, 2017. p.141.

(124) Expressão entre aspas, utilizada por SUPIOT, Alain. *La gouvernance par lesnombres*, p. 354. Paris: Fayard, 2015. *Apud* CARELLI, Rodrigo de Lacerda. *Op. cit.*, 2017., p. 140

(125) Nelson Mannrich afirma que "Presencia-se o nascimento de uma empresa sem precedentes, já vaticinada por Supiot [...] 'sem fábricas, sem máquinas e sem trabalhadores'". MANNRICH, Nelson. *Op. cit.*, 2017. p. 1289.

(126) Expressão entre aspas, utilizada por SUPIOT, Alain. *La gouvernance par lesnombres*, p. 354. Paris: Fayard, 2015. *Apud* CARELLI, Rodrigo de Lacerda. *Op. cit.*, 2017. p. 140.

(127) Segundo Rifkin, ao enfocar aspectos da terceira revolução industrial, "Os empreendedores 3-D estão muito otimistas com a fabricação aditiva, porque o processo exige apenas 10% da matéria-prima gasta na fabricação tradicional e usa menos energia do que a produção em fábricas convencionais, reduzindo imensamente o custo. A medida que a nova tecnologia se dissemina, sendo local, *just-in-time*, a impressão 3-D de produtos fabricados customizados reduzirá cada vez mais os custos de logística, com a possibilidade de uma enorme economia de energia". RIFKIN, Jeremy. *A terceira revolução industrial* — como o poder lateral está transformando a energia, a economia e o mundo. *[s.l.]*: M. Books. 2000, p. 139.

A revolução digital se revela a partir dos anos 1960, pois restou "impulsionada pelo desenvolvimento dos semicondutores, da computação em *mainframe* (capacidade de processar volume enorme de informações, na década de 1960), da computação pessoal (década de 1970 e 1980) e da internet (década de 1990)[(128)]".

A revolução industrial 4.0, "[...] um termo cunhado em 2011 na feira de Hannover, para descrever como isso irá revolucionar a organização das cadeias globais de valor"[(129)].

Schwab acrescenta que a quarta revolução industrial, onde reina a total personalização de produtos e a criação de novos modelos operacionais, também convive com 'fábricas inteligentes' que criam "[...] um mundo onde os sistemas físicos e virtuais de fabricação cooperam de forma global e flexível"[(130)].

A principal consequência da indústria 4.0 para o mundo do trabalho, segundo Ricardo Antunes, será a ampliação do trabalho morto, a se considerar que o maquinário digital — 'internet das coisas', inteligência artificial, impressora 3D, o *big data* e outros — será condutor dominante de todo o processo produtivo[(131)].

O trabalho vivo será reduzido, tornando-se mesmo residual, diante da substituição das atividades manuais por ferramentas automatizadas e robotizadas, sob a ascendência de práticas informais digitais.

Mas como enfatiza Antunes, a expansão do trabalho morto não extinguirá as atividades humanas, pois além de em vários ramos e setores de atividades em que o trabalho manual sempre será insubstituível, "[...] há um outro elemento ontológico fundamental: sem alguma forma de trabalho humano, o capital não se reproduz, visto que as máquinas não criam valor, mas o potencializam [...]"[(132)].

Em outra obra Antunes denuncia que no atual estágio capitalista a fábrica se virtualiza e culmina na explosão de infoproletários: pessoas que vivem do trabalho, mas na sua grande maioria não têm a proteção trabalhista.

Formam um contingente de pessoas pobres e geralmente informais, intensamente subordinados ao modelo capitalista de produção, mas sem qualquer direito trabalhista[(133)].

---

(128) SCHWAB, Klaus. *Op. cit.*, 2019. p. 16-17.

(129) SCHWAB, Klaus. *Op. cit.*, 2019. p. 17.

(130) *Idem.*

(131) ANTUNES, Ricardo. Trabalho digital, "indústria 4.0" e uberização do trabalho. In: CARELLI, Rodrigo de Lacerda; CAVALCANTI, Tiago Muniz; FONSECA, Vanessa Patriota da. *Futuro do trabalho, os efeitos da revolução digital na sociedade.* Brasília: Escola Superior do Ministério Público da União, 2020. p. 348.

(132) ANTUNES, Ricardo. *Op. cit.* In: CARELLI, Rodrigo de Lacerda; CAVALCANTI, Tiago Muniz; FONSECA, Vanessa Patriota da, 2020. p. 350-351.

(133) ANTUNES, Ricardo. *O privilégio da servidão:* o novo proletariado de serviços na era digital. São Paulo: Boitempo, 2018.

Os infoproletários[134], a exemplo dos entregadores das empresas-aplicativo, colocam no processo produtivo capitalista sua força de trabalho como mercadoria, pela venda desta por quem "[...] previamente espoliado dos meios materiais de reproduzir sua própria existência, vê-se impelido a aliená-la"[135].

A posse ou eventualmente a propriedade dos bens instrumentais para a realização da atividade, longe de se caracterizar como uma possibilidade de controlar o processo de trabalho do prestador, apenas indica uma transferência de custos desse mesmo processo aos trabalhadores[136].

Assim é que os trabalhadores ao realizar a entrega dos pedidos, o vocábulo "entrega" "[...] para além de meio meramente facilitador da circulação de mercadorias preexistentes, poderia ser compreendida como uma mercadoria nova em si, no sentido marxiano do termo"[137].

O entregador, assim como o motorista de aplicativo, contribui com sua força de trabalho, transfigurada em mercadoria nova no processo produtivo, em tempo muito superior ao que recebe por ela, e esse valor a mais que não recebe constitui-se no segredo da expansão do capitalismo.

É o que constata Ana Beatriz Bueno de Jesus *et alii*, ao revelar que

> A economia política burguesa, sem poder revelar o segredo do mais-valor (pois revelá-lo implicaria desvelar a própria exploração), apresenta o surgimento de capital como se fosse fruto de uma operação matemática pautada em cálculos de cunho individual.[138]

Assim se dá porque o capital não tem origem somente na circulação ou troca de mercadorias, mas "[...] de geração de valor novo a partir da inserção da força de trabalho na produção"[139].

Propõe-se mudança radical do perfil da mão de obra, exigindo-se que os profissionais da indústria 4.0 se tornem cada vez mais polivalentes e que seus conhecimentos sejam interdisciplinares.

Os sistemas integrados de manufaturas, antes internamente integrados a sistemas da própria empresa passam a ser armazenados em nuvens de dados.

---

(134) Segundo Antunes, "o novo proletariado da era digital". *Op. cit.*, 2018. p. 30.

(135) JESUS, Ana Beatriz Bueno de; COELHO, Bruna da Penha de Mendonça; GARCIA, Ivan Simões; CARMO, Jéssica Lima Brasil. A teoria do valor-trabalho e as relações laborais por plataformas digitais de entrega. *Rev. TST*, São Paulo, vol. 87, n. 3, jul./set. 2021, p. 99.

(136) *Idem*.

(137) *Ibidem*, p. 98.

(138) *Ibidem*, p. 97.

(139) *Idem*.

A partir destes, informações sobre condições da produção e comportamento dos sistemas das máquinas, juntamente com informações oriundas dos próprios clientes consumidores passam a ser compartilhadas com estes, visando acompanhamento da produção e customização dos produtos.

O conceito de indústria 4.0 tornou-se tendência mundial, com redução de matéria-prima e insumos apenas aos produtos vendidos ou encomendados; muitas empresas já trabalham com 100% dos seus produtos fabricados sob esse modelo, e contam com pequeno número de profissionais altamente qualificados.

A indústria 4.0 especifica-se pela economia digitalizada, da tecnologia da informação, dos robôs e da microeletrônica, das plataformas digitais, enfim novas tecnologias que vêm fechando as fábricas e transformando profundamente o mundo do trabalho humano.

A quarta revolução industrial caracteriza-se pelo aparecimento de plataformas globais, intimamente ligadas ao mundo físico.

Caracteriza essa nova era a ubiquidade da internet, agora móvel, com sensores menores e mais potentes, mais baratos, e "[...] pela inteligência artificial e aprendizagem automática (ou aprendizado de máquina)"(140).

Muniz Sodré alerta que enquanto dispositivo, "[...] a rede é uma matriz tecnológica capaz de *aumentar* esteticamente o espaço-tempo físico, comprimindo o tempo e ampliando o espaço"(141).

Mas o "social" da rede é efeito de programas de computador, aptos a criarem uma realidade paralela por engenheiros e *designers* com capacidade de condicionarem os lugares de fala (e não o diálogo com seus símbolos) dos usuários(142).

Complementa Sodré:

> O que se tem conhecido como 'sociabilidade de plataforma' é uma construção técnica, manipulável por algoritmos, geradoras de simulacros participativos. [...] trata-se de uma nova *urbs* imaterial com normas próprias de habitação e de circulação dos discursos. O que efetivamente se compartilha não é o substrato do diálogo ou *fala*, mas a *atenção* dispensada por atores humanos ou maquinais aos desdobramentos programáveis do dispositivo.(143)

(140) SCHWAB, Klaus. *Op. cit.*, 2019. p. 17.

(141) SODRÉ, Muniz. *A sociedade incivil* — mídia, iliberalismo e finanças. Petrópolis: Vozes, 2021. p. 14.

(142) *Idem.*

(143) *Idem.*

A rede seria assim uma "cidade" sem cidadania, porque os usuários não encontram respostas simbólicas na rede centralizada (para onde se transferiu culturalmente o monopólio dos dados), através da busca autônoma em relação aos dados perseguidos.

Nesta urbe, todos os habitantes estão eletronicamente juntos, mas humanamente separados, como um agrupamento de autômatos.

A despeito das constatações de impessoalidade da comunicação e interação dos usuários nas redes, o certo é que estamos vivendo na era da revolução da informação e da comunicação, pois a sociedade atual vivencia a transformação do trabalho e das empresas que ocorrem na economia global, bem como não se desconhece a crise das ideologias políticas e crenças culturais, e essas teorias identificam sinais de um momento crucial na evolução das sociedades modernas[(144)].

Não somente nas ciências sociais ou sociais aplicadas que se observa essa mudança radical de paradigmas ou disrupção, mas descobertas ocorreram simultaneamente em outros ramos da ciência como o sequenciamento genético, inventos na nanotecnologia, avanços nas energias renováveis e na computação quântica.

Klaus Schwab notou que "O que torna a quarta revolução industrial fundamentalmente diferente das anteriores é a fusão dessas tecnologias e a interação entre os domínios físicos, digitais e biológicos"[(145)].

Diante do uso da tecnologia e da informação que propiciam a interação aludida, empresas estabelecidas que não reconhecem a necessidade da construção ou aparelhamento digital estão sob extrema pressão daquelas que inovaram e por isso são consideradas disruptoras.

Neste sentido, a quarta revolução industrial coloca ênfase nas empresas com potencial de comporem as dimensões já mencionadas, principalmente digitais e físicas, para com isso conseguirem "[...] descontinuar uma indústria inteira e seus sistemas de produção, distribuição e consumo relacionados"[(146)], a exemplo da *Uber*[(147)].

Mas o progresso tecnológico apresenta-se terrivelmente desigual em todo o mundo. A segunda revolução industrial, por exemplo, ainda precisa ser vivenciada por 17% da

(144) KUMAR, Krishan. *Da sociedade pós-industrial à pós-moderna*. Rio de Janeiro: Jorge Zahar, 1997. p. 9-10.

(145) SCHWAB, Klaus. *Op. cit.*, 2019. p. 17-18.

(146) *Ibidem*, p. 71.

(147) A *Uber* construiu a narrativa de cooperação social "[...] com o discurso de que colabora para o desenvolvimento de um mundo melhor e que pode nos livrar de formas ultrapassadas de trabalho. [...] ao contrário, a empresa se utiliza de uma retórica para convencer todos os participantes — usuário (cliente) e motorista (*Uber driver*) — a realizarem pagamentos diretamente ao intermediário — ela mesma. Trata-se de uma espécie de financialização de todo o mundo que acaba por promover, exatamente, o surgimento de uma multidão de trabalhadores ainda mais precarizados, em um contexto no qual os antigos terceirizados agora se chamam 'uberizados'". LEME, Ana Carolina Reis Paes. *Da máquina à nuvem* — Caminhos para o acesso à justiça pela via de direitos dos motoristas da *Uber*. São Paulo: LTr, 2019. p. 34-35.

população mundial, a se considerar que cerca de 1,3 bilhão de pessoas ainda não têm acesso à eletricidade.

Semelhante a isso, mais da metade da população mundial, 4 bilhões de pessoas, ainda não provaram da terceira revolução industrial, por viverem em países em desenvolvimento, sem acesso à internet(148).

A quarta revolução industrial se destaca justamente pelo fato da internet ter se espalhado pelo globo em menos de uma década, enquanto o tear mecânico, marca da primeira revolução industrial, levou cerca de 120 anos para se espalhar fora da Europa(149).

Um dispositivo como um simples *tablet*, que nos faculta ler e nos comunicar, conectado à internet, possui capacidade de processamento correspondente a 5 mil computadores *desktop* de 30 anos atrás, enquanto o custo de armazenamento das informações se aproxima de zero; armazenar 1 GB custa em média menos de US$ 0,03 por ano, e há 20 anos custava US$ 10 mil(150).

Quem se beneficia da quarta revolução industrial, além do consumidor, que pode com um simples clique no celular adquirir serviços e bens de consumo, são os provedores de capital intelectual ou físico, mais especificamente os inovadores, investidores e os acionistas.

Schwab nota que existe "[...] um fosso crescente entre a riqueza daqueles que dependem do seu trabalho e aqueles que possuem capital", e que esse abismo "[...] é responsável pela desilusão entre tantos trabalhadores, convencidos de que não podem aumentar sua renda real durante a vida e de que seus filhos talvez não tenham uma vida melhor que a deles"(151).

Existe na quarta revolução industrial o efeito plataforma, no qual a concentração de vantagens e valores se dá numa diminuta porcentagem da população, a qual representa as organizações digitais que "[...] criam redes que emparelham compradores e vendedores de uma grande variedade de produtos e serviços e, assim, desfrutam de rendimentos crescentes de escala"(152).

Num futuro de produtividade e trabalho tecnológicos, na quarta revolução industrial,

> [...] o talento, mais que o capital, representará o fator crucial de produção. Por essa razão, a escassez de uma força de trabalho capaz, mais que a

(148) SCHWAB, Klaus. *Op. cit.*, 2019. p. 18.

(149) *Ibidem*, p. 19.

(150) *Ibidem*, p. 22.

(151) *Idem*.

(152) *Idem*.

disponibilidade de capital, terá maior probabilidade de constituir o limite incapacitante de inovação, competitividade e crescimento.[153]

Imprescindível se faz uma preparação rápida para as alterações inovadoras. Do contrário, "[...] o esvaziamento de toda a base da pirâmide de habilidades profissionais levará a uma crescente desigualdade e ao aumento das tensões sociais"[154].

O que mais se quis evidenciar neste subitem é que a quarta revolução industrial promove a ampliação do trabalho morto, conquanto o maquinário digital — 'internet das coisas', inteligência artificial, impressora 3D, o *big data* e outros — será condutor dominante de todo o processo produtivo.

Prevê-se redução do trabalho, que será residual, diante da substituição das atividades manuais por ferramentas automatizadas e robotizadas, sob a ascendência de práticas informais digitais.

Na indústria 4.0, a fábrica se virtualiza, e precariza as formas de contratação, o que resulta na explosão dos infoproletários, aqueles que vivem do trabalho, mas para a grande maioria escasseia a proteção trabalhista.

Os novos processos de produção, surgidos na indústria 4.0, espolia dos trabalhadores seus meios materiais de reproduzir sua própria existência, forçando-os a vender sua força de trabalho como se mercadoria fosse, e a um preço que compromete a sobrevivência deles.

Nos subitens 1.4 a 1.8 será investigado o sistema de produção capitalista, ambientado na indústria 4.0, e de como as estratégias do capital rompem a função social do contrato, de como a liberdade econômica favorece a melhor adaptação do capital nos países que desregulamentam sua legislação social como meio de atrair capitais especulativos, e, por fim, se a justiça social será capaz de reequilibrar as tensões entre o processo capitalista de produção e a perda das conquistas sociais.

1.4. Liberalismo econômico clássico e neoliberalismo

Autores como Dardot e Laval descrevem uma longa "crise do liberalismo" ou "crise da governamentalidade liberal", que teria ocorrido a partir dos anos 1880 e teria durado ao longo dos anos 1930, cujo lapso importou numa revisão de seus dogmas até então absolutos (o direito natural, a liberdade de comércio, a propriedade privada e as virtudes do equilíbrio do mercado), em todos os países industrializados onde os reformistas sociais ganharam terreno[155].

(153) *Ibidem*, p. 54.

(154) *Idem*.

(155) *Ibidem*, p. 43 e 45.

Essa revisão importou no reconhecimento da necessidade da intervenção política em matéria econômica e social, e da justificação doutrinal dessa intervenção, "[...] para fazer frente às mutações organizacionais do capitalismo, aos conflitos de classe que ameaçam a 'propriedade privada' e às novas relações de força internacionais [...](156).

Práticas dominadoras dos monopólios e oligopólios, que descaracterizavam a lealdade da concorrência benéfica a todos, como a estabilização dos preços, justificaram a intervenção política na economia.

A justificação primeira decorre do fato de que a "mão visível" dos representantes da cartelização e dos políticos ligados a eles fez com que se enfraquecesse a crença na "mão invisível" do mercado(157).

A intervenção política foi motivada pelos movimentos sociais na Europa, ocorridos no fim dos anos 1870 e início dos anos 1880, que pugnava pela criação de dispositivos, regulamentações e leis destinados a concretizar a condição dos assalariados e a evitar "[...] tanto quanto possível que eles continuassem a cair no pauperismo que afligiu todo o século XIX"(158).

Surge desta forma legislação sobre o trabalho infantil, limitação da jornada de trabalho, direito de greve e associação, indenização por acidente, aposentadoria para operários.

O predomínio da sociedade burguesa, favorecido principalmente pela Revolução Industrial, propicia o "[...] aparecimento das forças que, um século depois de 1848, transformariam a expansão em contração"(159), que resultou principalmente no avanço do socialismo, esboçado no manifesto comunista, publicado em 1848.

Hobsbawn continua dizendo que "[...] na Europa, as forças e ideias que projetavam a substituição da nova sociedade triunfante já estavam aparecendo"(160).

Tais forças são identificadas por Hobsbawm como o "espectro do comunismo", que já amedrontava a Europa por volta de 1848, e neste mesmo ano combatido.

Mas, conforme destaca o historiador,

> [...] se dermos uma olhada no mundo nos anos 1960, não seremos tentados a subestimar a força histórica do socialismo revolucionário e da ideologia comunista nascidos de uma reação contra a dupla revolução e que em 1848 tinham encontrado sua primeira formulação clássica.

---

(156) *Ibidem*, p. 45.

(157) *Ibidem*, p. 47.

(158) *Idem*.

(159) HOBSBAWM, Eric, *Op. cit.*, 2015. p. 25.

(160) *Idem*.

> O período histórico que começa com a construção do primeiro sistema fabril do mundo moderno em Lancashire e com a Revolução Francesa de 1789 termina com a construção de sua primeira rede de ferrovias e a publicação do Manifesto Comunista.[161]

O anseio de igualdade de condições leva os indivíduos a pretender um poder estatal e central forte, originário da força do povo. Se alcançado este objetivo o povo costuma esperar pela tutela permanente do Estado em todas as circunstâncias[162].

Mas um poder estatal e central forte, concedido pelo povo, não seria garantia de assistência duradoura para todos, pois o Estado, legitimado no direito de tudo fazer, não se limita na sua ação governamental, e faz da sociedade que representa algo como o todo-poderoso, em detrimento dos direitos do indivíduo[163], como aconteceu com a ascensão do Estado totalitário comunista.

Isso seria um novo despotismo, "[...] como o denomina Tocqueville, esse 'poder imenso e tutelar', mais amplo e mais brando ao mesmo tempo, seria tolerável do ponto de vista do indivíduo [...]"[164], porque seria exercido em nome do povo, de onde provém a soberania.

O totalitarismo estatal se concretizou diante da pretensão social de igualdade dos indivíduos, resultando na oposição de duas forças, a burguesia emergente e o socialismo em gestação: a expansão seria contida pela contração, a se chegar a vias de fato com a revolução de outubro de 1917, que não deixou de ser um Estado despótico em prejuízo do direito individual.

Mas retornando ao liberalismo clássico, constata-se que este passa a sofrer duras críticas a partir da intervenção estatal na economia de mercado.

Contam-se como erros essenciais do liberalismo clássico quando este "[...] confunde regras de funcionamento de um sistema social com leis naturais intangíveis"[165], ou na expressão de Rougier, a "mística liberal", ou crença numa natureza imutável, que fazia da ciência econômica a verdadeira, uma ordem regida pela livre concorrência, uma ideia de que essa ordem seria perfeita e intocável, por ser obra de Deus[166].

Outro erro foi a crença na "primazia do econômico sobre o político", equívoco que pode ser resumido, ainda segundo Rougier, no fato de se considerar como o melhor

(161) *Idem.*

(162) DARDOT, Pierre; LAVAL, Christian. *Op. cit.*, 2016. p. 50.

(163) *Idem.*

(164) *Ibidem,* p. 51.

(165) ROUGIER, Louis *apud* DARDOT, Pierre; LAVAL, Christian. *Op. cit.*, 2016. p. 99.

(166) *Idem.*

legislador aquele que "[...] sempre se abstém de intervir no jogo das forças econômicas e subordina a elas todos os problemas morais, sociais e políticos"[(167)].

Restou patente que a submissão a uma ordem presumidamente natural, contida também no princípio do *laissez-faire*, não deixava de ser uma ilusão, fundada na suposição de que a economia devia ser um domínio isolado, não alcançado pelo direito[(168)].

Posto aqui outro erro básico da mística liberal, qual a de se cultuar a independência da economia diante das instituições sociais e políticas, engano que levava "[...] ao não reconhecimento do caráter construído do funcionamento do mercado"[(169)].

O neoliberalismo "reinventado"[(170)] condiz com a possibilidade de se considerar a ordem econômica como estrutura construída, na qual se pode "[...] estabelecer um verdadeiro programa político (uma 'agenda') visando a seu estabelecimento e sua conservação permanente"[(171)].

Pode-se dizer que enquanto o liberalismo se encaixava no princípio da soberania nacional, "[...] o neoliberalismo desloca as possibilidades de soberania para as organizações, as corporações e outras entidades de âmbito global"[(172)].

Ao se falar do liberalismo enquanto princípio da soberania nacional, e do neoliberalismo como o da soberania global, não se pode deixar de aprofundar as doutrinas de John Maynard Keynes e Friedrich A. Hayek (e seus seguidores), respectivamente.

O Estado do bem-estar social proposto por Keynes surgiu após a grande crise cíclica do capitalismo ou depressão econômica de 1929, quando difundiu-se nas massas o sentimento anticapitalista ou de fracasso do liberalismo, o que levou o Estado a intervir na concorrência dos mercados.

A doutrina de John Maynard Keynes surgiu em 1936, com a obra "Teoria geral do emprego, do lucro e da moeda", e já preconizava que

> [...] o Estado deveria assumir a intervenção na economia, garantindo, por meio de investimentos públicos, áreas como transporte, saúde, seguro social, educação, habitação, entre outras. [...] essa seria a única forma de evitar o surgimento de crises cíclicas no capitalismo.[(173)]

---

(167) *Idem.*

(168) DARDOT, Pierre; LAVAL, Christian. *Op. cit.*, 2016. p. 37.

(169) *Idem.*

(170) Mas o neoliberalismo nunca deixou de combinar "[...] a reabilitação da intervenção pública com uma concepção do mercado centrada na concorrência [...]", que segundo a concepção spenceriana da segunda metade do século XIX importava na introdução do evolucionismo de Darwin para o âmbito político, no sentido de que a concorrência eliminava os mais fracos por falta de aptidão. *Ibidem*, p. 81.

(171) *Ibidem*, p. 101.

(172) IANNI, Otávio. *Op. cit.*, 2010.

(173) HAYEK, Friedrich A. *apud* CARMO, Paulo Sérgio do. *Op. cit.*, 1998. p. 33.

A ordem econômica keynesiana e fordista fundamentava-se na "[...] ideia de que a concorrência entre empresas e entre economias capitalistas deveria ser enquadrada por regras fixas comuns no que diz respeito a taxas de câmbio, políticas comerciais e divisão de renda"(174).

Mas o keiynesianismo, a partir dos anos 1970 dá sinais de exaustão: "[...] incapacidade de solucionar a coexistência de inflação elevada com o baixo crescimento da produção e o aumento dos índices de desemprego"(175).

Assim, na atualidade, a maioria dos países capitalistas avançados, "[...] vem ocorrendo o declínio da política estatal assistencialista de assegurar gastos públicos com previdência social, educação, saúde e outros benefícios sociais"(176).

A recessão de 1973, agravada pelo choque do petróleo (aumento do preço deste produto e da decisão dos árabes de embargar exportações de petróleo para o ocidente, que apoiava Israel na guerra árabe-israelense de 1973) fez com que o mundo capitalista de então fosse despertado do sufocante torpor provocado pela estagflação, para engendrar "[...] um conjunto de processos que solaparam o compromisso fordista"(177).

Por isso que as décadas de 1970 e 1980 são conhecidas como períodos conturbados, devido à reestruturação econômica e de reajustamento social e político, principalmente em razão das altas taxas de desemprego e inflação na Europa e Estados Unidos(178).

Passou-se para um regime de acumulação inteiramente novo, "[...] associado com um sistema de regulamentação política e social bem distinta [...], regime que alguns autores denominam de "acumulação flexível"(179), consistente no confronto direto com a rigidez do fordismo.

O regime de acumulação flexível pressupõe a "[...] flexibilidade dos processos de trabalho, dos mercados de trabalho, dos produtos e padrões de consumo"(180).

O mercado de trabalho se submete a uma radical reestruturação, diante da volatilidade do mercado, que impõe aumento da competição e diminuição das margens de lucro dos detentores do capital, circunstâncias que ensejam aos patrões tirarem proveito do "enfraquecimento do poder sindical e da grande quantidade de mão de obra excedente (desempregados ou subempregados) para impor regimes e contratos de trabalho mais flexíveis"(181).

---

(174) DARDOT, Pierre; LAVAL, Christian. *Op. cit.*, 2016. p. 252-253.

(175) CARMO, Paulo Sérgio do. *Op. cit.*, 1998. p. 34.

(176) *Ibidem*, p. 5.

(177) HARVEY, David. *Op. cit.*, 1992. p. 140.

(178) *Idem.*

(179) *Idem.*

(180) *Idem.*

(181) *Ibidem*, p. 143.

No período fordista a ideia predominante era "harmonia entre eficácia econômica e progresso social", mas atualmente no âmbito do capitalismo nacional, a comunidade trabalhadora "[...] é percebida apenas como um 'recurso' à disposição das empresas, segundo uma análise em termos de custo-benefício"(182).

Saiu de cena a ordem econômica keynesiana para a entrada do "sistema disciplinar mundial" ou nova norma neoliberal instaurada no fim dos anos 1980, que elegeu a regra da concorrência suprema e universal de governo(183).

Sobre Hayek e seus seguidores, entre eles Milton Friedman (mais tarde responsável pelo que se chamaria Escola de Chicago), estes instituíram as bases de um outro tipo de capitalismo, livre de regras para o futuro:

> Esta corrente, genericamente denominada 'monetarista', aponta para os males da inflação causados pelos gastos governamentais e para as dificuldades de crescimento do livre mercado à intervenção do Estado na economia. Corte de despesas públicas, de benefícios sociais, liberalização econômica, venda de empresas estatais, suspensão de controle de preços, eliminação de controle de comércio exterior e prioridade absoluta do combate à inflação — essa são as medidas do ideal neoliberal.(184)

Com a crise econômica de 1973, o neoliberalismo, sob a doutrina de Hayek e seus seguidores, cuja ideologia fermentava há mais ou menos vinte anos, encontrou campo largo para progredir, aproveitando-se de circunstâncias como reduzidas taxas de crescimento econômico e crescentes índices de inflação.

Perry Anderson anota que o neoliberalismo chega ao Brasil com Fernando Collor de Melo(185), e "[...] prometia um extermínio geral dos controles estatais. Suas bandeiras seriam a liberdade e a iniciativa individual, com a devida atenção aos mais desfavorecidos"(186).

Acrescenta ainda que o movimento chegou também a outros países da américa latina, "[...] representado pela vitória de Salinas no México, de Menem na Argentina e de Fujimori no Peru"(187).

---

(182) DARDOT, Pierre; LAVAL, Christian. *Op. cit.*, 2016. p. 366.

(183) DARDOT, Pierre; LAVAL, Christian. *Op. cit.*, 2016. p. 252.

(184) CARMO, Paulo Sérgio do. *Op. cit.*, 1998. p. 35.

(185) "A automação, a robótica e a microeletrônica, desenvolvidas *dentro de um quadro recessivo intensificado*, deslanchavam um processo de desproletarização de importantes contingentes operários, de que a indústria automobilística é um forte exemplo. As propostas de desregulamentação, de flexibilização, de privatização acelerada, de desindustrialização, tiveram, no neoliberalismo do projeto Collor, forte impulso". Grifos do original. ANTUNES, Ricardo. *Op. cit.*, 2015. p. 202.

(186) ANDERSON, Perry. *Brasil à parte:* 1964-2019. Edição do Kindle: Boitempo, 2020. p. 18.

(187) *Idem.*

A doutrina neoliberal encarece como princípio a disciplina orçamentária, "[...] com a redução dos gastos com bem-estar, e retomada da taxa 'natural' de desemprego, ou seja, a manutenção de um exército industrial de reserva de mão de obra para 'quebrar' os sindicatos"(188).

Apraz ao neoliberalismo um contingente reserva de trabalhadores(189), dispostos a receberem menores salários, e isso reduziria a inflação. Outra sugestão dessa doutrina é a redução de impostos sobre os rendimentos mais altos, normalmente os detentores de grandes fortunas(190).

Dessa forma, anota Paulo Sérgio do Carmo, "[...] a reestruturação da desigualdade iria dinamizar novamente as economias de mercado, então às voltas com uma estagflação (estagnação da produção de bens e alta inflação de preços), resultado direto da herança de Keynes aplicada até então como remédio às crises econômicas"(191).

O novo gênero de política "social" visa fragilizar a negociação coletiva entre sindicatos, "[...] degradar o direito trabalhista, baixar o custo do trabalho, diminuir o valor das aposentadorias e a qualidade da proteção social em nome da 'adequação à globalização'"(192).

A disciplina neoliberal resulta do processo de experimentação e burilamento de dispositivos disciplinares, "[...] desde os anos 1970 pelos governos atraídos para o dogma do monetarismo"(193).

A nova racionalidade do mundo encontrou sua formulação ideal naquilo que John Williamson chamou de "Consenso de Washington", que "[...] se estabeleceu na comunidade financeira internacional como um conjunto de recomendações que todos os países deveriam seguir para conseguir empréstimos e auxílios"(194).

---

(188) CARMO, Paulo Sérgio do. *Op. cit.*, 1998, p. 36.

(189) A loucura da economia que nos sujeita, investigou Harvey, inclui "[...] a destruição e o desperdício de riquezas como forma motora de sociabilidade e exercício de poder partilhados; em tempos recentes, vislumbra a loucura da razão econômica como a destruição da riqueza humana e natural [...]. A loucura da razão econômica expõe o movimento do valor, substancialmente, ao mesmo tempo, como antivalor. Reconhece, entre as formas de alienação, a 'nova alienação', universal, interna ao movimento do antivalor; este, exponencial e infinito, sob regimes territoriais de valor no mundo, como expressa vorazmente a China. São excedentes de capital sempre à cata de ajustes espaciais. Dolorosamente, concluímos que cidades inteiras estão sob a loucura da razão econômica, produzidas e reproduzidas devido a ela e por ela. Somos incluídos, corporal e mentalmente, nesse processo total e alienante". Amélia Luisa Damiani, em introdução à obra de David Harvey, *A loucura da razão econômica* — Marx e o capital no século XXI. Edição do Kindle: Boitempo, 2019. Posições 8 e 12.

(190) CARMO, Paulo Sérgio do. *Op. cit.*, 1998. p. 36.

(191) *Idem.*

(192) *Idem.*

(193) DARDOT, Pierre; LAVAL, Christian. *Op. cit.*, 2016. p. 252-253.

(194) As recomendações listadas a seguir tinham de ser obedecidas também pelas economias mais frágeis, a fim de melhorar sua imagem diante dos credores e dos investidores internacionais, se desejassem conseguir ajuda ou "aprovação" de empréstimos: "Entre as dez recomendações da nova norma mundial, encontramos: disciplina orça-

Pode-se dizer que não se cogita de nenhuma opção que confronte o capitalismo em cena, porque no contexto econômico, após a derrocada do regime socialista, soçobraram também as barreira para conterem a expansão do capitalismo e à internacionalização da economia de mercado.

O fracasso da economia planificada (socialista) "[...] reforçou o avanço das ideias neoliberais. A liberdade proposta por essas ideias é a de deixar que o mercado, e não o Estado, seja o agente regulador da vida econômica"(195).

O liberalismo econômico ganhou força com a globalização na sua fase atual, tanto que cientistas constatam o aumento da

> [...] concentração de riqueza nos países de capitalismo avançado, dos fluxos comerciais e financeiros, do controle tecnológico e de mercados por parte da tríade Alemanha-Japão-Estados Unidos. Trata-se, para alguns, de uma nova espécie de dominação colonial.
>
> [...] as companhias deslocam suas fábricas para outros países, terceirizam parte do trabalho, automatizam outras. [...] a parte 'suja' da operação é feita por terceiros, que empregam o trabalho infantil ou semiforçado, isentando-se a empresa de toda responsabilidade direta.(196)

Além do desemprego em massa, decorrente dos fatores mencionados, existe o "[...] enfraquecimento relativo das fronteiras nacionais. Os governos não conseguem mais deter a forte penetração do capital financeiro internacional que visa obter mais lucros na movimentação especulativa de capitais do que no investimento produtivo"(197).

O neoliberalismo teria registrado seu nascimento na grande crise dos anos 1930, quando introduziu certa distância, ou mesmo rompimento, "[...] em relação à versão dogmática do liberalismo que se impôs no século XIX"(198).

Surgia uma doutrina que passou a abominar o *laissez-faire*, com vistas a reformar o capitalismo.

---

mentária e fiscal (respeito ao equilíbrio orçamentário e diminuição dos descontos obrigatórios e taxas de impostos), liberalização comercial, com supressão das barreiras alfandegárias e fixação de taxas de câmbio competitivas, abertura à movimentação de capitais estrangeiros, privatização da economia, desregulamentação e criação de mercados concorrenciais e proteção aos direitos de propriedade, em particular à propriedade intelectual dos oligopólios internacionais". *Ibidem*, p. 253.

(195) CARMO, Paulo Sérgio do. *Op. cit.*, 1998, p. 4-5.

(196) CARMO, Paulo Sérgio do. *Op. cit.*, 1998, p.16.

(197) *Idem*.

(198) *Ibidem*, p. 100.

Estava-se ao final do século XIX por se conhecer um "novo liberalismo"(199), que passaria a demorar sobre a constatação da insuficiência dos dogmas liberais, como o de se aceitar novos parâmetros para a intervenção governamental na economia de mercado(200).

Esse "novo liberalismo" não se escusou de considerar o papel do Estado como encarregado da função reguladora e redistribuidora das forças econômicas, para evitar a anarquia política e social, tornando-se a interferência estatal fundamental naquilo que se poderia conceber como um "socialismo liberal"(201).

Mas tal socialismo liberal nunca ocorreu nas práticas neoliberalistas. A autoridade governamental faz parecer que deixa margem de liberdade aos conduzidos, e nisso sua atividade condutora trabalha "[...] no espaço de liberdade dado aos indivíduos, para que estes venham a conforma-se por si mesmos a certas normas"(202).

Neste contexto, "liberdade não é o contrário de coerção, antes é a combinação das coerções exercidas sobre os que são fortes com as proteções dos que são mais fracos"(203).

Mas o que ocorre é que não se coíbe nada aos fortes, e os mais fracos carregam essa condição justamente por falta de controle dos mais fortes.

Em outras palavras, os neoliberais, ainda que admitam a "[...] necessidade de uma intervenção do Estado e rejeitem a pura passividade governamental, opõem-se a qualquer ação que entrave o jogo da concorrência entre interesses privados"(204).

Neste sentido, Hayek sustentava, para promover a "sociedade livre", um profundo e dogmático construtivismo, baseado na fé, na ordem catalática (liberdade como praxe ou dogma) do mercado, em nome da qual (e só dela) toda intervenção estaria justificada.

De forma que a intervenção do Estado tem até um sentido contrário: "trata-se não de limitar o mercado por uma ação de correção ou compensação do Estado, mas de desenvolver e purificar o mercado concorrencial por um enquadramento jurídico cuidadosamente ajustado"(205).

---

(199) Expressão que seria tardia, mas uma das mais bem elaboradas da teoria econômica teria sido a de Keynes, no sentido de que o "novo liberalismo" poderia ser resumido em duas propostas: agendas estatais que devem ir além do dogmatismo do *lasseiz-faire*, de forma que tais agendas devem por em questão na prática se os mecanismos autorreguladores do mercado e a fé na justiça dos contratos entre indivíduos supostos iguais são confiáveis. O novo liberalismo, pelas agendas estatais deveria ver seu objetivo de uma "sociedade de liberdade individual" em proveito de todos (que pressupõe um conjunto de meios jurídicos, morais, políticos, econômicos e sociais) convivendo com meios opostos aos princípios liberais para concretizar sua implementação. Assim, teve que conviver com leis de proteção do trabalho, impostos progressivos sobre a renda, auxílios sociais obrigatórios, despesas orçamentárias ativas, nacionalizações. *Ibidem*, p. 80-81.

(200) *Ibidem*, p. 67-68.

(201) *Ibidem*, p. 70.

(202) DARDOT, Pierre; LAVAL, Christian. *Op. cit.*. 2016, p. 18.

(203) *Ibidem*, p. 71.

(204) *Ibidem*, p. 81

(205) *Idem*.

Disposta desta forma, pode-se conceber que a autêntica lógica neoliberal pressupõe a multiplicação das relações contratuais pela sociedade moderna não somente no campo econômico, mas em toda a vida social(206).

Haveria a necessidade de "multiplicar as ações de reequilíbrio e proteção para garantir a liberdade de todos, sobretudo dos mais fracos"(207).

Mas para estes, dizemos nós, a lógica neoliberal não permite que os mais carentes se libertem através de condições dignas de vida pelo trabalho, e por isso nunca se livram da pobreza.

O neoliberalismo, neste contexto, designado de social, garante pela legislação a liberdade em grau máximo ao maior número de pessoas, ou, a se dizer de outra forma, o neoliberalismo sob essas roupagens "[...] dá ao Estado o papel essencial de assegurar a cada indivíduo os meios de realizar seu próprio projeto"(208).

Mas, acrescentamos nós, o Estado não cumpre seu papel, age somente no plano da retórica, e com isso propicia que os vulneráveis se eternizem nas suas fragilidades, sob o assistencialismo governamental.

Para autores como Dewey, o liberalismo do século XX não mais poderia se valer dos dogmas que embasaram a censura da ordem antiga, mas enfrentar o problema de se construir a ordem social contraposta à ordem econômica(209), e é exatamente a isso que, em sentido oposto, os neoliberais modernos se dedicarão(210).

Afirma Llosa que depois de ler Isaiah Berlin entendeu que o pensamento neoliberal, caricaturado na américa latina como reduzido exclusivamente à liberdade dos mercados, na verdade consiste fundamentalmente em ideias e valores, e que

> [...] a liberdade é algo indivisível, que a liberdade não pode ser aplicada no campo econômico sem ser aplicada no campo político, que precisa ser algo que opere simultaneamente no campo político, no campo econômico, no campo cultural, no campo social, no campo individual, e que o verdadeiro progresso é ter cada vez mais opções para escolher entre diferentes possibilidades em todos os campos da vida humana, e que esse é o verdadeiro progresso, e que isso é o que representa, fundamentalmente, a ideia liberal.(211)

---

(206) *Ibidem*, p. 71-72.

(207) *Ibidem*, p. 71-72.

(208) *Ibidem*, p. 71-72.

(209) DEWEY, John *apud* DARDOT, Pierre; LAVAL, Christian. *Op. cit.*, 2016. p. 72.

(210) DARDOT, Pierre; LAVAL, Christian. *Op. cit.*, 2016. p. 72.

(211) LLOSA, Mario Vargas. Não existe uma sociedade perfeita, In: SCHÜLER, Fernando; WOLF, Eduardo. *21 ideias do fronteiras do pensamento (para compreender o mundo atual)*. Porto Alegre: Arquipélago Editorial, 2017. p. 15.

Muito provavelmente Llosa esteja a se referir, na transcrição supra, ao neoliberalismo comprometido com a preocupação social, a um neoliberalismo que realmente se importe com igualdade social.

Esse neoliberalismo 'humanizado' traz um pouco daquilo que Röpke chama de "terceira via", "identificada como liberalismo construtor e humanismo econômico: nem coletivismo, nem capitalismo monopolista, pois são dois tipos de economia que favorecem o comando, o despotismo, a dependência"(212).

Haveria necessidade de uma nova política que deveria

> "[...] descentralizar as instituições políticas, descongestionar as cidades, desproletarizar e desagregar as estruturas sociais, desmonopolizar a economia e a sociedade — em suma, ela deve procurar fazer uma 'economia humana'."(213)

Todo indivíduo necessita de propriedade de produção e de habitação como sentido de vida. E assim, acrescenta Ropke: "Nosso dever é conservar e aumentar com todas as nossas forças o número de camponeses, artesãos, pequenos industriais e comerciantes, em resumo, todos os indivíduos independentes, munidos de propriedade de produção e habitação"(214).

E conclui: "A economia de mercado precisa desse 'sustentáculo humano', desses 'homens solidamente ancorados na vida, graças a seu tipo de trabalho e vida'"(215).

Próxima ao neoliberalismo 'humanizado' encontra-se a União Europeia, que ainda contém o fenômeno da movimentação especulativa de capitais, devido ao respeito a certas regras, concebidas desde o Tratado de Roma (1957).

Neste Tratado, regras estritas foram instauradas para se evitar a concorrência desleal, que segundo Dardot e Laval é aquela "[...] desvirtuada por práticas discriminatórias, abusos de posição dominante e por subsídios governamentais"(216).

Assim é que a Comissão Europeia, com forte amparo da Corte de Justiça Europeia, providenciou normas instrumentais que formaram a base de uma verdadeira "constituição econômica", cuja política de concorrência ampliou-se tanto a ponto de se tornar uma das alavancas mais poderosas da integração econômica no bloco.

---

(212) RÖPKE, Wilhelm. *Civitas humana* ou *les questions fondamentales de la réforme* économique *et sociale* (trad. Paul Bastier. Paris: Librairie de Médicis, 1946), p. 74 e 257; Wilhelm Röpke. *La crise de notre temps* (trad. Hugues Faesi e Charles Reichard. Paris: Payot, 1962), p.198. *Apud* DARDOT, Pierre; LAVAL, Christian. *Op. cit.*, p. 156 e 161.

(213) *Idem.*

(214) *Idem.*

(215) *Idem.*

(216) DARDOT, Pierre; LAVAL, Christian. *Op. cit.*, 2016. p. 319.

Considerando o conjunto de regras que visaram aperfeiçoar o Tratado, na sua feição virtuosa da concorrência, como a proibição de monopólios, a Organização para a Cooperação e Desenvolvimento Econômico chegou a declarar que "O encorajamento que a Corte deu à Comissão a propósito da determinação por esta última das condições de integração do mercado conferiu uma natureza quase constitucional às regras de concorrência do tratado"(217).

Em razão de uma concorrência mais civilizada na União Europeia, normalmente se faz confusão sobre sua política de orientação econômica, se realmente se constitui numa "economia social de mercado", como sugere esta expressão, que se encontra na Constituição europeia.

Mas o certo é que na revisão do Tratado Constitucional Europeu em 2007, a partir daí denominado de Tratado de Lisboa, ninguém deve se iludir diante de expressões emblemática constante da parte III, a partir do art. 3º, no sentido de que o mercado comum europeu se orienta por "uma economia social de mercado altamente competitiva", ou uma "economia de mercado aberta, na qual a concorrência é livre", cujas expressões aspadas se encontram em várias passagens do Tratado de Lisboa.

Isso quer dizer que o Tratado (a Constituição Europeia) consagra os dois pilares dessa "economia social de mercado": "[...] o princípio supremo da concorrência nas atividades econômicas e a estabilidade de preços, garantida por um Banco Central independente"(218).

Mas o Tratado de Lisboa adota programa de desregulamentação e flexibilização, que inclui: flexibilização de salários e preços à custa da reforma do mercado de trabalho; reformas do sistema de aposentadorias, mediante estímulo à poupança individual, abrindo possibilidade de investimento aos fundos de pensão; promoção do espírito de empreendedorismo individual e valorização de uma sociedade livre, com espírito crítico e racional, para que o projeto liberal não seja ameaçado(219).

O Tratado de Roma teve a particularidade de criar um "mercado institucional", cuidadosamente distinto do "mercado manchesteriano" (influenciado pela Escola de Manchester).

Ainda que o mercado institucional possuísse as mesmas qualidades de equilíbrio do outro, e embora fosse também uma zona de *laissez-passer*, ele não era uma zona de *laissez-faire*, porque admitia a intervenção estatal para proteger o mercado dos interesses privados(220).

---

(217) OCDE, *Droit et politique de la concurrence en l'Union Européenne, apud* DARDOT, Pierre; LAVAL, Christian. *Op. cit.*, 2016. p. 320.

(218) DARDOT, Pierre; LAVAL, Christian. *Op. cit.*, 2016. p. 324.

(219) *Ibidem*, p. 321-322.

(220) *Ibidem*, p. 328.

Desde que o mercado comum europeu provém de regulamentação a ponto de se tornar uma constituição econômica, autores como Rueff já o identificaram como mercado institucional, com chance de ser moralmente aceitável e politicamente aceito.

Por isso deverá unir no futuro em uma "civilização comum, todos indivíduos e todos os povos que desejam dar aos homens liberdade sem desordem e bem-estar sem servidão, reduzindo ao mesmo tempo, tanto quanto for humanamente possível, a desigualdade e a injustiça"(221).

Mas no plano de outras realidades de mercados livres, o neoliberalismo constitui-se na essência do capitalismo moderno, desimpedido de suas referências remotas, plenamente ratificado como construção histórica e norma geral de vida(222).

Ainda pode ser definido como pluralidade de discursos, práticas e regulamentos que impõe um novo modo de governo sobre a sociedade, sob o princípio universal da concorrência(223).

Dardot e Laval enfatizam que o neoliberalismo como "regime disciplinar" restou "[...] imposto a todos pela lógica normativa que se encarnou em instituições e dispositivos de poder cujo alcance hoje é mundial [...](224)".

O neoliberalismo, nascido de críticas ao liberalismo clássico, que refutava a intervenção estatal na economia, nas suas mutações não se distingue do segundo, já que agora, passada a era dos poderes políticos dos reis, os quais o liberalismo procurava limitar, o neoliberalismo agora restringe os parlamentos cujos poderes estão "[...] submetidos à pressão impaciente das massas incultas"(225).

Supiot, citando Hayek, impressiona-se com a constatação deste de que a ordem jurídica prevalecente no mercado também segue a concorrência dos sistemas legais mais aptos para regular o setor econômico(226).

Hayek, por não acreditar no "ator racional" em economia, fiava-se na seleção natural dos sistemas normativos "[...] pela prática da concorrência dos direitos e das culturas em escala internacional"(227).

---

(221) RUEFF, Jacques *apud* DARDOT, Pierre; LAVAL, Christian. *Op. cit.*, 2016. p. 329.

(222) DARDOT, Pierre; LAVAL, Christian. *Op. cit.*, 2016. p. 16.

(223) *Idem.*

(224) DARDOT, Pierre; LAVAL, Christian. *Op. cit.*, 2016. p. 19.

(225) SPENCER, Herbert *apud* DARDOT, Pierre; LAVAL, Christian. 2016. p. 58.

(226) O Estado neoliberal, contando com o sistema legal mais apto de desregulamentação do capitalismo financeiro, se torna construtor, vetor e parceiro deste, e nas crises do capital está à frente, tornando-se efetivamente a instituição financeira de última instância. Diante da concorrência exacerbada entre instituições de crédito "multifuncionais" que as levam a assumir riscos cada vez maiores, a fim de manterem a própria rentabilidade, contam com o suporte do Estado, na certeza que os riscos assumidos serão suportados pelo ente estatal, supremo fiador do sistema. O "salvamento" de instituições bancárias e seguradoras desde o desencadeamento da crise em 2007 visou "[...] em grande escala o princípio da 'nacionalização dos riscos e da privatização dos lucros'". *Ibidem*, p. 261.

(227) SUPIOT, Alain. *Op. cit.*, 2014. p. 58.

De fato, para Hayek os adeptos do darwinismo social não teriam razão no estudo apenas da seleção dos indivíduos mais aptos de nascença, "[...] 'já que eles desconhecem a evolução — decisivamente importante — pela seleção das regras e práticas'"[(228)].

A intensa demanda dos Estados no sentido de atrair maior parte dos investimentos estrangeiros se faz à custa de condições fiscais e sociais mais favoráveis à valorização do capital.

Neste intento, comprimem salários e gastos públicos, reduzem direitos adquiridos de trabalhadores, "[...] considerados muito onerosos, e enfraquecem os mecanismos de solidariedade que escapam à lógica assistencial privada"[(229)].

Bem por isso que as liberdades associadas ao livre câmbio (liberdade de estabelecimento, de prestação de serviços, e de movimentação de capitais e mercadorias) alertam investidores e empresas para não se submeterem às leis em que operam, e a demandare.m outros que lhes sejam mais favoráveis, circunstância que acirra a desregulamentação pela bitola de menor proteção social (*law shopping*)[(230)].

Não se pode deixar de remarcar na lógica do neoliberalismo econômico seu desprezo à proteção social, pois esta "[...] destrói valores sem os quais o capitalismo não poderia funcionar"[(231)].

Na lógica do neoliberalismo, a guerra possível contra a pobreza seria a volta aos valores tradicionais, como o trabalho, a família e a fé. Neste contexto da ideologia neoliberal, o casamento monogâmico, a crença em Deus e o espírito de empresa "[...] são os três pilares da prosperidade, uma vez que nos livramos da ajuda social, que apenas destrói a família, a coragem e o trabalho"[(232)].

Aqui vale enfatizar a adesão da social democracia tradicionalmente de esquerda ao ideal neoliberal, ao romper a linha diretriz que se constituía em "[...] um modo de partilha de bens sociais indispensáveis à plena cidadania"[(233)].

Como ressalta Octavio Ianni, "[...] sob todas as formas o capital pouco a pouco se torna um elemento presente e essencial à organização; e dinâmica de cada uma e de todas as economias socialistas"[(234)].

---

(228) HAYEK, Friedrich A. *apud* SUPIOT, Alain. *Op. cit.*, p. 58.

(229) DARDOT, Pierre; LAVAL, Christian. *Op. cit.*, 2016. p. 254.

(230) A competição das empresas e dos investidores por legislações nacionais mais benéficas ao capital ("mercado de normas") gerou relatório do Banco Mundial, no âmbito do seu programa *Doing Business*, publicado a partir de 2004, a partir do qual a política do *hiring and firing workers* (facilidade de contratação e dispensa de empregados) gera indicadores aos capitalistas sobre países mais aptos ao ganhos de capital: "[...] dificuldade de emprego; dificuldade de prolongamento ou redução da duração do trabalho; dificuldade econômica de demissão de um trabalhador; índice de inflexibilidade do emprego; custos de um emprego e custos de uma demissão". SUPIOT, Alain. *Op. cit.*, p. 59-60.

(231) GILDER, George *apud* DARDOT, Pierre; LAVAL, Christian. *Op. cit.*, 2016. p. 269.

(232) DARDOT, Pierre; LAVAL, Christian. *Op. cit.*, 2016. p. 270.

(233) *Ibidem*, p. 295.

(234) IANNI, Otávio. *Op. cit.*, 2010. p. 60.

Assim, o que era central no antigo projeto social-democrata, como a luta contra as desigualdades, "[...] foi substituído pela 'luta contra a pobreza', segundo uma ideologia de 'equidade' e 'responsabilidade individual' teorizada por alguns intelectuais do blairismo, como Anthony Giddens"[(235)].

A solidariedade passa a ser um mero auxílio aos excluídos do sistema, e visa a remediar os bolsões de pobreza, como dádivas impregnadas de puritanismo e caridade cristã, na atitude dos novos representantes do neoliberalismo, envernizados de sociais democratas.

A espórtula governamental recai apenas sobre populações específicas, como pessoas com deficiência, aposentadorias mínimas, socorro aos idosos, às mães solteiras etc.

Foi dessa forma que "[...] a nova esquerda tomou para si a matriz ideológica de seus oponentes tradicionais, abandonando o ideal da construção de direitos sociais para todos"[(236)].

Pode parecer paradoxal, mas a natureza da racionalidade neoliberal se manifesta da melhor forma no aperfeiçoamento das práticas dos governos que há trinta anos atrás, "[...] se dizem de esquerda, mas conduzem uma política muito semelhante à da direita"[(237)].

A nova esquerda participa da racionalidade neoliberal, e professa o mesmo discurso "responsável", "moderno" e "realista" dessa racionalidade, e aceita a economia de mercado, propaga as virtudes da concorrência, as vantagens da globalização dos mercados, e elege a "modernização" tecnológica e financeira como exigência inelutáveis[(238)].

Percebe-se que "A prática disciplinar do neoliberalismo impôs-se como um dado de fato, uma realidade diante da qual não se pode fazer nada, a não ser adaptar-se"[(239)].

Esta impossibilidade de resistir à racionalidade do mercado deve-se também ao que Byung-Chul Han denomina de absolutismo da economia capitalista, que não deixa escolha a quem se insere na sua engrenagem. A única opção do cidadão trabalhador é sobreviver, já que a economia capitalista não se dirige ao bem-viver.

Como acentua Han, "[...] a preocupação por um viver bem dá lugar à histeria para sobreviver [...]. A simples sobrevivência se torna obscena. Com isso retira-se da vida sua vivacidade, que é algo bem mais complexo do que a mera vitalidade e a saúde"[(240)].

---

(235) DARDOT, Pierre; LAVAL, Christian. *Op. cit.*, 2016. p. 295.

(236) *Idem.*

(237) *Ibidem*, p. 296.

(238) *Ibidem*, p. 296-297.

(239) *Ibidem*, p. 297.

(240) HAN, Byung-Chul. *Op. cit.*, 2017. p. 48-49.

Interessante notar na obra de Dardot e Laval, quando veem uma reviravolta na crítica social da imbricação entre o liberalismo e o Estado: "[...] até os anos 1970, desemprego, desigualdades sociais, inflação e alienação eram 'patologias sociais' atribuídas ao capitalismo; a partir dos anos 1980, os mesmos males foram sistematicamente atribuídos ao Estado"(241).

Ou seja, na época do Estado do bem-estar culpava-se o capitalismo, que representava uma ameaça para as políticas governamentais, e nos tempos atuais, do capitalismo sem fronteiras, o Estado também é responsabilizado, mas por omissão na regulamentação ou excesso na desregulamentação do mercado.

O mais importante na virada neoliberal, segundo Dardot e Laval, "[...] não foi tanto a 'retirada do Estado', mas a modificação de suas modalidades de intervenção em nome da 'racionalização' e da 'modernização' das empresas e da administração pública"(242).

Encerra-se este subitem na expectativa de se ter evidenciado que as novas formas de trabalho se devem à versão aperfeiçoada do neoliberalismo, que tem como estratégia combinar a intervenção pública estatal com uma concepção política darwinista, no sentido de que a concorrência deve eliminar os mais fracos, por falta de aptidão.

Em outras palavras, seria o neoliberalismo reinventado, que condiz com a possibilidade de se considerar a ordem econômica como estrutura construída, na qual se pode estabelecer um verdadeiro programa político, ou uma agenda, visando sua conservação permanente.

Também foi nosso objetivo neste tópico ressaltar um contexto de mercado sem fronteira, com a extensão das leis de mercado a toda a vida social, na qual a regulação estatal é apenas retórica, de forma que "[...] permite olhar os homens como "as 'partículas' que estão sob o impérios das forças de atração, de repulsão etc., como num campo magnético"(243).

1.5. Estratégias do capital

Para se entender o trabalhador das plataformas digitais mister se faz considerá-lo como criação do atual neoliberalismo econômico, que pretende extinguir de vez o Estado do bem-estar social, ou no mínimo desequilibrar a relação constitucional entre a livre iniciativa econômica e o valor social do trabalho humano.

A própria democracia toma caminhos diversos, diante da ubiquidade neoliberal.

---

(241) DARDOT, Pierre; LAVAL, Christian. *Op. cit.*, 2016. p. 266.

(242) *Ibidem*, p. 293.

(243) BORDIEU, Pierre *apud* SUPIOT, Alain. *O espírito de Filadélfia, a justiça social diante do mercado total*. Porto Alegre: Editora Sulina, 2014. p. 68.

Nas palavras de Wendy Brown, *apud* Dardot e Laval, o mundo está vivendo "[...] o processo de 'desdemocratização'(244), que consiste em esvaziar a democracia de sua substância sem a extinguir formalmente"(245).

A ideologia ou política econômica neoliberal socorre-se de um contexto normativo global, no qual prega-se a liberdade, mas que nada mais é do que "margens de manobras"(246) facultadas aos indivíduos, que são orientados para novas condutas, novas práticas e novas escolhas, mas que nada representam em ganhos decorrentes de trabalho digno e de cidadania, visto que a exploração do trabalhador ainda continua sendo a tônica atual.

As estratégias neoliberais dirigem indiretamente a conduta do indivíduo de forma a fazê-lo pensar que sua liberdade de escolha lhe foi facultada.

Mas a "liberdade de escolher" implica numa "[...] obrigação de obedecer a uma conduta maximizadora dentro de um quadro legal, institucional, regulamentar, arquitetural, relacional [...]"(247).

Tal quadro na verdade está construído "[...] para que o indivíduo escolha 'com toda a liberdade' o que deve obrigatoriamente escolher para seu próprio interesse"(248).

Um sujeito econômico pode se considerar livre diante da segurança dos contratos e de um quadro econômico estável, com regras fixas.

Mas a constituição desse quadro por ser legal, monetário e orçamentário, impede o sujeito de prever variações de política econômica(249).

Neste ponto, a estratégia neoliberal remeterá o sujeito econômico ao maior número possível de situações de mercado (privatizações, criação de concorrência de serviços públicos, mercadorização de escolas e hospitais, etc.), em que terá a obrigação de escolher a situação de mercado como se lhe é imposta como 'realidade'(250).

Na verdade, os indivíduos submetem-se a uma obrigação de escolher como única regra do jogo, e assim se sentem presos à necessidade de realizar "[...] um cálculo de

---

(244) Savater, após considerar a citação de John Kenneth Galbraith, no sentido de que 'As democracias contemporâneas vivem sob o temor permanente da influência dos ignorantes', desenvolve o raciocínio deste mestre de Harvard, para concluir que "[...] o ignorante é incapaz de persuadir os outros ou de ser persuadido pelos outros. Quem não consegue persuadir ou ser persuadido não está preparado para uma vida democrática. Porque a democracia parlamentar é um regime de persuasão mútua. Todos temos de tentar persuadir os outros e nos abrir à persuasão dos outros". SAVATER, Fernando. Coragem para viver, generosidade para conviver e prudência para sobreviver. In: SCHÜLER, Fernando; WOLF, Eduardo. *21 ideias do fronteiras do pensamento (para compreender o mundo atual)*. Porto Alegre: Arquipélago Editorial, 2017. p. 113.

(245) DARDOT, Pierre; LAVAL, Christian. *Op. cit.*, 2016. p. 20.

(246) *Ibidem*, p. 21.

(247) *Ibidem*, p. 275.

(248) *Idem*.

(249) *Ibidem*, p. 276.

(250) *Idem*.

interesse individual se não quiserem perder "no jogo" e, mais ainda, se quiserem valorizar seu capital pessoal num universo em que a acumulação parece ser a lei geral da vida"[(251)].

O indivíduo calculador quanto mais liberdade tiver para escolher, mais será vigiado e avaliado "[...] para obstar seu oportunismo intrínseco e forçá-lo a conjuntar seu interesse ao da organização que o emprega"[(252)].

O poder do capital, "verdadeiro motor da história"[(253)], subordina o Estado e a sociedade, e os coloca a serviço de uma acumulação cega.

Na verdade, os Estados não se prestam senão a um papel de subordinação ou assistente, "[...] e interiorizam suficientemente esse papel para não ter mais condições de definir políticas sociais, ambientais ou científicas sem a concordância — ainda que tácita — dos oligopólios"[(254)].

A intervenção governamental não regula a concorrência, antes toma a forma de uma política que favorece os fatores de produção e o ambiente econômico para investimentos predatórios.

Dizendo de outro modo, "O Estado concorrencial não é o Estado árbitro de interesses, mas o Estado parceiro dos interesses oligopolistas na guerra econômica mundial"[(255)].

Mesmo que a intervenção estatal na economia dos países da Europa tenha conferido grandes avanços sociais nas relações de trabalho, a partir da segunda metade do século XIX[(256)], tais conquistas ainda eram "[...] um desafio à concepção estritamente individual e 'harmônica' do contrato de trabalho tal como pensava a dogmática liberal"[(257)].

Como já se disse, a reinvenção do neoliberalismo considera a ordem econômica como estrutura construída, para se estabelecer um programa político com uma agenda ou projeto, e estes não passam de formas de se estabelecer a conservação permanente do capital, recriado no neoliberalismo.

Assim, não surpreende, antes causa preocupação, que a quarta revolução industrial, a par de melhorar a vida das pessoas, principalmente do consumidor, identifique-se como um fenômeno econômico que causa perplexidade e desafia as sociedades, por ausência de trabalho digno aos cidadãos que vivem de seu trabalho.

(251) *Idem.*

(252) *Idem.*

(253) *Ibidem*, p. 24.

(254) *Ibidem*, p. 363.

(255) *Ibidem*, p. 365.

(256) "[...] legislação sobre o trabalho infantil, limitação da jornada de trabalho, direito de greve e associação, indenização por acidente, aposentadoria para operários". DARDOT, Pierre; LAVAL, Christian. *Op. cit.*, 2016. p. 47-48.

(257) *Ibidem*, p. 48.

Deveras, Schwab alerta que "[...] um mundo com maior conectividade e maiores expectativas pode criar riscos sociais significativos se as populações começarem a sentir que não conseguirão atingir um nível de prosperidade qualquer ou encontrar algum significado em suas vidas"(258).

No livro *The Spirit Level: Why Greater Equality Makes Societies Stronger*, os epidemiologistas britânicos Richard Wilkinson e Kate Pickett apresentam dados a indicar que "[...] sociedades desiguais tendem a ser mais violentas(259), têm maior número de pessoas nas prisões, maiores níveis de obesidade, de doenças mentais e têm baixa expectativa de vida e baixos níveis de confiança"(260).

Eles também descobriram que, se auferem rendimentos medianos, "[...] as sociedades mais iguais passam a ter níveis mais elevados de bem-estar infantil, menores níveis de estresse e uso de drogas e diminuição da mortalidade infantil"(261).

Principalmente nos países em desenvolvimento, a desigualdade social parece não ter fim.

O neoliberalismo econômico na atualidade, no âmbito de países como o Brasil, se caracteriza pela multiplicação do capital com os menores custos possíveis, circunstância que faz com que os afazeres do trabalhador dito autônomo sejam "[...] permanentemente inseguros — e a insegurança deve estar inculcada na mente das pessoas — para que o controle possa ser realizado da forma mais eficiente, e os objetivos melhor alcançados"(262).

Como já destacado no subitem precedente, os investidores estrangeiros procuram Estados cujos sistemas legais são flexíveis à desregulamentação de seus mercados de trabalho, visando justamente atrair capitais especulativos, que não serão dificultados por rígidos regulamentos legais, principalmente nas áreas sociais, fiscais e de proteção à função social dos contratos.

Assim é que o Brasil, desejando atrair tais investidores flexibilizou sua regulamentação trabalhistas, afastou o Estado de intervir na economia, suprimiu a função social dos contratos no âmbito do Direito Civil e dificultou a análise dos negócios jurídicos pelo Estado-Juiz.

Pode-se dizer que o Brasil adaptou seu sistema legal ao *law shopping*, por meio de lei que regulamenta a livre iniciativa empresarial, como se demonstrará neste subitem e nos dois seguintes, e o último para encerrar o presente capítulo, no qual se discorrerá

(258) SCHWAB, Klaus. *Op. cit.*, 2019. p. 104.

(259) Byung-Shul Han acredita que a violência é estrutural ou sistêmica, na medida em que suas formas "[...] manifestas e expressas se referem às estruturas implícitas que estabelecem e estabilizam uma ordem de domínio, e que, como tais, eximem-se de visibilidade". *Op. cit.*, 2017. p. 159.

(260) Obra e autores *apud* SCHWAB, Klaus. *Op. cit.*, 201., p. 103.

(261) SCHWAB, Klaus. *Op. cit.*, 2019. p. 103.

(262) CARELLI, Rodrigo de Lacerda. *Op. cit.*, 2017. p. 141.

sobre propostas equânimes de combinar progresso econômico com dignidade dos trabalhadores.

Há que se admitir que no Brasil prevalece o liberalismo de mercado que mais se adequa ao capital especulativo.

Quando se analisa a Lei da Liberdade Econômica — Lei n. 13.874, de 20 de setembro de 2019, doravante denominada de LLE, percebe-se que por meio desta regulamentação houve a flexibilização de regimes jurídicos nacionais como a CLT e o Código Civil, a exemplo do que ocorreu neste último, quando mencionada lei impõe a interpretação restritiva da função social dos contratos, dentre outras.

A LLE está a causar insegurança jurídica, pois suscita muitos questionamentos como os a seguir arrolados:

— Seria legítima a interpretação restritiva da função social dos contratos, diante da liberdade contratual e da livre concorrência ressaltadas pela LLE?

— E a plena liberdade concedida no exercício da atividade econômica (inc. I[(263)], do art. 2º, da LLE) não coloca em risco o princípio do equilíbrio dos contratos entre particulares?

— As liberdades econômicas constitucionalmente asseguradas, entre elas a livre iniciativa[(264)], poderão ser exercidas sem observância da valorização do trabalho humano, ou indiferentemente a uma existência humana digna, conforme os ditames da justiça social (art. 193[(265)], *caput*, CF)?

Juristas e economistas simpáticos à LLE vem interpretando-a de forma a exaltar sua legitimidade, “com a finalidade de estimular empreendimentos, para a geração de empregos, tributo, renda e inovação em benefício de todos” (parágrafo único acrescentado ao art. 49-A[(266)]/CC, pela LLE).

Cita-se, por todos, como representante da doutrina jurídica civil, de tendência neoliberal[(267)], Forgioni[(268)], em quem se investigou as respostas aos quesitos formulados, identificadas abaixo na ordem dos questionamentos acima propostos.

---

(263) Art. 2º São princípios que norteiam o disposto nesta Lei: I – a liberdade como uma garantia no exercício de atividades econômicas;

(264) “Concordam os críticos que o Brasil tem de se adequar à realidade econômica mundial, mas nunca abandonar a meta do bem-estar social para poder se desenvolver”. CARMO, Paulo Sérgio do. *Op. cit.*, 1998. p. 18.

(265) Art. 193. A ordem social tem como base o primado do trabalho, e como objetivo o bem-estar e a justiça sociais.

(266) Art. 49-A. A pessoa jurídica não se confunde com os seus sócios, associados, instituidores ou administradores. Parágrafo único. A autonomia patrimonial das pessoas jurídicas é um instrumento lícito de alocação e segregação de riscos, estabelecido pela lei com a finalidade de estimular empreendimentos, para a geração de empregos, tributo, renda e inovação em benefício de todos.

(267) “A nova cruzada em favor de deixar que a economia se desenvolva ao sabor do mercado passou a ser chamada de neoliberalismo”. CARMO, Paulo Sérgio do. *Op. cit.*, 1998. p. 05.

(268) FORGIONI, Paula A. Comentários à Lei de Liberdade Econômica — Lei n. 13.874/2019. A interpretação dos negócios jurídicos II — alteração do art. 113 do Código Civil: art. 7º. In: MARQUES NETO, Floriano Peixoto; RODRIGUES JÚNIOR, Otávio Luiz, LEONARDO, Rodrigo Xavier. *Comentários à lei da liberdade econômica:* Lei n. 13.874/2019. São Paulo: Revista dos Tribunais, 2019. p. 282.

Sobre a restrição de interpretação da função social dos contratos, pela ótica dos representantes neoliberais, "[...] a *regra* será sempre a de respeito às liberdades econômicas e o intérprete somente poderá permitir o seu afastamento se houver contratação clara nesse sentido(269)".

Na dúvida, "[...] deve-se preferir a interpretação que privilegie a concorrência e a liberdade econômica. [...] as *restrições* constituem não apenas *exceção*, mas verdadeira *renúncia* do agente a uma liberdade constitucionalmente garantida, que clama por *interpretação restritiva*"(270).

Ademais, concordam os exegetas liberais, "[...] o intérprete que assim procede (que não interpreta restritivamente) está aviltando o *pacta sunt servanda* e pode resvalar no julgamento por equidade, trocando a vontade das partes por aquilo que entende 'justo'"(271).

No que se refere à liberdade da atividade mercantil e eventual dissonância na liberdade dos contratos e na estabilidade destes, a se aplicar ou não nos negócios entre particulares, propõe-se pela percepção neoliberal que "As liberdades econômicas não são apenas um 'poder agir', mas também a garantia de poder agir"(272).

É dizer: se a livre iniciativa fez-se constitucionalmente amparada, "[...] à empresa está outorgada a garantia de atuar conforme seus interesses, respeitados os limites postos pela própria Constituição e pelas Leis (princípio da legalidade)"(273).

Em resumo, a "liberdade" concebida no art. 2º, I, da Lei n. 13.874/19, seria como a do gênero liberdades constitucionais, e como tais, "[...] diante da realidade do contrato empresarial, transformam-se em *diretrizes interpretativas*"(274). Sublinhado no original.

Concernente à liberdade econômica e livre iniciativa empresarial, contrapostas pela valorização do trabalho, dignidade humana do trabalhador e justiça social, asseguradas constitucionalmente, tem-se, pela interpretação neoliberal, que "[...] o princípio da livre iniciativa, quando trazido para o caso concreto, manda que seja priorizada a *interpretação* a favor da liberdade e da autonomia"(275).

Ora, tal segmento doutrinário valoriza ao extremo a liberdade e a autonomia, mas não considera o binômio liberdade-igualdade, esquecendo-se de que no Brasil não prosperará as vantagens da liberdade econômica se não se der cabo à desigualdade social, que assusta.

---

(269) *Idem.*

(270) *Idem.*

(271) *Idem.*

(272) *Idem.*

(273) *Idem.*

(274) *Idem.*

(275) *Idem.*

Faz-se útil tecer comparações entre os pontos de vista da doutrina neoliberal e outros posicionamentos de economistas menos reducionistas, como forma de se oferecer contrapontos.

De forma que no subitem a seguir apresenta-se confronto de interpretação entre a visão neoliberalista, que permeia a LLE, e a doutrina da social democracia[(276)], antes da adesão desta ao neoliberalismo.

Antes de se adentrar no tópico seguinte, registre-se que a proposta do subitem que se conclui foi apresentar estratégias do capital, como a de se multiplicar com os menores custos possíveis, e para isso faz com que os afazeres do trabalhador dito autônomo ou informal sejam permanentes e inseguros, e quanto maior a insegurança que se inculca na mente dos trabalhadores, maior será o controle realizado pelo capitalista, visando alcance dos objetivos empresariais.

1.6. Função Social dos contratos

Por certo, em alguns segmentos da doutrina liberal, a exemplo da constatação de juristas como De Fradera[(277)], já se percebia, antes da LLE, um contraste de interpretação entre os códigos civil de 1916 e o atual, em relação ao contrato.

No primeiro, existia intervenção mínima do estado-juiz, diante da concepção liberal do contrato, considerando a palavra dada como algo sagrado; no atual, sobressai a concepção intervencionista estatal no direito privado.

Na interpretação reducionista neoliberal, o Código Civil de 2002 teria sido um retrocesso em relação ao código anterior, que atendia bem os objetivos do liberalismo econômico, que nunca aceitou a função social dos contratos, por restringir a autonomia privada das partes em estabelecer seus conteúdos.

É que a postura neoliberalista vê prejuízo à segurança jurídica dos contratos, diante da intervenção do juiz para declarar cumprimento ou descumprimento da sua função social, ou para equilibrar as partes.

Para a interpretação neoliberal, o Código de 2002 contém em abundância cláusulas gerais, comparadas com as do código anterior, onde eram mínimas. As muitas

(276) Mario Vargas Llosa compreende a decepção de Jean-François Revel com o socialismo, e igualmente passa a considerar que "A democracia partia do pressuposto de que não se podia criar o paraíso nesta terra em termos sociais, de que a perfeição não era deste mundo, mas, sim, de que era possível criar sociedades aperfeiçoáveis, sociedades capazes de reconhecer seus erros, de corrigi-los, de refazer o caminho se o caminho estivesse equivocado, de encaminhar a sociedade para outra direção. Sobretudo, a democracia permitia a coexistência na diversidade e era a melhor maneira de atacar a violência que havia acompanhado a história humana, como uma sombra, desde o princípio da história até o presente". LLOSA, Mario Vargas, *Op. cit.*, 2017+ p. 14.

(277) DE FRADERA, Véra Maria Jacob. Art. 7º: Liberdade contratual e função social do contrato — Art. 421 do Código Civil. In: MARQUES NETO, Floriano Peixoto; RODRIGUES JUNIOR, Otávio Luiz, LEONARDO, Rodrigo Xavier. *Comentários à lei da liberdade econômica:* Lei n. 13.874/2019. São Paulo: Revista dos Tribunais, 2019. p. 223.

cláusulas gerais dificultariam a interpretação, causando imprevisibilidade e insegurança para as partes contratantes.

Sugerem que o art. 421 do código atual, antes da nova redação dada pela LLE, se apresentava revolucionador, pois atribuía característica de codificação inédita, e que a origem do dispositivo seria desconhecida, e dificultaria a interpretação, pois facultava ao juiz usar do arbítrio.

Referido preceito representaria uma ruptura com o ideal liberal do antigo código, na medida em que não poderia ser cumprido o contrato segundo a vontade das partes, já que podia ser revisto pelo juiz, com afastamento do clássico princípio do *pacta sunt servanda*.

Ademais, o código de 2002 teria rompido com o efeito da relatividade contratual (o contrato cria obrigações somente entre as partes contratantes), e a função social dos contratos passou a prevenir ofensas a terceiros que deles não participaram.

O mais grave para os neoliberais é que a liberdade contratual ou autonomia da vontade se subordinava à condicionante (em razão da) função social do contrato, nos termos do art. 421[(278)], *caput*, antiga redação.

Agora, a LLE impõe o princípio da intervenção mínima e a excepcionalidade da revisão contratual, conforme se vê do parágrafo único, do art. 421[(279)], na nova redação, de duvidosa constitucionalidade.

Parece até existir antinomia entre o *caput* do 421 e seu parágrafo único, com nova redação dada pela LLE, pois os contratantes devem ainda observar a função social do contrato, ao mesmo tempo em que se determina a intervenção mínima e a excepcionalidade da revisão.

Mas eventual antinomia, dirão os juristas de tendência neoliberalistas, deixa de existir justamente em razão do parágrafo único, que agora conduz a interpretação[(280)].

É dizer: a função social do contrato alcança agora somente os contratantes, como sinaliza as limitações do referido parágrafo único, limitações essas que alcançam também

(278) Art. 421. A liberdade de contratar será exercida em razão e nos limites da função social do contrato (redação original).

(279) Art. 421. A liberdade contratual será exercida nos limites da função social do contrato.

Parágrafo único. Nas relações contratuais privadas, prevalecerão o princípio da intervenção mínima e a excepcionalidade da revisão contratual.

(280) PEIXOTO, Aguimar Martins. A lei da liberdade econômica e a função social do contrato. In: SILVA E SOUZA, Carlos Eduardo; ONUMA, Tatiana Tomie (Orgs.). *Direito civil contemporâneo e direitos fundamentais*. Rio de Janeiro: Editora Lumen Juris, 2021, p. 170.

o novo art. 421-A[(281)] e seus incisos, bem assim os parágrafos acrescentados[(282)] ao art. 113, todos do Código Civil.

Os contratos no âmbito do Direito do Trabalho, mais que os outros, são informados com uma dinâmica maior do princípio da função social, e por isso se apresentam com muito mais relevância pública do que nos negócios jurídicos civis.

Importante observar que o direito do trabalho pertence à categoria de regimes jurídicos especiais, os quais restaram expressamente excluídos da incidência das disposições da LLE, consoante seu art. 7º, que acrescentou ao Código Civil o art. 421-A.

Certamente porque os regimes jurídicos especiais regulam relações jurídicas assimétricas, como são as relações consumeristas, disciplinadas pelo Código de Defesa do Consumidor, e as relações de trabalho subordinadas, regidas pela CLT.

Mas o legislador ao conceber a LLE não excepcionou as relações trabalhistas de direito material dispostas na CLT, que sempre foi considerada um regime jurídico especial, em razão de suas normas de caráter público e indisponíveis.

A despeito disso, a LLE contém preceitos que modificam visceralmente o direito do trabalho, como uma minirreforma, aplicando às relações jurídicas entre empregador e empregado os princípios contratuais do Código Civil, como se a relação contratual entre empregado e empregador fosse simétrica.

Como exemplo, citamos a autorização legal para empregador e empregado pactuarem originalmente ou aduzirem termos aditivos aos contratos de trabalho existentes, de forma expressa, com cláusulas sobre duração de jornada, dispensando-se os controles, nos casos em que são obrigatórios.

---

(281) Art. 421-A. Os contratos civis e empresariais presumem-se paritários e simétricos até a presença de elementos concretos que justifiquem o afastamento dessa presunção, ressalvados os regimes jurídicos previstos em leis especiais, garantido também que: *(Incluído pela Lei n. 13.874, de 2019)*

I – as partes negociantes poderão estabelecer parâmetros objetivos para a interpretação das cláusulas negociais e de seus pressupostos de revisão ou de resolução; *(Incluído pela Lei n. 13.874, de 2019)*

II – a alocação de riscos definida pelas partes deve ser respeitada e observada; e *(Incluído pela Lei n. 13.874, de 2019)*

III – a revisão contratual somente ocorrerá de maneira excepcional e limitada. *(Incluído pela Lei n. 13.874, de 2019)*

(282) Art. 113. Os negócios jurídicos devem ser interpretados conforme a boa-fé e os usos do lugar de sua celebração.

§ 1º A interpretação do negócio jurídico deve lhe atribuir o sentido que: *(Incluído pela Lei n. 13.874, de 2019)*

I – for confirmado pelo comportamento das partes posterior à celebração do negócio; *(Incluído pela Lei n. 13.874, de 2019)*

II – corresponder aos usos, costumes e práticas do mercado relativas ao tipo de negócio; *(Incluído pela Lei n. 13.874, de 2019)*

III – corresponder à boa-fé; *(Incluído pela Lei n. 13.874, de 2019)*

IV – for mais benéfico à parte que não redigiu o dispositivo, se identificável; e *(Incluído pela Lei n. 13.874, de 2019)*

V – corresponder a qual seria a razoável negociação das partes sobre a questão discutida, inferida das demais disposições do negócio e da racionalidade econômica das partes, consideradas as informações disponíveis no momento de sua celebração. *(Incluído pela Lei n. 13.874, de 2019)*

§ 2º As partes poderão livremente pactuar regras de interpretação, de preenchimento de lacunas e de integração dos negócios jurídicos diversas daquelas previstas em lei. *(Incluído pela Lei n. 13.874, de 2019)*

Reproduz-se aqui a nova redação do art. 74, da CLT, com as alterações introduzidas em seu § 4º, pela LLE:

> Art. 74. O horário de trabalho será anotado em registro de empregados. *(Redação dada pela Lei n. 13.874, de 2019)*
>
> (...)
>
> § 4º Fica permitida a utilização de registro de ponto por exceção à jornada regular de trabalho, mediante acordo individual escrito, convenção coletiva ou acordo coletivo de trabalho. *(Incluído pela Lei n. 13.874, de 2019)*

Antes da LLE, a legislação trabalhista material já vinha sofrendo flexibilizações nos seus preceitos de ordem pública, a exemplo da reforma trabalhista levada a efeito pela Lei n. 13.467/2017, a qual passou a impor princípios dos contratos paritários do direito civil ao direito do trabalho.

É o que se vê pela modificação de um parágrafo e acréscimo de outros dois ao art. 8º da CLT. Agora a aplicação subsidiária do direito comum ao direito do trabalho dar-se-á mesmo que incompatível com este.

Hodiernamente, a interpretação do vetusto art. 8º da CLT, deverá passar pela restrição de interpretação acrescida no seu § 1º, pela lei da reforma trabalhista, com mesmo espírito flexibilizador da LLE, cujo intuito, a exemplo da modificação do art. 74, § 4º, foi retirar a especialidade do direito do trabalho, igualando-o ao direito civil.

Com efeito, restou suprimido o parágrafo único do art. 8º, que previa que "o direito comum será fonte subsidiária do direito do trabalho, naquilo em que não for incompatível com os princípios fundamentais deste".

A nova redação, no § 1º, que substituiu o antigo parágrafo único do art. 8º, faz com que a interpretação do direito comum se aplique ao direito do trabalho, independentemente de compatibilização ou não com os princípios deste:

> Art. 8º As autoridades administrativas e a Justiça do Trabalho, na falta de disposições legais ou contratuais, decidirão, conforme o caso, pela jurisprudência, por analogia, por equidade e outros princípios e normas gerais de direito, principalmente do direito do trabalho, e, ainda, de acordo com os usos e costumes, o direito comparado, mas sempre de maneira que nenhum interesse de classe ou particular prevaleça sobre o interesse público.
>
> § 1º O direito comum será fonte subsidiária do direito do trabalho. *(Redação dada pela Lei n. 13.467, de 2017)*

Foram acrescidos ainda os §§ 2º e 3º ao art. 8º, descaracterizando a interpretação especial que sempre se fundamentou no *caput* e no parágrafo único originais, para que se passe a adotar a nova disposição legal:

§ 2º Súmulas e outros enunciados de jurisprudência editados pelo Tribunal Superior do Trabalho e pelos Tribunais Regionais do Trabalho não poderão restringir direitos legalmente previstos nem criar obrigações que não estejam previstas em lei. *(Incluído pela Lei n. 13.467, de 2017)*

§ 3º No exame de convenção coletiva ou acordo coletivo de trabalho, a Justiça do Trabalho analisará exclusivamente a conformidade dos elementos essenciais do negócio jurídico, respeitado o disposto no art. 104 da Lei no 10.406, de 10 de janeiro de 2002 (Código Civil), e balizará sua atuação pelo princípio da intervenção mínima na autonomia da vontade coletiva. (*Incluído pela Lei n. 13.467, de 2017)*

Como se vê das novas redações acima reproduzidas, acrescidas a um artigo nuclear da CLT, a partir do qual se dita a interpretação com aquele desiderato neoliberal de se estabelecer o *law shopping*.

Suprime-se a liberdade dos tribunais trabalhistas de interpretarem com livre convencimento fundamentado os preceitos da legislação do trabalho, interpretação que fica teleguiada para a aplicação de normas do direito comum, sem observância dos princípios especiais do direito do trabalho.

Ainda retira da interpretação judicial dos acordos e convenções coletivas eventuais vícios de consentimento, bastando que estes instrumentos estejam revestidos dos aspectos formais, segundo os requisitos de validade do negócio jurídico.

Sobre o inegável intuito do legislador da LLE de retirar dos contratos sua função social, e por extensão tornar simétricas relações jurídicas especiais ou assimétricas, o civilista Rodrigues Junior defende que a LLE não retirará a intervenção judicial, como bem explicita:

> O almejado objetivo de controlar a apreciação judicial das regras de interpretação contratual não terá êxito, porquanto as cláusulas de caráter interpretativo não excluem a possibilidade de intervenção judicial. [...] As hipóteses legais de revisão contratual continuam previstas, sem alterações, nos arts. 317 e 478/480 do Código Civil(283).

Não se pode prescindir da intervenção estatal nas relações jurídicas privadas, o que se dá por meio da revisão contratual, ainda que excepcional, nos limites postos pelo direito positivo, conquanto a presença do estado-juiz é fundamental para garantir a manutenção e a força vinculante dos contratos.

Impossível obstar a revisão judicial dos contratos, cujo objetivo é restabelecer o equilíbrio da economia contratual, quando abalado pela alteração das circunstâncias.

(283) RODRIGUES JUNIOR, Otavio Luiz. A liberdade contratual e a função social do contrato — alteração do art. 421-A do Código Civil: art. 7º. In: MARQUES NETO, Floriano Peixoto; RODRIGUES JUNIOR, Otávio Luiz, LEONARDO, Rodrigo Xavier. *Comentários à lei da liberdade econômica:* Lei n. 13.874/2019. São Paulo: Revista dos Tribunais, 2019. p 237-238.

Interessante observar que a LLE aproxima o direito dos contratos daquilo que Supiot denomina de destruição da estrutura ternária do direito(284).

O contrato vale, cada vez mais, por si mesmo e não em função do direito ou da lei. Contudo é a própria lei que promove a "desjuridificação" dos contratos, a superlativização de uma falsa relatividade do contrato apenas entre os contratantes e uma ilusória interpretação estrita das convenções, como se a lei, os princípios, a Constituição não penetrassem aí.

Quem contrata não contrata só com quem contrata, nem só o que contrata (Fachin).

Conclui-se do que restou desenvolvido neste subitem que o efeito das alterações inseridas, principalmente no que os contratos têm de mais caro, seu princípio de equilíbrio, será como já mencionado: a condução de novas interpretações judiciais a favor das alterações flexibilizadoras, a se consolidar na jurisprudência, reduzindo o alcance da intervenção do Estado-juiz nos contratos.

Este tópico também nos permitiu averiguar que os contratos no âmbito do Direito do Trabalho, mais que os outros, são informados com mais intensidade pelo princípio da função social dos contratos, e por isso se apresentam com muito mais relevância pública do que nos negócios jurídicos civis.

Pôde-se conferir ainda que as novas alterações legais no Código Civil e na CLT, principalmente em artigo nuclear desta, o seu art. 8º, a partir do qual se dita a interpretação com o objetivo neoliberalista de se estabelecer o *law shopping* no sistema legal trabalhista pátrio.

1.7. Livre iniciativa empresarial e abstenção de interferência estatal

A ideia de Constituição econômica é a da existência de normas que estabelecem uma realidade econômica e a formatação dos modos de atuação do Estado na economia. Surgiu na Constituição de Weimar.

Constituía a manifestação liberal de consagração de uma matriz econômica do *laissez-faire*.

Conceber uma Constituição econômica seria uma tomada de decisão sobre o modelo econômico de uma sociedade, que reconhece uma determinada ordem já existente, mundo do ser, ou que pretende transformar a realidade, mundo do dever ser(285).

Constituições que permitem essa interpretação são aquelas de caráter compromissório, como a nossa, que estabelece um alargado espectro de possíveis conformações da

(284) DE SOUZA, Antônio Paulino. *A sociologia jurídica e a quantificação em Alain Supiot*. Extraído do sítio: <https://www.redalyc.org/journal/938/93864117011/html/>. Acesso em: 11 ago. 2022.

(285) CYRINO, André. A constituição econômica e a Lei nº 13.874/2019. In: SALOMÃO, Luis Felipe; CUEVA, Ricardo Villas Bôas; FRAZÃO, Ana. *Lei de Liberdade Econômica e seus impactos no direito brasileiro*. São Paulo-SP: Thomson Reuters Brasil — Revista dos Tribunais. Edição do Kindle, 2020. p. 200.

economia brasileira, consoante decisões a serem tomadas pelos órgãos democraticamente eleitos.

Igualmente, através de decisões fundamentais, como as do STF, que mantém uma interpretação conforme, sem alterar a unidade constitucional (decisões dúcteis), verifica-se a abertura de diversos caminhos possíveis pelo legislador, que pode dar ênfase num determinado valor fundamental constitucional, como a da livre iniciativa, sobrepondo-se ao valor social do trabalho(286).

A partir dessa concepção, o legislador pode estabelecer determinada lei ou conjuntos de leis com pretensões à constituição econômica formal, enquanto norma jurídica, que passa a ser dirigente ou condutora das ações estatais legislativas, executivas e até judiciais(287).

O neoliberalismo, a exemplo de artifícios jurídicos como o da Constituição econômica, sempre encontrou meios de prevalência nos sistemas do Direito, principalmente pela "captura ideológica dos textos jurídicos"(288), como observa Gilberto Bercovici.

Não passou despercebida da acuidade de Bercovici o fato de que a LLE pretendeu regular temas como a proteção à livre iniciativa e ao livre exercício das atividades econômicas, quando referida temática já se encontra expressa nos arts. 1º, IV(289); 170, parágrafo único(290), e 174, *caput*(291), todos da CF.

Por isso, acrescenta Bercovici, a inutilidade de se regrar a livre iniciativa, e o que seria mais insólito: não se refere, em nenhum dos seus artigos, à valorização do trabalho humano, "[...] tema convenientemente 'esquecido' no texto da lei em análise"(292).

---

(286) CYRINO, André. *Op. cit.*, 2020. p. 198.

(287) *Ibidem*, p. 201.

(288) BERCOVICI, Gilberto. As inconstitucionalidades da "lei da liberdade econômica" (Lei n. 13.874, de 20 de setembro de 2019). In: SALOMÃO, Luis Felipe; CUEVA, Ricardo Villas Bôas; FRAZÃO, Ana. *Op. cit.*, 2020. p. 152.

(289) Art. 1º A República Federativa do Brasil, formada pela união indissolúvel dos Estados e Municípios e do Distrito Federal, constitui-se em Estado Democrático de Direito e tem como fundamentos:

I – a soberania;

II – a cidadania;

III – a dignidade da pessoa humana;

IV – os valores sociais do trabalho e da livre iniciativa; (Vide *Lei n. 13.874, de 2019)*

V – o pluralismo político.

(290) Art. 170. A ordem econômica, fundada na valorização do trabalho humano e na livre iniciativa, tem por fim assegurar a todos existência digna, conforme os ditames da justiça social, observados os seguintes princípios: (...)

Parágrafo único. É assegurado a todos o livre exercício de qualquer atividade econômica, independentemente de autorização de órgãos públicos, salvo nos casos previstos em lei. (Vide *Lei n. 13.874, de 2019)*

(291) Art. 174. Como agente normativo e regulador da atividade econômica, o Estado exercerá, na forma da lei, as funções de fiscalização, incentivo e planejamento, sendo este determinante para o setor público e indicativo para o setor privado. (Vide *Lei n. 13.874, de 2019)*

(292) BERCOVICI, Gilberto. *Op. cit.*, 2020. p. 124.

A Constituição Federal, ao contrário do que dispõe a LLE, não admite 'qualquer' forma de organização econômica, nem permite conduta indiscriminada dos agentes econômicos, mas, ao contrário, estabelece fundamentos e regras nos empreendimentos comerciais, seja na atividade econômica estritamente considerada, seja nos serviços públicos.

Os agentes respectivos subordinam-se aos parâmetros constitucionais, em especial aqueles estabelecidos nos arts. 1º, III, e 170/CF.

Como remarcam Cláudio Pereira de Souza Neto e José Vicente Santos de Mendonça *apud* Gilberto Bercovici, há autores no Brasil que "[...] tentam fazer prevalecer uma interpretação constitucional 'fundamentalista' do princípio da livre iniciativa (arts. 1º, IV e 170, *caput*)"[(293)].

Essa leitura 'fundamentalista', percebida pelos autores citados por Bercovici, a quem novamente lhes dá a palavra "'[...] insere no debate constitucional uma doutrina política particular como se fosse impossível qualquer outro conteúdo, ou seja, os seus propugnadores 'tornam constitucionalmente necessário o que é politicamente contingente'"'[(294)].

Dito de outra forma, há exacerbação de uma liberdade pública constitucional, pela interpretação fundamentalista do princípio da livre iniciativa, que a toma como direito subjetivo público.

Nessa perspectiva de liberdade pública, observam-se duas regras, uma de competência e outra de fundo.

A primeira pressupõe impedimento da administração pública de organizar a economia sem autorização legislativa. A segunda implica considerar o reconhecimento e a garantia dos particulares em empreender sem entraves, ainda que injustificáveis[(295)].

Ainda que fosse possível a figura da constituição econômica, o princípio fundamental desta, conforme se vê dos autores clássicos do liberalismo, pressupõe a "concorrência perfeita", fundada no sistema de preços justos, critério de qualquer medida de política econômica[(296)].

As bases legítimas da constituição econômica assentam-se em princípios que atuam no ajuste de diferentes peças do modelo umas às outras, de forma que a ordem que se pretende constituir tenha uma estrutura formal sobre os postulados mencionados, quais sejam: princípios da estabilidade da política econômica, da estabilidade monetária, dos

(293) *Ibidem*, p. 124.

(294) *Ibidem*, p. 124.

(295) *Ibidem*, p. 125.

(296) PONCET, Jean-François. *La politique économique de l'Allemagne occidentale*, p. 60, *apud* DARDOT, Pierre; LAVAL, Christian. *Op. cit.*, 2016. p. 141.

mercados abertos, da propriedade privada, da liberdade dos contratos e da responsabilidade dos agentes econômicos[297].

A ordem de mercado se constrói, e por ser artificial, se opõe à economia liberal de mercado, que se organiza pela "mão invisível". A ordem de mercado se edifica com os objetivos da sociedade (produção de resultados benéficos), seja pela ação política ou pela crença "[...] nos benefícios sociais de concorrência perfeita"[298].

A economia social de mercado tem como suporte o investimento no capital humano. O urbanismo e as políticas ambiental, cultural, educacional e científica fazem parte da política de enquadramento social[299].

Embora a economia social de mercado, que se inspirou no ordoliberalismo, se oponha ao Estado do bem-estar, seria preferível à política neoliberalista, que sequer reconhece, a exemplo da primeira, que a responsabilidade individual e a caridade em suas diferentes formas "[...] são os únicos remédios verdadeiros para a pobreza[300]".

Assim, a espórtula governamental, a exemplo de inúmeros benefícios sociais, como o bolsa-família, poderiam ser substituídos por investimentos no capital humano, como políticas educacionais, culturais e ambientais, para um justo enquadramento social.

É dessa forma que o valor social da livre iniciativa, como fundamento da república e da ordem econômica deverá almejar, além do lucro, o progresso da sociedade.

Também é nesse entendimento que se diz que o valor social da livre iniciativa não é exclusivamente individual, e os interesses econômicos em geral devem atender preferencialmente setores tradicionalmente em desvantagem, tais como o de trabalhadores, pequenos proprietários e empresários, cooperados, etc.

A relevância constitucional do valor social do trabalho suplanta o valor da livre iniciativa, no âmbito constitucional, como se observa das várias referências do primeiro no texto constitucional, a saber: dos direitos fundamentais (arts. 6º a 11º), à ordem econômica (arts. 170, VIII e 186, III), entre vários outros.

Sobre o primado do valor social do trabalho sobre o valor social da livre iniciativa econômica, adicionam-se outros argumentos, a partir da redação dos arts. 1º, IV, e 170, *caput*, CF.

Leonardo Wandelli observa que a livre iniciativa "[...] é então tomada singelamente e aquele — o trabalho humano — é consagrado como objeto a ser valorizado", e

---

(297) BROYER, Sylvain *apud* DARDOT, Pierre; LAVAL, Christian. *Op. cit.*, 2016, p. 142.

(298) DARDOT, Pierre; LAVAL, Christian. *Op. cit.*, 2016. p. 152.

(299) *Ibidem*, p. 152.

(300) *Ibidem*, p. 152.

reforça seus argumentos com as doutrinas de Eros Grau[(301)] e José Afonso da Silva[(302)], em obra comum.

O primeiro adverte que "[...] não é a mera livre iniciativa, mas aquilo que esta tem de socialmente valoroso, em sua amplitude de sentido não limitada à iniciativa econômica".

O segundo autor percebe que "[...] a ordem econômica dá prioridade aos valores do trabalho humano sobre todos os demais valores da economia de mercado".

Considerando ambas posições doutrinárias, Leonardo Wandelli arremata: "[...] pode-se deduzir que há uma prevalência *prima-facie* da valorização do trabalho que se impõe sobre a livre iniciativa econômica, sempre que aquela não levar à supressão ou degradação essencial desta última"[(303)].

Além do mais, a propriedade privada atende à função social (arts. 5º, XXIII e 170, III), da mesma forma que a livre iniciativa deverá almejar o valor social.

Sobre a mera função subsidiária do Estado na atividade econômica, como consta do art. 2º, inc. III[(304)], da LLE, tal regramento atende as propostas liberais e neoliberais, para quem o Estado, para ser legítimo, haverá de ser subsidiário.

Há no dispositivo citado carga ideológica sobre ser o Estado ineficiente e incapaz, pois pretende limitar o Estado intervencionista, mantendo-o apenas como regulador e fiscalizador da economia.

Sob a afirmativa clássica de que a mão invisível do mercado tudo haveria de suprir, e se essa assertiva revelou-se em quimera, há quem pretenda atribuir esse fracasso ao fato de que "a política distorce e corrompe o sistema de mercado"[(305)].

Advogou-se então a despolitização da economia, o que significa deixar políticas públicas e regulatórias à margem da discricionariedade na condução destas pelo Estado.

A despolitização da economia vem sob o argumento de se combater a corrupção de políticos, bem assim de restringir a ação de detentores de grande poder econômico,

---

(301) GRAU, Eros Roberto. In: CANOTILHO, *et alii* (Coords.). *Comentários à constituição do Brasil*. 2. ed. São Paulo: Saraiva, 2018. p. 222.

(302) DA SILVA, José Afonso, p. 764. In: CANOTILHO, *et alii* (Coords.). *Comentários à constituição do Brasil*. 2. ed. São Paulo: Saraiva, 2018.

(303) WANDELLI, Leonardo Vieira. Valor social do trabalho e dignidade na Constituição. In: CLÉVE, Clémerson Merlin. *Direito Constitucional Brasileiro* — Teoria da Constituição e Direitos Fundamentais. v. 1. 2. edição. [s.l.]: Revista dos Tribunais, 2020. p. 253.

(304) Art. 2º São princípios que norteiam o disposto nesta Lei: I – a liberdade como uma garantia no exercício de atividades econômicas; II – a boa-fé do particular perante o poder público; III – a intervenção subsidiária e excepcional do Estado sobre o exercício de atividades econômicas; (...).

(305) COUTINHO, Diogo R. *A mão invisível e a faca no pescoço:* considerações críticas sobre o "abuso de poder regulatório" na Lei n. 13.874/2019. *Op. cit.*, 2020. p. 172.

mas na prática serve como subterfúgio para "[...] como cortina de fumaça, enfraquecer ainda mais os desprivilegiados em seus pleitos de mudança das políticas"(306).

Ainda segundo Coutinho, "a despolitização da economia enfraquece a democracia"(307), considerando que não se deve aceitar que possa existir liberdade para os mercados estipularem preços de forma totalmente livre.

Mas o fato é que o Estado, nas palavras de Bercovici, "[...] não só pode como deve atuar na esfera econômica e social, legitimado por toda uma série de dispositivos constitucionais (art. 173(308), por exemplo)", e que "A limitação constitucional à atuação econômica do Estado não se refere à possibilidade de intervenção estatal, mas às modalidades de intervenção"(309).

Oliveira Neto afirma que na sociedade da informação ou pós-industrial as empresas precisam ter valores e propósitos claros, não voltados inteiramente ao lucro, "[...] mas inserindo o conceito de empresa ética e cidadã, que no exercício da atividade econômica cumpre a sua função social, na forma do art. 170, inciso I da CF/88"(310).

Gilmar F. Mendes(311) sinaliza que o Estado não deve ser afastado da economia, e enfatiza que, "[...] a posição que mais se coaduna com a nossa Carta Maior é a de busca por uma situação de ponderação entre os valores de livre iniciativa e de justiça social".

A questão (alienação de empresas estatais) foi profundamente debatida pelo STF em junho de 2019, no julgamento do Referendo na Medida Cautelar na Ação Direta de Inconstitucionalidade n. 5.624/DF.

No caso, já sob a vigência da MP da liberdade econômica, que passou a restringir o intervencionismo estatal na economia, o STF referendou apenas parcialmente decisão do relator para conferir interpretação conforme à Constituição ao art. 29, inciso XVIII, da Lei n. 13.303/2016, firmando-se a tese de que "a alienação do controle acionário de empresas públicas e sociedades de economia mista exige autorização legislativa e licitação pública".

Na conclusão de Gilmar F. Mendes, o princípio da livre iniciativa não se harmoniza com o absenteísmo estatal na ordem econômica brasileira, a se notar por diretrizes

---

(306) *Ibidem*, p. 172.

(307) *Ibidem*, p. 172.

(308) Art. 173. Ressalvados os casos previstos nesta Constituição, a exploração direta de atividade econômica pelo Estado só será permitida quando necessária aos imperativos da segurança nacional ou a relevante interesse coletivo, conforme definidos em lei.

(309) BERCOVICI, Gilberto. *Op. cit.*, 2020. p.136.

(310) OLIVEIRA NETO, Celio Pereira. *Op. cit.*, 2018. p. 76.

(311) MENDES, Gilmar Ferreira. Liberdade econômica e alienação de empresas estatais: reflexões a partir do julgamento da ADI n. 5.624. In: SALOMÃO, Luis Felipe; CUEVA, Ricardo Villas Bôas; FRAZÃO, Ana. *Lei de Liberdade Econômica e seus impactos no direito brasileiro*. São Paulo: Thomson Reuters Brasil — Revista dos Tribunais, 2020. p. 34.

constitucionais que se contrapõem à perspectiva liberal tradicional, como os princípios da função social da propriedade (art. 170, III), de defesa do consumidor (art. 170, V), e da proteção ao meio-ambiente (art. 170, VI).

Foi possível concluir neste subitem que a livre iniciativa empresarial deve ter como suporte o investimento no capital humano, e como facilitação de enquadramento social a valorização de políticas ambiental, cultural, educacional e científica.

O valor da livre iniciativa, como fundamento da república e da ordem econômica deverá almejar, além do lucro, o progresso da sociedade.

Nesse sentido, o valor social da livre iniciativa não deve ser exclusivamente individual, de forma que os interesses econômicos devem atender preferencialmente setores tradicionalmente em desvantagem, como o de trabalhadores.

1.8. Justiça social

A par de se se incluir nesta pesquisa um tópico sobre justiça social, a análise será procedida diante da Lei de Liberdade Econômica tantas vezes mencionada, como forma de se opor princípio teórico à realidade de mercado regulada pela lei mencionada, com o fim de melhor ressaltar e se apreender o que é a justiça social.

Juristas como Ana Frazão dizem que pesquisas recentes vêm revelando que a desigualdade social remonta a níveis insuportáveis, "[...] de forma a comprometer até mesmo o crescimento econômico — mas também sobre em que medida a própria liberdade econômica não deve estar necessariamente alicerçada a critérios mínimos de justiça social"(312).

A LLE, que confunde desburocratização com desregulamentação(313), e parte do suposto de que os mercados poderiam subsistir sem o Direito e sem o Estado, "[...] foi plasmada a partir da intenção de ajustar o Brasil aos chamados índices e métricas internacionais de liberdade econômica, sem qualquer reflexão crítica sobre a idoneidade de tais índices e mesmo o seu cabimento diante das peculiaridades nacionais"(314).

A lei da liberdade econômica, que ignora o crescimento sustentável, traz de volta o liberalismo econômico, e contraria a ordem constitucional, por violar direitos e liberdades individuais, o que trará prejuízos para o empreendedorismo e para a própria ordem econômica.

---

(312) FRAZÃO, Ana. *Liberdade econômica para quem?* A necessária vinculação entre a liberdade de iniciativa e a justiça social. *Op. cit.*, 2020. p. 90.

(313) A doutrina tem outro nome para o que se convencionou denominar de desregulamentação do capital: "O que aprouve chamar de 'desregulamentação', termo ambíguo que poderia dar a entender que o capitalismo não conhece nenhum outro modo de regulação, é na realidade uma nova ordenação das atividades econômicas, das relações sociais, dos comportamentos e das subjetividades". DARDOT, Pierre; LAVAL, Christian. *Op. cit.*, 2016. p. 258.

(314) FRAZÃO, Ana. *Op. cit.*, 2020. p. 90-91.

Como faz parecer na LLE, mesmo no liberalismo econômico clássico, não havia impossibilidade de comunicação ou distinção irremissível entre liberdade de iniciativa, justiça social e democracia, como se depreende das obras de Kant e de Adam Smith.

O primeiro considera indissociável liberdade e igualdade, visando o bem social geral, sem prejuízo da liberdade de iniciativa individual; este último não era indiferente às questões sociais(315).

No liberalismo econômico do século XVIII (Estado liberal de direito, proclamado após a Revolução Francesa), a liberdade, igualdade e fraternidade sequer foram valores formais para este sistema, que apenas "acabou sendo reduzido à mera supressão das desigualdades estamentais do antigo regime, mas não à consagração das liberdades individuais para todos"(316).

De fato, o liberalismo econômico no seu auge, entre os séculos XVII e XIX, reduziu o lema do estado revolucionário apenas à liberdade e igualdade, mas tais direitos foram restringidos a homens brancos e proprietários, e houve a escravidão, e as mulheres eram excluídas da cidadania.

Mesmo quando a realidade passou a demonstrar essa falácia, o liberalismo, fugindo dos seus pressupostos éticos e morais, passou a fundamentar-se em filosofias escusas como a de John Dewey, para quem "a desigualdade econômica era uma consequência natural e justificável do livre jogo das diferenças humanas"(317).

A afirmação de John Dewey coaduna-se com o pensamento de Hayek, no sentido de que não é a escolha entre um sistema em que cada um receberia o que merece de acordo com um padrão absoluto e universal de justiça e outro sistema em que a parcela de cada um seja fixada em parte pelo acaso ou pela boa ou má sorte(318).

Segundo o economista de Viena, a escolha será dada entre um sistema em que "[...] a vontade de poucos decida a quem caberá isto ou aquilo e outro em que essa parcela dependa, pelo menos em parte, da habilidade e iniciativa dos indivíduos e, também em parte, de circunstâncias imprevisíveis"(319).

Hayek admite que possa haver redução da desigualdade de oportunidades, "[...] tanto quanto o permitem as diferenças congênitas", mas mesmo assim ainda coloca condicionantes, ou seja, desde que seja possível fazê-lo "[...] sem destruir o caráter impessoal

(315) Adam Smith preocupou-se com a questão da divisão do trabalho, que deveria ser observada, para que o trabalhador se dedicasse somente a uma tarefa específica diária: "[...] a divisão do trabalho, ao reduzir a atividade de cada homem para uma única operação simples, e ao fazer dessa operação a única ocupação em sua vida, vai necessariamente aumentar muito a aptidão desse trabalhador". SMITH, Adam. *A mão invisível*. São Paulo: Cia. das Letras: Editora Schwarcz, 2000. p. 12.

(316) FRAZÃO, Ana. *Op. cit.*, 2020. p. 93.

(317) *Idem*.

(318) HAYEK, Friedrich A. *O caminho da servidão*. Edição do Kindle: LVM Editora, 2010. p. 113.

(319) *Ibidem*, p. 113.

do processo pelo qual cada um tem de assumir os próprios riscos, e em que nenhum conceito individual sobre o que é justo e desejável prevaleça sobre os demais"(320).

Como se pode ver, o liberalismo econômico apartou-se da questão social, mais especificamente das bases ética e moral da livre iniciativa, quando o direito da liberdade individual de se opor ao Estado também foi utilizado para se opor ao social, causando descrédito no liberalismo e ineficácia e perda de importância do direito, além de uma dicotomia entre liberalismo e democracia(321).

Não existe supremacia da livre iniciativa diante dos demais princípios constitucionais. Nossa Constituição, ao contrário, não deixa dúvidas de que o empreendedorismo precisa se integrar à valorização social do trabalho e à justiça social.

Há que se cogitar, a esta altura, da justiça distributiva(322), que pressupõe igual liberdade de cidadania e igualdade de oportunidades, não a formal, equitativa, como o esforço governamental de manter habitualmente despesas sociais básicas, e garantir oportunidades iguais de educação e cultura para pessoas semelhantemente dotadas e motivadas, "[...] seja subsidiando escolas particulares seja estabelecendo um sistema de ensino público"(323).

Ainda como pressuposto da efetiva justiça distributiva as políticas governamentais não podem se descuidar de assegurar "[...] a igualdade de oportunidades nas atividades econômicas e na livre escolha de trabalho"(324), e também de garantirem

> "[...] um mínimo social, seja através de um salário-família e de subvenções especiais em casos de doença e desemprego, seja mais sistematicamente por meio de dispositivos tais como um suplemento gradual de renda (o chamado imposto de renda negativo)."(325)

Todavia, é importante considerar que também a visão distributiva de justiça é bastante insuficiente(326), visto que patologias sociais como a reificação das relações sociais

(320) *Ibidem*, p. 113.

(321) FRAZÃO, Ana. *Op. cit.*, 2020. p. 94.

(322) Supiot assente que deveria existir nas relações entre capital e trabalho, ao lado das justiças distributiva e corretiva, uma terceira forma de justiça necessária à vida da Cidade, como propõe Aristóteles, qual a 'reciprocidade proporcional', que deve ser '[...] dada proporcionalmente, e não segundo o princípio de igualdade [...]. Na verdade, a Cidade se mantém porque se dá proporcionalmente ao que se recebe". SUPIOT, Alain. *Op. cit.*, 2014. p. 67.

(323) RAWLS, John. *Uma teoria da justiça*. São Paulo: Martins Fontes, 2000. p. 303-304.

(324) *Idem*.

(325) *Idem*.

(326) Sob Honneth, o conceito de "reificação" já era considerado como uma crítica social e cultural no âmbito germanófilo, que não deixava de ser uma crítica à desigualdade das relações sociais que vigoravam na República de Weimar, como o desemprego crescente e crises econômicas: "as relações sociais deram cada vez mais a impressão de estarem submetidas a uma finalidade fria e calculadora, o amor artesão em relação às coisas foi manifestamente substituído por uma atitude de disposição meramente instrumental, e mesmo as experiências íntimas dos sujeitos deixaram

voltam a ser identificadas, pois "irradiam uma aura estética da economização" latente na vida cotidiana[(327)].

Retornando a Rawls, vemos que o conceito mais racional de justiça é o utilitarista, porque considera o que seja racional para um único homem, como a maximização de seu bem-estar e desejos racionais, e os transfere para a sociedade como um todo[(328)].

A sociedade deve pretender igualmente distribuir seus meios de satisfação, quaisquer que sejam, "[...] direitos e deveres, oportunidades e privilégios, e várias formas de riqueza"[(329)], de forma a conseguir, se possível, um grau máximo de realização de desejos racionais.

A cooperação social nessa visada representa os efeitos de se estender à sociedade a decisão escolhida para um único ser humano, e depois, "[...] fazer a extensão funcionar, juntando todas as pessoas numa só, através dos atos criativos do observador solidário e imparcial"[(330)].

Rawls afirma que "o utilitarismo não leva a sério a diferença entre as pessoas", e a metáfora que se utiliza para explicar sua assertiva é simples:

"Nessa concepção da sociedade os indivíduos isolados são vistos como um número correspondente de linhas ao longo das quais direitos e deveres devem ser atribuídos, e os parcos meios de satisfação distribuídos de acordo com certas regras, de modo a permitir o preenchimento máximo de carências"[(331)].

Nenhum dos conceitos de justiça, seja distributiva seja utilitarista foi considerado pela LLE, que não prestigia nem um nem outro, pois busca o lucro, esquecendo-se do valor social da livre iniciativa.

Predomina na LLE a ideia de que o mercado possa substituir o Estado como força regulatória da sociedade, o imperialismo econômico utilizado como poder político.

A LLE não se harmoniza com a intenção do legislador constituinte, que pretendeu a evolução do Estado liberal para o Estado social.

Centra-se este na valorização da dignidade[(332)] da pessoa humana, bem assim em razão da CF prever como objetivos fundamentais da República: a construção de uma

---

pressentir o sopro gélido da complacência calculadora". HONNETH, Axel. *Reificação* — um estudo de teoria do reconhecimento (2020-01-15T22:58:59.000). São Paulo: Editora Unesp digital: Edição do Kindle, 2018.

(327) Novas referências literárias "permitem que se observe o mundo social como se seus habitantes tratassem uns aos outros essencialmente como objetos inanimados, ou seja, sem o vestígio do sentimento interior ou da tentativa de se adotar a perspectiva do outro. HONNETH, Axel. *Op. cit.* (2020-01-15T22:58:59.000).

(328) *Ibidem*, p. 27.

(329) *Ibidem*, p. 28.

(330) *Ibidem*, p. 29.

(331) *Ibidem*, p. 29-30.

(332) Na doutrina de Kant, o ser humano (na sua dimensão natural e moral) deve se sentir compelido a reverenciar a si mesmo (dimensão moral) dentro de sua própria pessoa (dimensão natural), e dessa forma, "[...] simultaneamente, surge *exaltação* e mais elevada autoestima, o sentimento de seu valor interior (*valor*), do ponto de vista do qual ele está acima de qualquer preço (*pretium*) e possui uma dignidade inalienável (*dignitas interna*), que nele instila respeito por si mesmo (*reverentia*). KANT, Immanuel. *Metafífica dos costumes*. São Paulo: Edipro, 2020. p. 273.

sociedade livre, justa e solidária, a garantia do desenvolvimento nacional, a erradicação da pobreza e da marginalização, a redução das desigualdades sociais e regionais e a promoção do bem de todos, sem preconceitos ou outras formas de discriminação (arts. 1º e 3º).

No primeiro modelo estatal, entre liberdade e igualdade, privilegiou-se a liberdade formal de uma minoria em detrimento do outro lado da equação.

Mas em ambos os modelos de Estado, aprofundou-se a dicotomia entre liberdade e igualdade, e assim como os demais direitos e liberdades fundamentais, que ressentiram e ainda ressentem da intersubjetividade social, visando vinculação com a sociedade, já que a eficácia deles rege-se por relações verticais entre os cidadãos e o Estado.

Diga-se que a desigualdade não é uma revelação dos juristas. Além da realidade gritante das ruas, são os dados socioeconômicos que evidenciam essa realidade, como já constatou Thomas Piketty[(333)].

A despeito da desigualdade depender mais de mecanismos econômicos e sociais e não da polaridade política direita/esquerda, filosofia e política digladiam sobre a teoria constitucional.

Tratam a liberdade e igualdade pelo viés de intersubjetividade, "[...] o que permite a superação da oposição normalmente atribuída aos dois princípios, que passam a ser vistos no contexto de uma sociedade em que todos os cidadãos se veem como indivíduos livres e iguais em direitos e deveres"[(334)].

Assim, a autonomia privada tem a significação de que "cada cidadão tem o direito de realizar o seu projeto de vida desde que este não seja incompatível com o igual direito dos demais membros da sociedade"[(335)].

Ana Frazão inspira-se nas reflexões de Rawls e Dworkin, no sentido de que "[...] a autonomia não se contenta nem com a liberdade formal do Estado liberal nem com a igualdade material absoluta e inexequível do Estado social. A autonomia diz respeito essencialmente ao direito de cada um de realizar o seu próprio projeto de vida"[(336)].

A autora, que fundamenta com prioridade este tópico, detém-se com mais detalhes na autonomia individual, dizendo que esta "[...] traz em si a necessária compatibilização entre a liberdade e a igualdade a partir de um critério de justiça".

---

(333) O conflito político direita/esquerda mostra que "[...] as discordâncias quanto à forma concreta e à adequação de uma ação pública de redistribuição não se devem necessariamente a princípios antagônicos de justiça social, mas sobretudo a análises antagônicas dos mecanismos econômicos e sociais que produzem a desigualdade". PIKETTY, Thomas. *A economia da desigualdade*, (2015-01-21T22:58:59.000). Rio de Janeiro: Editora Intrínseca. Edição do Kindle. 2015.

(334) FRAZÃO, Ana. *Op. cit.*, 2020. p. 106.

(335) *Ibidem*, p. 106.

(336) *Ibidem*, p. 110.

Com efeito, pois não pode haver autonomia desgarrada de uma compensação das desigualdades, por meio de critério de justiça distributiva.

Aduz Ana Frazão que "[...] não há como se cogitar de autonomia para quem está lutando pela sobrevivência". E que "[...] abaixo de um certo nível de bem-estar material e social, e de treinamento e educação, as pessoas simplesmente não podem participar da sociedade como cidadãos, e muito menos como cidadãos iguais"(337).

Neste aspecto, Ana Frazão aduz que "[...] até a terminologia 'liberdade econômica' tem por objetivo eclipsar os demais desdobramentos da liberdade, pois é a lei do mercado que se pretende universalizar"(338).

Tratar de liberdade econômica pressupõe tratar com seriedade o problema da desigualdade, da inclusão e da distribuição equitativa de oportunidades entre os cidadãos, do contrário apenas uma parte da população se beneficia.

A LLE traz apenas a visão de mercado do governo, e este ponto de vista não pode ser tratado como uma questão técnica, "[...] enquanto todas as outras posições sejam consideradas ideológicas"(339).

O risco da exacerbação dos 'livres mercados' tende a ver na proteção ao trabalho apenas custos da produção, que devem ser diminuídos ou eliminados.

A LLE parece não considerar que regimes jurídicos de proteção ao trabalho e ao meio ambiente decorrem de princípios constitucionais tão importantes quanto a livre iniciativa, assim como a redução das desigualdades sociais e regionais e outros incisos do art. 170/CF.

Percebe-se o desprezo da LLE a tais imperativos constitucionais, apreendidos por Ana Frazão, quando afirma que os 'livres mercados' propalam que "[...] é melhor ter mais empregos com menos direitos, assim como que a proteção ambiental pode ser afrouxada para não comprometer o crescimento"(340).

Como se viu neste subitem, não há como se cogitar de justiça social, sem que haja autonomia do indivíduo, que se realiza na igualdade e na liberdade.

Os que lutam pela sobrevivência, como os trabalhadores autônomos ou informais, abaixo de um determinado nível de bem-estar material e social, sem treinamento ou educação, não podem participar da sociedade como cidadãos, e muito menos como cidadãos iguais.

---

(337) *Ibidem*, p. 110-113.

(338) FRAZÃO, Ana. *Op. cit.*, 2020. p. 97 e 99.

(339) *Ibidem*, p. 110-113.

(340) FRAZÃO, Ana. *Op. cit.*, 2020. p. 115-116.

2. Plataformas Digitais

É uma ilusão acreditar que quanto mais ativos nos tornamos, tanto mais livres seríamos [...] Há diversos tipos de atividade. A atividade que segue a estupidez da mecânica é pobre em interrupções. A máquina não pode fazer pausas. Apesar de todo o seu desempenho computacional, o computador é burro, na medida em que lhe falta a capacidade para hesitar.

Byung-Chul Han

Plataformas são uma das expressões mais visíveis das inovações tecnológicas no mundo digital. Constituem-se num modelo operacional que se tornou possível pelos efeitos de rede da digitalização[341].

Pode ser qualquer pessoa física ou jurídica que ofereça, com qualidade profissional, com ou sem contraprestação, um serviço de comunicação pública *on line* baseado em: a) classificação ou referência, por meio de algoritmo de computador, de conteúdo, bens ou serviços oferecidos ou colocados *on line* por terceiros; b) *link* de vários anunciantes com vistas à venda de um bem, à prestação de um serviço ou a troca ou compartilhamento de conteúdo, bens ou serviços[342].

Como já se disse, a presente pesquisa se limita a plataformas cujo propósito envolve a realização de um trabalho, serviço ou atividade, e que podem ser identificadas como plataformas de trabalho em massa, através de um intermediário digital e baseado na terceirização de atividades com pagamento por tarefa.

Também são conhecidas como plataformas digitais de geolocalização, como as que fornecem serviços de entrega e transporte.

Camuflam sua posição de organizadoras centrais das atividades de transporte e entrega, sob uma alegada posição de terceiro, alheias à relação entre o trabalhador e o cliente, e afirmam apenas colocá-los em contato.

---

(341) SCHWAB, Klaus. *Op. cit.*, 2019, p.68.

(342) MAZUYER, Emmanuelle. A proteção legal dos trabalhadores de plataforma digital. In: CARELLI, Rodrigo; CINGOLANI, Patrick; KESSELMAN, Donna (Eds.). *Les travailleurs des plataformes numériques* — regards interdisciplinaires. [s.l.]: Editorial Teseo/SDL, 2022. p. 22.

As plataformas se popularizaram na medida em que diminuíram uma dificuldade antiga, qual a de facilitar integração dos mercados, mais especificamente de proporcionarem o encontro do vendedor e comprador ou vice-versa.

As empresas de plataforma proliferam-se com rapidez,

> [...] oferecendo novos serviços que vão desde a lavagem de roupas até compras, de tarefas domésticas a estacionamentos, de casas para estadia ao compartilhamento de transporte de longa distância.[(343)]

Ganham a confiança dos clientes ao combinarem oferta e demanda de forma acessível e de baixo custo, e a variedade de mercadorias que disponibilizam aos consumidores concedem que ambos, consumidores e a empresa, interajam e ofereçam *feedback*.

Essa sistemática tem a vantagem ainda de favorecer uso prático de ativos subutilizados, quais o daqueles indivíduos que nunca se perceberam como potenciais fornecedores, como um lugar no carro, um quarto disponível em casa, ou de uma facilitação comercial entre um varejista e um fabricante, "[...] ou do tempo e habilidade para oferecer um serviço de entrega, de reparo doméstico ou de tarefas administrativas"[(344)].

Utilizam algoritmos preditivos e de preços que lhes permitem exercer um controle intenso sobre o trabalho fornecido, ao mesmo tempo em que aparentemente não interfere na prestação laboral.

As plataformas revolucionaram o formato do trabalho tradicional, principalmente quanto ao controle pelo empregador, que já não é exercido sob confinamento, seja dentro da fábrica,

> "[...] dentro de uma jornada fixa, dentro de uma disciplina linear, de um vínculo jurídico estável, mas, sim, de um vínculo etéreo, nas nuvens, pós-contratualista, pós-material. Emerge o contrato realidade-virtual.[(345)]

Mas há autores que combatem a mística da virtualidade, da empresa-nuvem, como Ana Carolina Paes Leme e Carelli e Oliveira, os quais mostram que a ação da *Uber* e Ifood é uma ação territorial, de construção do espaço geográfico no qual o trabalho não é virtual, mas físico, localizado, realizado por pessoas de carne e osso, com regras locais.

---

(343) SCHWAB, Klaus. *Op. cit.*, 2019. p. 9.

(344) *Ibidem*, p. 30.

(345) CHAVES JÚNIOR, José Eduardo de Resende. O Direito do Trabalho pós-material: o contrato realidade-virtual da "multidão" produtora. *Pepe Ponto Rede Blog*, 2017. Disponível em: <https://pepe-ponto-rede.blogspot.com/search?-q=o+direito+do+trabalho+pósmaterial%3A+o+contrato+realidade>. Acesso em: 24 jul. 2019.

Apesar de uma margem de autonomia dada ao trabalhador, como a escolha de horários e não exclusividade, a fixação do preço se dá por algoritmos dinâmicos, que não deixa de ser uma forma de controle da prestação[(346)].

O monitoramento da prestação se dá por análise preditiva, e o trabalhador recebe mensagens de alerta sobre mudanças nas condições de mercado, sobre a geolocalização e a existência do sistema de pontuação, e existe determinação para execução da atividade de cada trabalhador.

O cliente recebe da plataforma ampla liberdade para avaliação do trabalhador, circunstância que faz presumir o trabalho sob subordinação.

Mas não é qualquer contrato entre plataforma e o prestador que pode ser considerado contrato de emprego. Há que se averiguar se o contrato de prestação de serviço tem como objeto essencial ou predominante o trabalho[(347)].

Quando o trabalho for apenas um acessório, comparado àquele dos bens e valores transmitidos pelo intermediário da plataforma, seu prestador não pode ser considerado empregado[(348)].

As relações de trabalho nas plataformas se dão numa zona cinzenta, entre a autonomia do prestador e sua dependência econômica. Assim, em casos analisados nos tribunais, verifica-se se a atividade comercial não está sendo direcionada, gerenciada pela plataforma.

Exige-se por parte do tomador que comprove que seus prestadores tenham ampla autonomia, não somente na fixação de jornada ou exclusividade ou não da prestação, mas que a plataforma não precifique sua mão de obra, e que haja liberdade entre eles e os clientes[(349)].

Pelo modo de atuação das plataformas digitais, principalmente as de prestação de serviços ou dirigentes, percebe-se o poder delas de romper com os modelos tradicionais do empreendedorismo.

As plataformas são descontinuadoras. Já se sabe que entre as 30 maiores marcas por capitalização de mercado em 2013, 14 são empresas orientadas por plataformas[(350)].

---

(346) "Algoritmos no local de trabalho estão se tornando cada vez mais presentes, tomando decisões arbitrárias e não neutras que afetam as vidas e trajetórias de trabalho de centenas de milhares de pessoas em todo o mundo". OBSERVATÓRIO LABORAL DE LAS AMÉRICAS. Relatório especial. Trabalhadores de plataformas: condições de trabalho e desafios para os sindicatos, uma análise a partir da perspectiva das Cadeias Globais de Fornecimento. *Confederación Sindical de Trabajadores y Trabajadoras de las Américas*. Buenos Aires, 2021.

(347) DOCKÈS, Emmanuel. Os empregados das plataformas. In: CARELLI, Rodrigo de Lacerda; CAVALCANTI, Tiago Muniz; FONSECA, Vanessa Patriota da. *Op. cit.*, 2020. p. 183.

(348) *Idem*.

(349) *Idem*.

(350) SCHWAB, Klaus. *Op. cit.*, 2019. p. 68.

As empresas sob plataformas conseguem combinar múltiplas dimensões — digitais, físicas e biológicas. Com isso operam a descontinuação numa indústria inteira.

Modelos de negócio com tais combinações ilustram o grau de ruptura que ocorre no mercado de trabalho.

As plataformas vêm provocando disrupção, que é um fenômeno causado pela reorganização profunda em um determinado mercado, em que atores econômicos outrora inexistentes assumem posição predominante, enquanto antigas lideranças entram em declínio.

As tecnologias com potencial disruptivo, segundo Marcos Toledo Gonçalves "[...] abrem um campo extraordinário de acumulação de capital ao provocarem o naufrágio dos concorrentes que, a partir do estabelecimento de um novo padrão tecnológico provocam a obsolescência dos demais concorrentes.[(351)].

Referidas tecnologias consolidam formulação nova para extração do valor do trabalho, de forma que "Avanço tecnológico e otimização do processo de extração de valor são, portanto, duas de suas características importantes, conquanto não únicas"[(352)].

O efeito disruptivo também se revela pela entrada das plataformas digitais em mercados já existentes,

"[...] modificando-os talvez mais pelo descumprimento das regulações do que por uma forma revolucionária de atuar no setor, valendo-se de autorreferido vazio legislativo ou aproveitando-se de brechas cavadas a picareta nas leis, precarizando o trabalho e as profissões, esvaziando a sua regulamentação"[(353)].

Observa-se o efeito disruptivo ou descontinuador das plataformas na possibilidade de suas atividades econômicas açambarcarem grandes lucros com pequenos investimentos ou daqueles que já possuem vultosos capitais, como a empresa *Uber*.

A *Uber*, com a tecnologia apreendida e dominada, presta serviços de transporte de pessoas e mercadorias sem contratar nenhum motorista, e por isso oferece concorrência desleal aos motoristas de táxis autônomos ou às empresas que mantêm estes serviços com contratação regular de profissionais.

As plataformas digitais atuam com base na tecnologia aplicada, que é uma construção humana. Como afirmam Rodrigo Carelli e Murilo Oliveira "[...] Na base de toda tecnologia estão movimentos culturais, econômicos e sociais. Assim, ela é planejada pelos detentores do capital para um determinado fim"[(354)].

(351) GONÇALVES, Marcos Toledo. Uberização: um estudo de caso — As tecnologias disruptivas como padrão de organização do trabalho no século XXI. *Revista LTr*, n. 81, São Paulo, mar. 2017, p. 320.

(352) *Idem*.

(353) *Ibidem*, p. 67-68.

(354) CARELLI, Rodrigo de Lacerda; OLIVEIRA, Murilo Carvalho Sampaio. *Op. cit.*, 2021. p. 33.

Por extensão, as plataformas digitais, como tecnologia aplicada, estão e devem estar, submetidas ao crivo da sociedade na qual são criadas, como toda e qualquer construção social[(355)].

A emergência e a inserção de empresas proprietárias de plataformas digitais em diversas esferas da vida humana, nos últimos anos, teve aspectos positivos[(356)] como: a comodidade na solicitação de um serviço; a redução do preço dos serviços; a facilidade na contratação de uma tarefa; a expectativa de criação de postos de trabalho; a oferta de serviços de maior qualidade; o aumento da velocidade da comunicação; a diversificação das possibilidades de relacionar-se virtualmente; e a popularização dos *smartphones*[(357)].

Neste último aspecto, a compatibilidade do uso das plataformas nesses aparelhos potencializou a sua disseminação e, conjuntamente, o fascínio das pessoas[(358)].

Mas as plataformas digitais, num dos aspectos que interessa a este estudo, qual a expectativa de criação de postos de trabalho com qualidade, não se realizou.

Os domínios de circulação mais comuns nas plataformas digitais de uma forma geral são: domínio nos mercados de trocas online (p. ex., *Amazon* e *Spotify*); nas mídias sociais (*Facebook* e *Twitter*); na economia de compartilhamento (*Uber* e *Airbnb*); no *crowdsourcing*[(359)] (*Upwork* e *Amazon Mechanical Turk*)[(360)]; no *crowdfunding* (*Kickstarter*)[(361)].

---

(355) *Ibidem*, p. 33.

(356) "A inovação tecnológica foi boa para muitos consumidores, mas a desregulação não foi boa para os trabalhadores. A indústria do táxi é notoriamente mal-paga, mas o novo chefe é o mesmo que o velho chefe. A desregulação não é boa nem para os cidadãos, nem para as cidades: *Uber* e *Airbnb* erodem a arrecadação tributária local e deixam para os municípios o ônus de mais trânsito e falta de moradia. Muitos desses problemas são inerentes ao modelo de negócios guiado pelo capital de risco, que demanda escala". SLEE, Tom. *Uberização* — A nova onda do trabalho precarizado. São Paulo: Elefante Editora, 2017. p. 22.

(357) KALIL, Renan Bernardi. *Op. cit.*, 2020. p. 19.

(358) *Ibidem*, p. 19-20.

(359) "Também conhecido como *crowdwork* ou *crowdployment* é uma forma de emprego que usa uma plataforma *online* para permitir que organizações ou indivíduos acessem um grupo indefinido e desconhecido de outras organizações ou indivíduos para resolver problemas específicos ou fornecer serviços ou produtos específicos em troca de pagamento (Green e Barnes, 2013; Saxton *et alii*, 2013; Papsdorf, 2009) [...]. O emprego coletivo não é adequado para todos os tipos de tarefas ou empregos, mas é altamente provável que parte de quase qualquer trabalho possa ser realizado por meio do emprego coletivo (Kittur *et alii*, 2013) [...]Exemplos de tarefas muitas vezes encomendadas através do emprego coletivo são desenvolvimento de *software* e conteúdo da *web*, construção e limpeza de banco de dados, classificação de páginas da *web*, transcrição de documentos digitalizados e clipes de áudio, classificação e marcação de imagens, revisão de documentos, verificação de conteúdo específico em sites, validação de resultados de pesquisa e concepção de logotipos e elaboração de *slogans* para a indústria publicitária (Horton e Chilton, 2010; Felstiner, 2011)". *Apud* Relatório de Pesquisa "Novas Formas de Trabalho", realizado pela Eurofound – Fundação Europeia para a Melhoria das Condições de Vida e de Trabalho. Eurofound (2015), Novas formas de emprego, Serviço de Publicações da União Europeia, Luxemburgo, p. 107. Tradução livre.

(360) "O potencial de emprego coletivo também pode ser exemplificado pelo *Amazon Mechanical Turk*, no qual mais de 350.000 tarefas são oferecidas a qualquer momento". *Ibidem*, p. 112.

(361) Existem três principais tipos de plataformas: (i) de propaganda, como Google e Facebook, em que se extrai informações dos usuários, onde é feita uma análise, e os produtos desse processo são vendidos como espaço de anúncios; (ii) de nuvem, como AWS e *Salesforce*, que são proprietárias de *hardware* e *software* voltados para negócios

Adrian Todolí Signes apresenta a variação "*crowdsourcing* genérico", porque estas plataformas fazem uma distribuição de trabalho a uma multidão dispostas a prestar vários tipos de tarefas, não prestando um serviço específico(362).

Mas o foco desta pesquisa será nas plataforma conhecidas prosaicamente, e semelhantes no mesmo significado, como economia de compartilhamento (*sharing economy*), economia de bico (*Gig Economy*), uberização (*uberization*), ou capitalismo de plataforma (*platform capitalism*)(363).

As plataformas, sob nova forma de organização da produção e do trabalho, com enfoque na economia digital e no uso da tecnologia da informação e da comunicação(364), de dados, e da internet, vem evidenciando que quanto maior a dependência do trabalhador em face de uma empresa que usa plataformas, maior a precariedade das condições de trabalho.

Ainda que seja certa a existência de espaço para que os trabalhadores decidam alguns aspectos das atividades que desempenham, tais decisões obedecem sobretudo a regras da programação empresarial.

Não se pode ignorar a gama de variação das demandas por trabalho na era tecnológica. Estudos demonstram que haverá redução da demanda por trabalho em tarefas que podem ser padronizadas por meio de critérios de reconhecimento das ocupações assimilável por máquinas(365).

O trabalho humano continuará tendo vantagem, comparativa em face dos robôs, nas tarefas que envolvem percepção cultural, conhecimento técnico.

Os setores econômicos que mais adotam a robotização são o automotivo (39%), o eletrônico (19%), o de produtos metálicos (9%), o de plástico e o químico (9%)(366).

---

digitais, alugando-os conforme a demanda das empresas; (iii) enxutas, como *Uber* e *Airbnb*. Numerosas empresas incorporam plataformas, como as empresas poderosas de tecnologia. KALIL, Renan Bernardi. *Op. cit.*, 2020. p. 79.

(362) TODOLÍ SIGNES, Adrián. *El trabajo en la era de la economía colaborativa*. Valencia: Tirant lo blanch, 2017. p. 22.

(363) Além das denominações mencionadas para as atividades econômicas por plataformas digitais, o fenômeno é conhecido por vários outros apelidos, que variam conforme a perspectiva adotada: economia de pares [*peer economy*], economia colaborativa [*collaborative economy*], consumo colaborativo [*collaborative consumption*], economia disruptiva [*disruptive economy*], economia de acesso ao excesso [*access-to-excess economy*], economia de acesso [*access economy*], economia virtual [*virtual economy*], e capitalismo baseado na multidão [*crowd-based capitalism*]. KALIL, Renan Bernardi. *Op. cit.*, 2020. p. 68.

(364) "Pensar a comunicação em rede [...] significa não interpretar mais o conjunto de interações apenas como uma troca de mensagens, mas como o compartilhamento de um habitar comum, informativo e complexo, não mais dizível apenas como um diálogo entre humanos e meios tecnológicos". DI FELICE, Massimo. *Martin Heidegger* — a questão da técnica. Edição do Kindle: Paulus Editora, 2022. p. 42.

(365) KALIL, Renan Bernardi. *Op. cit.*, 2020. p. 57.

(366) *Ibidem*, p. 58.

Nas pesquisas de Frey, Carl Benedikt e Michael Osborne, *apud* Renan Kalil, sobre variação das demandas por trabalho na era tecnológica, os dados apresentados pelos pesquisadores citados apontam que:

> I – 47% das ocupações têm risco alto de serem automatizadas nas próximas duas décadas, nos setores de transportes(367), de logística, de manufatura, de serviços, nos escritórios e áreas administrativas, na construção civil e no comércio;
>
> II – 19% das ocupações têm risco médio de serem mecanizadas (após uma primeira onda de automação, haverá uma redução da velocidade da substituição de trabalhadores por máquinas, devido a inibidores nos gargalos da engenharia para a mecanização;
>
> II – 33% das ocupações têm risco baixo de serem automatizadas, especialmente as que demandam inteligência social (a exemplo de áreas como: negócios, finanças e gerenciamento, assim como no setor da educação, de saúde, de mídia e artístico), cujos trabalhos requerem elevado grau de inteligência criativa, como os cientistas, engenheiros e matemáticos.(368)

As avaliações mais precisas na data deste estudo mostram que em geral não há substituição de funções inteiras, mas de conjuntos de tarefas que são parte de uma função ou profissão, transformando as profissões existentes e multiplicando a eficiência individual de cada trabalhador e reduzindo a mão de obra necessária, mas também alterando as habilidades requeridas, o que coloca a questão do impacto sobre o trabalho remanescente desses profissionais.

É o caso do impacto do uso da inteligência artificial (*IA*) no trabalho do juiz, cujas funções também correm risco de serem plataformizadas, por exemplo pela possibilidade do magistrado ser demandado a julgar ou despachar um processo em qualquer lugar do país, de acordo com as oscilações regionais de demanda(369).

Há poucas convergências sobre o modelo econômico representado pelas plataformas de prestação de serviços, e prevalecem intensas divergências.

---

(367) "[...] os novos usos da *IA* nos campos digital, financeiro, de comércio e de transporte criariam um valor econômico sem precedentes, mas também causariam problemas relacionados à perda de postos de trabalho humano e outras questões. A *IA* é uma tecnologia de amplo uso que penetrará em basicamente todas as indústrias". LEE, Kai-Fu; QIUFAN, Chen. *2041* — Como a inteligência artificial vai mudar sua vida nas próximas décadas (2022-07-19T22:58:59.000). Globo Livros. Edição do Kindle, 2021.

(368) KALIL, Renan Bernardi. *Op. cit.*, 2020. p. 57.

(369) "A *IA* tem tido uma performance melhor que juízes no oferecimento de sentenças justas e consistentes e melhor que radiologistas ao diagnosticar câncer de pulmão, além de estar por trás de drones que mudarão o futuro das entregas, da agricultura e da guerra. Por fim, a *IA* está proporcionando veículos autônomos, que dirigem com mais segurança que humanos nas estradas". LEE, Kai-Fu; QIUFAN, Chen. *Op. cit.* (2022-07-19T22:58:59.000), 2021.

O que se mostra convergente entre as pesquisas sociológicas e jurídicas "[...] é que essas atividades econômicas produzem efeitos contundentes sobre as estruturas de negócios e de empregos, assim como não se trata de um fenômeno efêmero"[(370)].

Nas palavras de Tom Slee, *apud* Renan Kalil, as atividades econômicas por plataformas digitais não deixam de ser "[...] um movimento pela desregulação. Não se trata de construir uma alternativa para as economias de mercado conduzidas pelas empresas; trata-se de estender os mercados livres desregulados em novas áreas de nossas vidas"[(371)].

Para os trabalhadores, o novo modelo transmite a ideia de que as atividades disponíveis são de curto prazo e intermitentes. Percebe-se a assimetria entre o poder social da máquina em face dos indivíduos separados e divididos. É a maior expressão da terceirização no século XXI, em que se busca afastar a configuração da relação de emprego[(372)].

Em razão dessas evidências, já se disse que o capitalismo no século XXI tem como uma das principais matérias-primas os dados, ou que os capitalistas são os proprietários das plataformas e não há necessariamente a produção de um bem físico[(373)].

Interessante observar que na demanda por meio de aplicativos sobressai uma relação de trabalho triangular em tarefas de curta duração.

De fato, tem-se a plataforma, que viabiliza a combinação entre oferta e demanda de mão de obra; o *software*, por meio do qual e ao qual o tomador de serviços apresenta demandas; e os trabalhadores, que acessam a plataforma (a infraestrutura digital que coordena e organiza a atividade econômica desenvolvida pela empresa)[(374)].

As atividades dos trabalhadores que usam as plataformas digitais para se manterem no mercado de trabalho peculiarizam-se:

> (I) pela existência de uma certa autonomia para determinação da carga horária e da jornada de trabalho;
>
> (II) por uma relação direta entre dependência econômica e precariedade jurídica (insegurança, incerteza, assunção de riscos, imprevisibilidade, falta de confiança e descontinuidade), que ocorrem em um contexto de aumento das taxas de desemprego e de expansão dos contratos temporários, de tempo parcial e intermitente[(375)].
>
> (III) pelo gerenciamento da força de trabalho pelo algoritmo, mas com intensidades variáveis de coordenação e controle em cada plataforma;

---

(370) ALONI, Erez, *apud* KALIL, Renan Bernardi. *Op. cit.*, 2020. p. 110.

(371) KALIL, Renan Bernardi. *Op. cit.*, 2020. p. 74.

(372) *Ibidem*, p. 75.

(373) *Ibidem*, p. 78.

(374) *Ibidem*, p. 100.

(375) CHERRY, Miriam *apud* KALIL, Renan Bernardi. *Op. cit.*, 2020. p. 107.

(IV) por uma acentuada desigualdade econômica entre trabalhadores, plataformas e tomadores de serviços.

(V) pela invisibilidade dos trabalhadores.[(376)]

Nas plataformas digitais que recrutam trabalho humano não está extinta a contradição entre capital e trabalho. Mas a oposição entre essas duas forças se desloca com mais evidência para formas não estritamente econômicas, de forma a acentuar a exclusão e a dominação pelo capital.

A observação de Muniz Sodré complementa o raciocínio do parágrafo anterior, quando afirma que

> [...] a luta histórica pela reapropriação da mais-valia converte-se hoje em luta pela historicidade do trabalho humano, uma vez que a forma-emprego perde durabilidade como modo primordial de socialização ou como fonte histórica de dignidade, ao mesmo tempo em que se desenham claras perspectivas, para o presente imediato e para décadas futuras próximas, de substituição maciça de mão de obra viva por robôs.[(377)]

Colaciona-se da doutrina de Klaus Schwab que "Em seus mercados, nenhuma empresa detém os ativos: um motorista do carro é o dono do carro e o disponibiliza; o proprietário de um imóvel disponibiliza um quarto de sua casa"[(378)].

Nos dois exemplos percebe-se a vantagem competitiva, através da redução de custos da transação e de outros sacrifícios como acréscimo de investimento. A partir da confiança que a plataforma transmite, cresce no provedor digital a disponibilização de outros produtos e serviços[(379)].

Os autores formam consenso no sentido de que as plataformas digitais de serviços precarizam o trabalho.

Por todos, Ricardo Antunes, para quem "Ao contrário da equivocada 'previsão' do fim do trabalho, da classe trabalhadora e da vigência da teoria do valor, o que de fato temos é uma ampliação do trabalho precário [...]"[(380)].

Para Antunes, a precarização atinge desde trabalhadores da indústria de *software* até os de *call center*, *telemarketing* (infoproletariado ou cibertariado), até os dos setores industriais, da agroindústria, dos bancos, do comércio, do *fast food*, do turismo e hotelaria

(376) KALIL, Renan Bernardi. *Op. cit.*, 2020. p. 23.

(377) SODRÉ, Muniz. *Op. cit.*, 2021. p. 24.

(378) SCHWAB, Klaus. *Op. cit.*, 2019. p.72.

(379) *Ibidem*, p. 72.

(380) ANTUNES, Ricardo. *Op. cit.*, p. 348.

e outros, e o aviltamento das condições de trabalho não poupa também os trabalhadores imigrantes presentes em todas as partes do mundo[(381)].

Seria quase impossível hoje, observa Antunes, "[...] encontrarmos qualquer trabalho que não tenha alguma forma de dependência do aparelho de celular"[(382)].

Os trabalhadores das plataformas digitais são aqueles pegos de surpresa pela volatização das empresas, cujos donos não veem, mas dos quais recebem ordens e a eles se vinculam e se submetem, através das tecnologias.

Estão nas ruas, no carro, nas motos e bicicletas, e a despeito de não cumprirem jornadas fixas e não se deterem em locais certos, perambulam pela cidade, sem tempo certo de parar, e face à concorrência entre eles, não descansam porque a contraprestação percebida é aviltante.

São os trabalhadores dos aplicativos dos serviços de *delivery*, de motoristas, enfim, daqueles que tem nessas atividades sua única fonte de renda ou daqueles que a complementam, fazendo "bicos".

2.1. Regulamentação do trabalho nas plataformas digitais

No que diz respeito ao papel da lei na proteção do trabalho humano nas plataformas, as tradicionais, de entrega e transportes, como a *Uber*, *Take Eat Easy* e a *Deliveroo*, os trabalhadores destas têm direito à proteção legal.

Tais empresas trabalham com estratégias de exploração das áreas cinzentas entre emprego assalariado e trabalho independente.

Empresas como a *Deliveroo*, por exemplo, não são simplesmente *startups* tecnológcias, mas sim empresas, '[...] o que significa que elas dependem da disponibilidade e abundância de trabalho barato e de um ambiente regulatório permissivo'[(383)].

Enquanto há uma gama de diferentes variedades de plataformas,

> [...] as de entrega são do tipo de trabalho 'geograficamente aderente' (*geographically sticky*), que requer que os trabalhadores estejam em um local particular para completar o trabalho. [...] A maneira fundamental com que plataformas como a *Deliveroo* procuraram gerenciar o trabalho é por meio do uso de algoritmos. Estes envolvem 'conjuntos definidos de passos

(381) *Ibidem*, p. 350.

(382) *Ibidem*, p. 350.

(383) WOODCOCK, Jamie. O panóptico algorítmico da Deliveroo: mensuração, precariedade e a ilusão do controle. Edição do Kindle. *In* ANTUNES, Ricardo (Org.). *Uberização, trabalho digital e indústria 4.0*. São Paulo: Boitempo. 2020. Posições 579, 585 e 590.

estruturados para processar instruções/dados visando produzir resultados', automatizando, com frequência, formas anteriores de fazer as coisas.[(384)]

Por outro lado, distinguível das do tipo de trabalho 'geograficamente aderente, são as formas de trabalho 'de nuvem', em que os trabalhadores podem completar, de qualquer lugar, com um computador e uma conexão à internet, tanto tarefas curtas, como as de *crowdwork*, como as longas tarefas das atividades *freelance*[(385)].

Para essa categoria haveria necessidade de alguma proteção normativa mínima[(386)].

A União Europeia também se preocupa com os direitos mínimos aplicáveis a todos os trabalhadores do bloco que tenham um contrato de trabalho ou outra relação de trabalho definidos na legislação, nas convenções coletivas ou nas práticas vigentes em cada estado--membro, tendo em conta a jurisprudência do Tribunal de Justiça (art. 1º, 2, da Diretiva (UE) 2019/1152, de junho de 2019).

Sua legislação tem abordado novas questões que podem levar a desenvolvimentos normativos para o trabalho reconhecido como contrato atípico de trabalho ou outra relação de trabalho.

Mas os estados-membros podem não aplicar a Diretiva mencionada, sobre condições de trabalho, àqueles que trabalham em média menos de 3 horas por semana, durante um período de referência de 4 semanas consecutivas; não se aplica também a uma relação de trabalho em que não é determinado qualquer volume garantido de trabalho remunerado antes do início da atividade.

A Diretiva também não se aplica a qualquer trabalhador, como os agregados familiares, deixando aos Estados-membros autonomia na definição de "trabalhador empregado".

O Relatório OIT, intitulado "As plataformas digitais e o futuro do trabalho — promover o trabalho digno no mundo digital"[(387)], revelou as deficiências mais óbvias no trabalho em microtarefas, que operam em 5 plataformas, e que oferecem microtrabalho em setenta e cinco países em todo o mundo[(388)].

Foram entrevistados 3.500 pessoas em 75 países. Para 32% dos trabalhadores o microtrabalho é a principal fonte de renda (59% da renda total do lar); 36% trabalham regularmente sete dias por semana, 43% trabalham à noite, e 68% trabalham das 18h00 às 22h por necessidades da tarefa ou porque têm outras obrigações[(389)].

---

(384) WOODCOCK, Jamie. *Op. cit.* In: ANTUNES, Ricardo (Org.). 2020. Posições 579, 585 e 590.

(385) *Idem.*

(386) Observatório laboral de las américas. *Op. cit.*, 2021.

(387) Disponível em: <https://www.ilo.org/wcmsp5/groups/public/---americas/---ro-lima/---ilo-brasilia/documents/publication/wcms_759851.pdf>. Acesso em: 15 jun. 2022.

(388) Informações encontradas no prefácio do relatório da OIT, disponível no sítio da nota acima.

(389) Disponível em: <https://www.ilo.org/wcmsp5/groups/public/---americas/---ro-lima/---ilo-brasilia/documents/publication/wcms_759851.pdf>. Acessado em: 15 jun. 2022.

A proteção social é inversamente proporcional ao grau de dependência do indivíduo do microtrabalho: trabalhadores que são essencialmente dependentes do microtrabalho são mais propensos a não serem protegidos.

Apenas 16% daqueles para os quais o microtrabalho é a principal fonte de renda são filiados a um esquema de pensão, e 44% tiveram a maior parte da renda vindo de outra fonte. 90% desses trabalhadores que responderam tiveram em algum momento seu pagamento invalidado ou recusado. Somente 12% consideram que as decisões foram justificadas(390).

O trabalho móvel sob plataformas digitais ou fundado em tecnologia da informação e comunicação oferece alguma flexibilidade, sensação de autonomia, mas causa intensificação do trabalho, aumento dos níveis de estresse e do tempo de trabalho e esmaece as fronteiras entre trabalho e vida privada.

Também tem o inconveniente do tomador terceirizar para os trabalhadores responsabilidades tradicionais do empregador, como proteção à saúde e segurança.

Há quem preveja expressiva redução de postos de trabalho com o incremento do capitalismo de plataformas, sem que necessariamente ocorra a criação de novos empregos formais (haveria um "Armageddon político e social, com desemprego em massa)"(391).

Mas também há os que pensem que Klaus Schwab estaria fazendo uma superlativação sobre os efeitos que as novas tecnologias terão no mercado de trabalho.

Ainda que se trabalhe com certa imprecisão da quantidade de postos de trabalho a serem criados, um final feliz estaria por vir, pois todos os trabalhadores desempregados pela tecnologia encontrariam uma nova ocupação, principalmente pela alternativa do trabalhador de se tornar um empreendedor.

Mas para o sociólogo Ricardo Antunes, esse final feliz é uma ficção. Para ele, "[...] o empreendedorismo é um 'mito', que se fortalece em meio ao alto desemprego, ao enfraquecimento das políticas sociais do Estado e às novas tecnologias"(392).

Destaca o sociólogo que tratar como empreendedorismo o trabalhador submetido às plataformas seria utilizar formas mistificadoras para eliminar o desemprego em uma sociedade que já demonstrou sua incapacidade de preservar trabalho digno com direitos.

---

(390) Disponível em: <https://www.ilo.org/wcmsp5/groups/public/---americas/---ro-lima/---ilo-brasilia/documents/publication/wcms_759851.pdf>. Acesso em: 15 jun. 2022.

(391) SCHWAB, Klaus *apud* KALIL, Renan Bernardi. *Op. cit.*, p. 53.

(392) ANTUNES, Ricardo. O professor aduz ainda que "[...] essa alternativa de converter os trabalhadores e trabalhadoras de aplicativos em um MEI é como legalizar a burla. Isso porque os motoristas dessas plataformas, utilizando automóveis, motos ou bicicletas, não são trabalhadores autônomos. Eles não definem o preço da corrida, não controlam os algoritmos que os comandam, e são avaliados a cada corrida que fazem, podendo, inclusive, ser descredenciados se não tiverem notas altas em suas avaliações". Extraído do sítio: <https://economia.uol.com.br/empregos-e-carreiras/noticias/redacao/2019/09/14/entrevista-sociologo-ricardo-antunes-trabalho-emprego-empreendedorismo.htmL.

Sublinha que "[...] como essas novas modalidades de trabalho são deprimentes, a mistificação torna-se o remédio que só fará alimentar a doença[(393)].

A partir das averiguações do sociólogo citado, surge a teoria de se dar eficácia à legislação trabalhista vigente.

De fato, tem-se observado, como assinala Mannrich, a "pronta reação do Direito do Trabalho em face da empresa em rede"[(394)], visando a que também os trabalhadores atinjam finalidades auspiciosas no âmbito do trabalho sob demanda.

E tal finalidade seria alcançada conferindo-se, entre outras alternativas, como inovações legais, eficácia ao direito do trabalho em vigor, conquanto não se poderá

"[...] desconstituir a nova morfologia empresarial, mas 'estabelecer uma cadeia de responsabilidade solidária entre todos os sujeitos que organizam ou coorganizam o trabalho subordinado'"[(395)], e neste caso, a subordinação estrutural[(396)] se impõe, ainda que seu conceito provoque controvérsia.

Ainda que não se caminhe para se fazer valer as atuais disposições do direito do trabalho, haveria necessidade de se antecipar a futuras demandas e tendências do mercado de trabalho, especialmente relacionadas a conhecimentos e habilidades, para que os trabalhadores tenham condições de se adaptarem e encontrarem ocupações.

Para a adequação dos trabalhadores a essa nova realidade, os estudiosos sugerem a reforma dos currículos escolares, a capacitação dos professores e a disseminação do ensino profissionalizante.

A não ser assim, os trabalhadores continuariam em postos de trabalho precário. Configurar-se-ia o 'chão social', como acentua Ricardo Antunes: "Em uma sociedade na qual o desemprego, o subemprego e a precarização são imensos, há um chão social que permite que o empreendedorismo ganhe força"[(397)].

Quanto a ter fim os empregos, seria incontestável que inúmeros podem ser suprimidos, como já estaria ocorrendo, mas muitos acreditam que outros viriam.

---

(393) *Op. cit.*

(394) MANNRICH, Nelson. *Op. cit.*, p. 1.290.

(395) MANNRICH, Nelson. *Op. cit.*, p. 1.290. Na passagem referida, MANNRICH cita Juan Raso Delgue.

(396) Vilhena define a subordinação estrutural, que é o poder diretivo revelado "[...] pela natureza objetiva do vínculo, através do qual o empregador conta de modo permanente e até virtualmente com a atividade-trabalho daquela pessoa que participa da atividade da empresa [...]. VILHENA, Paulo Emílio de Ribeiro. *Relação de Emprego* — Estrutura legal e supostos. 3. ed. São Paulo: LTr, 2005. p. 259.

(397) E complementa o sociólogo: "Nós sempre recusamos a ideia de que a classe trabalhadora está desaparecendo. Há um processo muito profundo de mutações, claro, desaparecimento de vários ramos e setores. Mas há, ao mesmo tempo, uma expansão trágica de um mosaico de trabalhos: os intermitentes, os flexíveis, os temporários, os informais, que hoje se expandem nos serviços. Extraído do sítio: <https://economia.uol.com.br/empregos-e-carreiras/noticias/redacao/2019/09/14/entrevista-sociologo-ricardo-antunes-trabalho-emprego-empreendedorismo.htm>.

Como profetiza Mannrich, provavelmente "[...] poderá ocorrer incremento do trabalho autônomo propriamente dito ou mesmo do chamado trabalho parassubordinado ou trabalho autônomo dependente [...]"(398).

Mas a perspectiva dos especialistas é a de que o trabalho subordinado sempre existirá, "[...] embora com contornos diferentes e com outras formas de controle"(399).

Carelli acredita que a regulação do trabalho sob demanda por meio de aplicativos faz-se fundamental para que o trabalho não seja transformado em mercadoria(400), principalmente para que as empresas proprietárias de plataformas passem a operar dentro dos parâmetros do modo de produção capitalista(401).

Não se justifica um tratamento diferenciado, até porque, nas palavras de Kalil "Os motivos que ensejaram o surgimento do Direito do Trabalho remanescem no capitalismo de plataforma"(402).

Mas como regulamentar?

Preconiza-se que a regulamentação deverá ser feita no âmbito do Direito do Trabalho, tendo em vista ser o instrumento de justiça social que permite a distribuição de renda e a promoção do bem-estar entre as pessoas em um contexto no qual a participação na vida econômica ocorre a partir do trabalho.

Na visão de Maurício Godinho Delgado, "O Direito do Trabalho se tornou ao longo do tempo o mecanismo de inserção socioeconômica do ser humano no capitalismo"(403).

Para alguns autores como Hugo Fernández Brignoni, o Direito do trabalho não perderá sua essência, e não deverá haver alterações de seu paradigma(404) (do contrário

---

(398) MANNRICH, Nelson. *Op. cit.*, p, 1.298.

(399) MANNRICH, Nelson. *Op. cit.*, p, 1298.

(400) No supermercado podemos descobrir os valores de troca, mas não podemos ver ou medir diretamente o trabalho humano incorporado nas mercadorias. Na produção de valor, segundo Marx, citato por David Harvey, há que se investigar o tipo de trabalho humano envolvido nessa produção de valor, de forma que o valor é "trabalho humano abstrato [...] objetivado [...] ou materializado" na mercadoria. Harvey pergunta como esse valor pode ser medido, para responder em seguida: "Em primeiro lugar, isso claramente nos remete ao tempo de trabalho. Contudo, como observei ao estabelecer a diferença entre trabalho concreto e abstrato, ele não pode ser o tempo de trabalho efetivamente despendido na produção, pois, desse modo, 'quanto mais preguiçoso ou inábil for um homem, tanto maior o valor de sua mercadoria'". Por isso, não é o dispêndio individual da força humana, pois o trabalho que constitui a substância dos valores é trabalho humano igual, dispêndio da mesma força de trabalho humana. Voltando a Harvey, é dizer: "[...] é preciso olhar para 'a força de trabalho conjunta da sociedade, que se apresenta nos valores do mundo das mercadorias'. [...] A medida do valor é derivada desse mundo inteiro de trabalho humano". HARVEY, David. *Para entender O Capital* — livro 1, p. 34.35. Edição do Kindle. São Paulo: Boitempo, 2013.

(401) "[...] as empresas concorrentes em determinado mercado devem competir com as mesmas obrigações em relação aos outros empregadores. Caso não haja a imposição de patamar obrigatório mínimo, nenhuma empresa poderá entregá-lo a seus trabalhadores, pois estará em vantagem competitiva [...] Como afirma a Constituição da Organização Internacional do Trabalho, 'a não adoção por qualquer nação de um regime de trabalho realmente humano cria obstáculos aos esforços das outras nações desejosas de melhorar a sorte dos trabalhadores nos seus próprios territórios', o que ameaça a paz mundial". CARELLI, Rodrigo de Lacerda. *Op. cit.*, 2017. p. 144.

(402) KALIL, Renan Bernardi. *Op. cit.*, p. 177.

(403) DELGADO, Mauricio Godinho. Curso de direito do trabalho. 18. ed. São Paulo: LTr, 2019. p. 94.

(404) Renata Orsi Bulgueroni afirma em nota de rodapé de sua dissertação de mestrado que: "Segundo Christóvão Piragibe Tostes Malta, o direito do trabalho já preencheu sua missão histórica, e tende a sofrer modificações radicais

haveria de se aceitar mudança nas condições de validade das leis e das garantias constitucionais), de sua estrutura (as normas trabalhistas heterônomas e autônomas oferecem um quadro moderno, dinâmico, democrático e participativo) ou funcionamento (haverá de evoluir para proteger o trabalhador em face das inovações tecnológicas)[(405)].

Arrematando este tópico, vale revisar a preocupação de Klaus Schwab:

> Muitos avanços tecnológicos existentes hoje não recebem considerações apropriadas nos quadros regulamentares atuais e isso poderá, até mesmo, interromper o contrato social[(406)] estabelecido pelos governos com seus cidadãos.[(407)]

De fato, diante das alterações profundas propiciadas pelas tecnologias digitais e a infraestrutura de comunicação global, "[...] os conceitos tradicionais de trabalho e remuneração possibilitaram o surgimento de novos tipos de empregos extremamente flexíveis e inerentemente transitórios (economia sob demanda)"[(408)].

Conforme se viu neste subitem, amparando-se em Ricardo Antunes, o empreendedorismo é um 'mito', que se fortalece em meio ao alto desemprego.

As novas modalidade de trabalho são deprimentes, a mistificação torna-se o remédio que só fará alimentar a doença.

Há a necessidade de se dar eficácia à legislação trabalhista vigente, porquanto, como assinala Mannrich, há que se conferir pronta reação do Direito do Trabalho em face da empresa em rede, para que os trabalhadores atinjam finalidades auspiciosas no âmbito do trabalho sob demanda.

Afinal, como acentua Maurício Godinho Delgado, o Direito do Trabalho sempre foi o meio de inserção socieconômica do ser humano no capitalismo e, segundo Antunes, o capital não se reproduz sem alguma forma de trabalho humano, posto que as máquinas não criam valor, mas o potencializam.

2.2. *Gig Economy*. Trabalhadores e organização sindical

É conflituosa a classificação dos trabalhadores da *Gig Economy*. Há uma dualidade entre flexibilidade e necessidade de proteção social que levam os estudiosos a investigarem

---

por várias razões, até o momento em que 'o que hoje se tem como fraude, merecerá o mesmo aplauso do judiciário' (Malta, Christóvão Piragibe Tostes. Representante comercial empregado..., p. 59)". *Apud* BULGUERONI, Renata Orsi. *Trabalho autônomo dependente:* experiências italiana e espanhola e a realidade brasileira. Dissertação (mestrado) – Mestrado em Direito do Trabalho e Seguridade Social, Faculdade de Direito da Universidade de São Paulo, São Paulo, 2011.

(405) KALIL, Renan Bernardi. *Op. cit.*, 2020. p. 177.

(406) O Contrato Social, como sublinha Maffesoli, "[...] nunca será demais lembrar, é causa e efeito de um *estar junto* puramente racional". MAFFESOLI, Michel. *Saturação*. São Paulo: Iluminuras, 2010. p. 80.

(407) SCHWAB, Klaus. *Op. cit.*, 2019. p. 80.

(408) SCHWAB, Klaus. *Op. cit.*, 2019. p. 82.

qual seria o *status* jurídico desses trabalhadores. A figura de trabalhadores de uma "terceira categoria" é defendida por alguns autores.

Os trabalhadores ditos independentes barganham a supressão da proteção social pela vantagem da maior autonomia e flexibilidade da relação que as empresas da *gig* oferecem.

Mas há um consenso entre pesquisadores dos Estados Unidos sobre a existência do controle algorítmico que as empresas do trabalho do bico exercem sobre os trabalhadores, levando à conclusão de que a atribuição de contratados independentes a esses trabalhadores caracteriza uma classificação incorreta do *status* jurídico(409).

A classificação correta destes trabalhadores passou a ser orientada por uma lei editada no estado americano da Califórnia. Trata-se da *Assembly Bill n. 5*, ou *AB5*, aprovada nas duas casas legislativas e sancionada em 2019 pelo Governador do Estado, Gavin Newsom, que ao assinar a lei ressaltou que "[...] queria ver um caminho para a sindicalização dos trabalhadores"(410).

A nível estadual nos EUA seria a primeira lei a tratar da "[...] regulação laboral de trabalhadores de plataformas, redefinindo o teste legal para as proteções da lei trabalhista estadual"(411).

O teste mencionado na citação supra refere-se a um teste anterior para se checar diferenças entre trabalhadores autônomos e subordinados, e que passou a se chamar de ABC, previsto na seção 2, da *AB5*, e classifica os trabalhadores como empregados, exceto se:

> A – A pessoa está livre do controle e da direção da entidade contratante em conexão com a execução da obra, tanto no contrato quanto para a execução da obra e de fato.
>
> B – A pessoa realiza um trabalho fora do curso normal dos negócios da entidade contratante.
>
> C – A pessoa está habitualmente envolvida em um comércio, ocupação ou negócio estabelecido de forma independente, da mesma natureza que a envolvida no trabalho realizado.

---

(409) DUBAL, Veena B. AB5 para democracia: segurança econômica e a regulação do trabalho do bico na Califórnia. In: CARELLI, Rodrigo de Lacerda; CAVALCANTI, Tiago Muniz; FONSECA, Vanessa Patriota da. *Op. cit.*, 2020. p. 375.

(410) DUBAL, Veena B. *Op. cit.*, 2020. p. 382.

(411) MENEZES, Bianca Caroline Bento; RIBEIRO, Breno Lucas de Carvalho; CARNEIRO, Bruna Salles. Assembly bill n. 5 e classificação dos empregados na Califórnia: um caminho para a proteção social trabalhista. In: ORSINI, Adriana Goulart de Sena; CHAVES JUNIOR, José Eduardo de Resende; MENEGHINI, Nancy Bikdal (Coords.). *Trabalhadores plataformizados e o acesso à Justiça pela via dos Direitos:* regulações e lutas em países das Américas, Europa e Ásia voltadas ao reconhecimento, distribuição e representação. Belo Horizonte: Editora Expert, 2021. p. 64.

A partir da lei AB5 possibilita-se a presunção da condição de empregado sob a lei do Estado da Califórnia, e que apresenta o teste de forma rígida e articulada, como aludido, a partir do qual "[...] as entidades contratantes devem cumprir se desejarem contratar trabalhadores como não empregados"[(412)].

Sobre a alínea "A" do teste, percebe-se ali que a lei exige que a independência jurídica e funcional do prestador se apresente tanto no nível contratual como no material, e se torna "[...] inevitável não mencionar o princípio da primazia da realidade sobre a forma ou princípio do contrato realidade, vigente no ordenamento brasileiro"[(413)].

Já o segundo requisito (B), diz respeito à natureza dos serviços prestados pelo trabalhador, os quais não devem coincidir com a atividade do contratante. É dizer: o trabalhador, para não ser considerado empregado, deve ser reconhecido em sua individualidade, com seu próprio selo, e não inserido na marca de uma empresa, submetido às instruções e alvedrio desta[(414)].

Quanto ao terceiro critério (C), o requisito para que o prestador não seja considerado empregado há que existir "[...] uma estrutura empresarial anterior à prestação de serviço junto à empresa tomadora", não se fazendo despiciendo mencionar que é do tomador de serviços o ônus de desconstituir a presunção de que o prestador sempre será empregado[(415)].

A lei AB5 preocupou-se em restaurar direitos básicos violados dos trabalhadores classificados de forma incorreta como autônomos, como salário mínimo, seguro desemprego, licença médica e familiar. Declara que a presunção de que o prestador seja sempre contratado como empregado visa interromper a erosão da classe média e conter o aumento da desigualdade de renda[(416)].

A vitória dos trabalhadores da *Gig Economy*, com a aprovação e sanção da lei AB5, deve-se mais ao esforço dos próprios trabalhadores do que das entidades sindicais.

Foi o que constatou Veena Dubal, quando afirma que "Cansados de depender de atores estatais e sindicatos para lutar por eles, vários motoristas frustrados começaram a se organizar"[(417)].

Consta do Relato de Dubal que motoristas de Los Angeles fundaram a RDU (*ride--share drivers United*), em 2018, e realizaram objetivos que parecia possível apenas para sindicato organizado, diante da condição de trabalhadores atomizados e dispersos[(418)].

(412) DUBAL, Veena B. *Op. cit.*, 2020. p. 375.

(413) MENEZES, Bianca Caroline Bento *et alii. Op. cit.*, 2021. p. 71.

(414) *Ibidem*, p. 72.

(415) *Idem.*

(416) *Ibidem*, p. 78.

(417) DUBAL, Veena B. *Op. cit.*, 2020. p. 381.

(418) *Idem.*

Membros da RDU atuaram diretamente na construção de relações, como reuniões semanais com outros trabalhadores. Juntos, combinaram ações para pressionar interlocutores estatais, e até organizaram uma greve global sem precedentes contra *Uber* e *Lyft*, em 8 de maio de 2019[(419)].

Em pequeno intervalo temporal, e sem financiamento, a *RDU* passou a contar com mais de 5 mil trabalhadores, e contagiou grupos afiliados de base em San Diego e São Francisco[(420)].

Outros grupos patrocinados por sindicatos e centrais de trabalhadores aderiram à *RDU*, e todos endossaram prontamente o projeto de lei da AB5, e não mediram esforços para que fosse aprovada[(421)].

A *Uber* e a *Lyft* ofereceram proposta de acordo, mas os trabalhadores a recusaram, por insatisfatória. As empresas propunham um piso salarial, e este não contemplava o tempo de espera do motorista. Não fosse isso, a proposta ainda se situava abaixo da garantia do salário-mínimo estadual, também não considerava as horas extras, seguro de desemprego e indenização adequada aos trabalhadores[(422)]

Ademais, a proposta empresarial exigia que os trabalhadores, para terem acesso aos direitos básicos que as companhias aceitavam transigir, os permutassem por uma associação de trabalhadores autônomos, fundada pelas empresas, exigência que alarmou os trabalhadores, já que sabiam que nos EUA, "[...] tal associação de trabalhadores influenciada pela empresa seria ilegal sob o *National Labor Relations Act*, se os motoristas fossem considerados empregados"[(423)].

Ainda sobre o triunfo dos trabalhadores da economia do bico, representado pela lei AB5, embora não tenha havido para essa conquista concurso de entes sindicais organizados, a *International Transport Workers Federation* (ITF), federação sindical global que agrega 665 sindicatos de trabalhadores em transporte, e que representa mais de 18 milhões de trabalhadores em 147 países, declarou, em seu site oficial (2019), que a AB5 se constitui numa inspiração para outras normas regulatórias sobre o trabalho em plataformas e que leis que a ela se assemelham podem "'[...] revolucionar a vida profissional de milhões de trabalhadores do transporte, desafiando o modelo de negócios que depende da exploração e de condições de trabalho terríveis' (*INTERNATIONAL TRANSPORT WORKERS FEDERATION*, 2019)"[(424)].

(419) *Ibidem*, p. 381.

(420) *Idem*.

(421) *Idem*.

(422) *Idem*.

(423) *Ibidem*, p. 381-382.

(424) MENEZES, Bianca Caroline Bento *et alii*. *Op. cit.*, 2021. p. 75.

Mas os segmentos empresariais no ramo da economia do bico não estão cumprindo a lei AB5, seja por terem encontrado brechas em atos regulatórios mais recentes (decisão federal do 9º Circuito, que reconhece lei que favorece a negociação coletiva, no caso Câmara de Comércio *v.* Cidade de Seattle – 890 F. 3d 769)[(425)], seja ao argumento de que são meras plataformas intermediárias entre quem procura e quem oferta um serviço, bem assim pelo fato da flexibilidade na prestação, como a liberdade de escolha quanto ao horário de trabalho e por poderem recusar ofertas[(426)].

Empresas de plataforma como *Uber*, *Lyft*, *DoorDash*, *Postmates* e *Instacart* arregimentaram 110 milhões de dólares "[...] para apoiar um projeto na Califórnia de uma lei que contorna a legislatura (AB5), indo diretamente ao eleitorado da Califórnia para uma decisão direta"[(427)].

Tornou-se consenso entre os defensores da indispensabilidade da aplicação dos direitos sociais ao *modus operandi* das plataformas digitais *Gig Economy*, sob pena da inexistência do confronto se consolidar a "[...] ampliação exponencial da informalidade no mundo digital, a expansão dos trabalhos 'autônomos', dos 'empreendedorismos', etc. [...]"[(428)].

Também é consenso a caracterização com mais intensidade da forma dissimulada de assalariamento do trabalho, que nada mais é do que o véu ideológico para se continuar a exploração dos trabalhadores sob a ilusão da autonomia e do empreendedorismo[(429)].

O confronto entre essas forças será inevitável mundo afora, e propugna-se que seja feito nos moldes dos trabalhadores americanos, destinatários da AB5.

Assim é que Ricardo Antunes propõe a resistência, como vem ocorrendo em outros países, como Itália e Portugal.

Segundo Antunes, em Milão já existe como representação autônoma o movimento San Precario, que luta pelas conquistas dos direitos do precariado, incluindo os imigrantes.

Cita ainda o *Clash City Workers*, da juventude precarizada e desprovida de direitos. Este último movimento, nascido em 2009, se intitula como um coletivo de trabalhadores

(425) DUBAL, Veena B. *Op. cit.*, 2020. p. 382.

(426) MENEZES, Bianca Caroline Bento *et alii*. *Op. cit.*, 2021. p. 69.

(427) DUBAL, Veena B. *Op. cit.*, 2020. p. 382.

(428) ANTUNES, Ricardo. Trabalho digital, "indústria 4.0" e uberização do trabalho. In: CARELLI, Rodrigo de Lacerda; CAVALCANTI, Tiago Muniz; FONSECA, Vanessa Patriota da. *Op. cit.*, 2020. p. 352.

(429) "[...] ao tentar sobreviver, o 'empreendedor' se imagina como proprietário de si mesmo, um quase-burguês, mas que frequentemente se converte em um proletário de si próprio, que autoexplora seu trabalho". ANTUNES, Ricardo. *Op. cit.*, p. 352.

desocupados, mais conhecidos como "jovens precários" ou "trabalhadores da cidade em luta", e atuam em Nápoles, Roma, Florença, Pádua, Milão e Bérgamo(430).

Outro exemplo na Itália é o SI-Cobas, movimento de trabalhadores auto-organizados pela base, cuja finalidade é representar um amplo segmento de assalariados e operários por fora da estrutura sindical oficial, incluindo os trabalhadores imigrantes(431).

Antunes nos apresenta em Portugal o contingente Precari@s Inflexíveis, composto do precariado(432), da juventude sem trabalho, de imigrantes-trabalhadores, que no seu manifesto se identifica como precários no emprego e na vida, trabalhando sem contrato ou a curtos prazos, de forma temporária, incerta e sem garantias. Dizem-se "[...] operadores de call-center, estagiários, desempregados, trabalhadores a recibos verdes (*vauchers*), imigrantes, intermitentes, estudantes-trabalhadores [...]"(433).

Diante destes movimentos mal representados, embora combativos, Antunes encarece a necessidade da classe trabalhadora se conscientizar de uma nova morfologia do trabalho, com sua complexificação e fragmentação: a classe trabalhadora agora é heterogênea e segmentada, com fortes consequências em sua ação concreta, em suas formas de representação e organização sindical(434).

No mesmo sentido de Antunes, Rosane Gauriau vê obstáculos na composição em sindicato da classe trabalhadora da economia do bico, conquanto "[...] a dificuldade em delimitar a noção de categoria profissional de trabalhadores digitais impede a organização sindical"(435).

Também pelo fato de que seria difícil prosperar a negociação coletiva entre os trabalhadores de plataformas e estas, considerando que são organizações informais, sem aptidão para transacionarem instrumentos legais e jurídicos, embora sejam legítimas para mobilizações pontuais(436).

---

(430) *Ibidem*, p. 353.

(431) *Idem*.

(432) "Entrar para o precariado poderia acontecer para a maioria de nós, se ocorressem acidentes ou um choque eliminasse os adereços de segurança nos quais muitos vieram a confiar. [...] Algumas pessoas entram (adentram) o precariado devido a infortúnios ou fracassos, algumas são conduzidas para ele, algumas entram na esperança de que ele será o trampolim para outra coisa, mesmo que não ofereça uma rota direta, algumas optam por estar nele de maneira instrumental – incluindo idosos e estudantes que simplesmente desejam obter um pouco de dinheiro ou experiência – e algumas combinam uma atividade precariada com outra coisa, como é cada vez mais comum no Japão. Outros acham que o que têm feito durante anos, ou o que estavam treinando para fazer, torna-se parte de uma insegura existência precariada". STANDING, Guy. *O precariado* — A nova classe perigosa. Coleção Invenções Democráticas – Volume IV, Nupsi-USP. São Paulo: Editora Autêntica, 2013. p. 97.

(433) ANTUNES, Ricardo. Trabalho digital, "indústria 4.0" e uberização do trabalho. In: CARELLI, Rodrigo de Lacerda; CAVALCANTI, Tiago Muniz; FONSECA, Vanessa Patriota da. *Op. cit.*, 2020. p. 353.

(434) *Idem*.

(435) GAURIAU, Rosane. Breves considerações sobre a regulação do trabalho em plataformas digitais na União Europeia, na França e no Brasil, p. 88. *Rev. TST*, São Paulo, vol. 87, n. 3, ju.l/set. 2021.

(436) *Ibidem*, p. 88.

Por outro lado, eventuais instrumentos coletivos, como o acordo ou a convenção, ao vincularem trabalhadores de plataformas às respectivas organizações signatárias incidiriam em condições laborais e direitos díspares entre os interlocutores, diante da variedade de atividades das plataforma[(437)].

A concorrência entre os trabalhadores plataformizados obsta a "[...] construção de uma identidade coletiva e de cooperação no trabalho"[(438)].

Falta-lhes coesão, a prejudicar a mobilização e a organização coletiva, que por sua vez impede a formação de um sentimento identitário, de pertencimento.

Ricardo Antunes, discorrendo sobre a brutal crise de identidade do sindicalismo na atualidade, ressalta que é visível a redução do operariado fabril, industrial, como consequência da grande indústria, sob o comando do binômio taylorismo-fordismo, especialmente nos países capitalistas desenvolvidos.

Todavia, continua Antunes, ao lado deste processo haveria uma crescente subproletarização do trabalho, em vista da incorporação do trabalho precário, temporário, parcial, etc. Nas palavras de Antunes,

> [...] *reduz-se fortemente o poder dos sindicatos, historicamente vinculados aos primeiros* (operários estáveis), *e incapazes, até o presente, de incorporar os segmentos não estáveis da força de trabalho*. [...] Começa a ganhar cada vez mais força, em algumas de suas principais lideranças (na CUT, por exemplo) uma postura de abandono de concepções socialistas e anticapitalistas, em nome de uma *acomodação dentro da Ordem*.[(439)] Grifos do original.

Contexto como o espelhado desafia os entes sindicais da atualidade para organizar os "[...] 'não organizados', de modo a contemplar o caráter cada vez mais heterogêneo dos trabalhadores dessas novas 'formas de trabalhar'"[(440)].

Além disso, "[...] a ausência de regulamentação do trabalho de plataforma exclui (dificulta, acrescentamos) os sindicatos tradicionais de seu papel de intermediários na mediação de conflitos e da representação coletiva"[(441)].

Por isso, a dificuldade para Antunes se encontra em como organizar sindicalmente a parcela jovem da classe trabalhadora, que não conheceu as conquistas sociais da época do *welfare state*, "[...] e que ingressa no mundo digital, às vésperas da chamada indústria 4.0, com relações de trabalho em franco processo de corrosão"[(442)].

---

(437) *Ibidem*, p. 89.

(438) DEJOURS, Christophe; GERNET, Isabelle *apud* GAURIAU, Rosane. *Op. cit.*, 2021. p. 89.

(439) ANTUNES, Ricardo. *Adeus ao trabalho?* — ensaio sobre as metamorfoses e a centralidade do mundo do trabalho. 16. ed. São Paulo: Cortez, 2015. p. 200, 201 e 203.

(440) GAURIAU, Rosane. *Op. cit.*, 2021. p. 89.

(441) *Ibidem*, p. 89.

(442) ANTUNES, Ricardo. *Op. cit.*, 2020. p. 354.

Antunes se preocupa com a missão hercúlea dos sindicatos em ressoldar os laços de pertencimento de classe(443), e como conseguirá se contrapor como classe, de forma orgânica e solidária, à uberização, à individualização, às falácias do empreendedorismo(444) e à necessidade do trabalhador, diante do desemprego, de se entregar ao trabalho intermitente (o Brasil já regulamentou o trabalho intermitente — art. 452-A e parágrafos, acrescentados à CLT pela Lei n. 13.467/2017) , que para ele, Antunes, se constitui numa certeza de como se desenhará o futuro da classe-que-vive-do-trabalho.

Não se pode omitir a necessidade de se requalificar os trabalhadores, incumbência que dever ser entregue pelos sindicatos.

Oliveira Neto preconiza que o sindicato deve tomar para si a (re)qualificação do trabalhador, e para isso

> Deve implementar programas que permitam não só a ampliação do conhecimento técnico do trabalhador, mas principalmente a capacidade de adaptação do profissional e contínuo aperfeiçoamento para laborar em ambientes diferentes e de formas diversas, atuando na formação de trabalhadores multifuncionais, que possam se manter em estado de empregabilidade frente à escalada da automação e mais recentemente da inteligência artificial.(445)

Mas segundo Gilberto Stürmer(446), a dificuldade de organização sindical dos trabalhadores da *Gig Economy* está mais relacionada às restrições da liberdade sindical presentes nas Constituição brasileira, as quais se opõem à Convenção n. 87, da OIT, especificamente a limitação de um sindicato para determinada base territorial única, não inferior ao município (unicidade sindical) e pela obrigatoriedade de simetria das categorias ou enquadramento das empresas e trabalhadores em categorias (art. 8º e incisos da CF/1988).

Embora as reservas da Constituição pátria em relação à ampla liberdade sindical, pregada pela Convenção n. 87, da OIT, um relatório deste organismo internacional

(443) *Ibidem*, p. 354.

(444) Conforme Byung-Shul Han, o empreendedor de si ou sujeito de desempenho é livre, por não estar submetido a ninguém. Mas "[...] o imperativo do desempenho converte a liberdade em coação; em lugar da exploração estranha entra a autoexploração, sendo que o sujeito de desempenho explora a si mesmo até se ruir [...] aquele que explora é o explorado; o agressor é, ao mesmo tempo, a vítima; o *burnout* é a manifestação patológica dessa liberdade paradoxal". *Op. cit.*, 2017. p. 182.

(445) OLIVEIRA NETO, Celio Pereira. *Trabalho em ambiente virtual, efeitos e conformação*. Tese (Doutorado) – Doutorado em efetividade dos direitos da terceira dimensão e tutela da coletividade dos povos e da humanidade, Faculdade de Direito da Pontifícia Universidade de São Paulo, São Paulo, 2018. Disponível em: <https://www.pucsp.br/pos-graduacao/mestrado-e-doutorado/direito#egressos>. p. 138-139.

(446) STÜRMER, Gilberto. Liberdade sindical e trabalho em plataformas digitais: repercussões da estrutura sindical na representação de trabalhadores de aplicativos. *Revista de Direito do Trabalho*, vol. 221/2022, jan./fev. 2022, p. 166.

reconhece a importância da organização sindical de trabalhadores no mercado informal, e valoriza os desafios desse movimento, à vista da diversidade de cenários e a fragmentação do trabalho(447).

Além do mais, a associação coletiva de trabalhadores de plataforma legitima-se enquanto alternativa dos trabalhadores para acessar direitos laborais elementares previstos no ordenamento jurídico nacional e em regulamentações internacionais, assim como se faz capaz de acelerar iniciativas de normatização para o alcance de melhores condições de trabalho(448).

Ojeda Avilés, sobre o ordenamento jurídico espanhol, noticia que o sistema sindical contempla trabalhadores autônomos e semiautônomos, e o faz com vistas à possibilidade de voz e resposta coletiva, bem assim a integração social, diante do esvaziamento de postos submetidos às leis laborais tradicionais.

Apesar das dificuldades, o autor espanhol "[...] acredita que a ampliação da liberdade sindical — com especial atenção para reformas legislativas — para estes grupos é atender às postulações do 'sinal dos tempos' [...]"(449).

Acrescenta Ojeda Avilés que nada deve obstar a organização sindical e seus meios de atuação pelos "[...] semiautônomos, profissionais e empregadores sem trabalhadores ao seu serviço, em harmonia com a tendência de converter o direito ao trabalho em direito de todo trabalho humano"(450). Tradução livre.

O modelo sindical vigente no Brasil, caracterizado pela unicidade e simetria de categorias "[...] repele a exploração de espaços coletivos formais por parte dos trabalhadores de plataformas digitais e das empresas-aplicativo"(451).

Dessa forma, as exigências quanto à unicidade na base territorial mínima e a divisão em categorias simétricas "[...] esbarram nas demandas pelo plural vinculadas ao capitalismo de plataforma"(452).

O capitalismo de plataforma interpela o modelo corporativista (unicidade sindical e simetria de categorias), pois a conjuntura das empresas tradicionais destoam das que se ativam na economia sob demanda, a se considerar que estas têm o maior grupo de trabalhadores vinculados à atuação do aplicativo.

---

(447) Organização Internacional do Trabalho (OIT). *Organizing informal economy workers into trade unions: a trade union guide*, 2019. (Organizando os trabalhadores da economia informal em sindicatos: um guia sindical).

(448) CABRAL, Angelo Antonio; DE PAULA, Guilherme Lima Juvino. Sujeitos coletivos de trabalho e o trabalho no Século XXI: organização coletiva dos trabalhadores de plataformas digitais. *Revista do TST*, v. 86, n. 1, p. 119-135, jan./mar. 2020.

(449) OJEDA AVILÉS, Antonio *apud* STÜRMER, Gilberto. *Op. cit.*, 2022. p. 168.

(450) *Idem*.

(451) STÜRMER, Gilberto. *Op. cit.*, 2022. p. 168.

(452) *Ibidem*, p. 168.

Basta conferir que empresas-aplicativo como a *Rappi* e *Uber* se intitulam como empresas de tecnologia, mas utilizam-se, predominantemente, da força de trabalhadores que exercem atividades de entregadores e motoristas.

Não fosse a restrição à organização livre de entidades sindicais, os trabalhadores da economia compartilhada poderiam se associar a partir de elementos comuns de seu interesse, "[...] como a similitude da ferramenta que os conecta à empresa e aos consumidores, qual seja, as plataformas digitais"(453).

Ainda que os trabalhadores de plataforma costumem atuar para mais de uma empresa-aplicativo, essa circunstância, ao invés de dificultar a associação, demandaria novas abordagens para a formulação de reivindicações coletivas(454).

A estrutura sindical prevalecente, pela vocação constitucional brasileira, com a expansão dos empreendimentos por plataforma, perde territórios geográficos para as conexões por aplicativo.

Em outras palavras, embora os processos de trabalho encontrem-se cada vez mais globalmente integrados, tendem a sofrer maior fragmentação em âmbito local, em face das restrições relativas à unicidade por base territorial sustentarem significativo desalinhamento com as reestruturações do mundo do trabalho(455).

Stürmer sugere que os movimentos de sindicalização em rápida proliferação no Brasil, no contexto dos trabalhadores plataformizados, encontram empecilhos na "[...] desatualização do sistema sindical e as restrições à liberdade de associação sindical ensejam obstáculos na busca por representatividade destes trabalhadores"(456).

Frei Betto noticia a existência do Movimento dos Trabalhadores Sem Direitos (MTSD), presente em São Paulo, Minas, Rio e Pernambuco, "que tem como proposta lutar pelos direitos dos trabalhadores informais e enfrentar as novas lógicas do mundo do trabalho diante do avanço tecnológico e a exploração predatória desses trabalhadores"(457).

Desde 2020 eles promovem greves e paralisações por pagamentos mais justos e melhores condições de trabalho, acrescenta Frei Betto.

A mobilização mencionada fez surgir os Entregadores Antifascistas, que tem como um de seus principais líderes, Paulo Galo, que se tornou uma importante voz dessa legião de trabalhadores precarizados, que não para de crescer(458).

---

(453) *Ibidem*, p. 168.

(454) VAN DOORN, Niels *apud* STÜRMER, Gilberto. *Op. cit.*, 2022. p. 168.

(455) STÜRMER, Gilberto. *Op. cit.*, 2022. p. 168.

(456) *Idem*.

(457) Retirado do sítio: <https://domtotal.com/noticia/1579920/2022/05/o-movimento-dos-sem-direitos/>. Acesso em: 08 jul. 2022.

(458) *Idem*.

Outra liderança identificada por Frei Betto, Severino Souto Alves, ex-presidente do Sindicato dos Camelôs e Ambulantes de Recife, considera que "[...] o processo de avanço tecnológico, a perda de postos de trabalho para a tecnologia, os aplicativos, tudo isso condiciona a uma nova informalidade, que tende a crescer e talvez se tornar até maior que a formalidade"(459).

Sobre as empresas de aplicativo, Frei Betto ainda faz nova menção às manifestação de Severino, para quem o capital se aproveita das vantagens tecnológicas visando apenas o lucro, em prejuízo dos direitos dos trabalhadores e reduzindo setores do mundo do trabalho, e contra isso, promete Severino: "Vamos para cima nessa perspectiva das empresas também. Faremos levantes, paralisações, breques, o que precisar"(460).

No artigo sobre o qual estamos fazendo citações, verificamos que o MTSD foi lançado em São Paulo, em 4 de maio, e que neste ato estiveram presentes lideranças de outros movimentos, como Guilherme Boulos, do Movimento dos Trabalhadores Sem Teto (MTST), e Maria dos Camelôs, do Movimento Unidos dos Camelôs do Rio de Janeiro (MUCA-RJ)(461).

Com fundamento nas vivências e relatos de Severino, Frei Betto atesta que o MTSD resulta da capilaridade de inúmeros movimentos atuantes no país, como a associação de catadores, movimentos sociais que lutam pela moradia, sindicatos de ambulantes, camelôs e comerciantes informais, que tem companheiros não organizados nos aplicativos, como motoristas e entregadores(462).

Frei Betto ainda divulga, no mesmo sítio eletrônico que deu publicidade ao seu artigo, a carta do Movimento dos Trabalhadores Sem Direitos, lançada no dia de sua fundação, na qual expõe seus princípios e objetivos, e também angústias, como se vê do preâmbulo:

> Nós queremos direitos! Queremos respeito! A maior parte do nosso povo dorme pouco, acorda ainda de noite, sai de casa, se espreme no transporte, trabalha mais do que o corpo aguenta, ganha menos do que precisa, não consegue cobrir as necessidades da família. Quando come, come mal. A maioria já teve que escolher entre comprar comida ou pagar o aluguel. É viver pra trabalhar, sem ter certeza do dia de amanhã(463).

Sobressai da carta advertência sobre a ilusória autonomia ou parceria do prestador ao tomador de serviços:

---

(459) *Idem.*

(460) *Idem.*

(461) *Idem.*

(462) *Idem.*

(463) *Idem.*

Quem vive e sobrevive do próprio suor e trabalho, não é parceiro, colaborador ou empreendedor. Isso é uma mentira que serve para mascarar as tentativas incansáveis do andar de cima da sociedade para assegurar seu lucro e suas riquezas às custas do povo pobre[(464)].

Mesmo diante dos percalços relatados na tentativa de organização dos trabalhadores plataformizados, outras manifestações de resistência às plataformas surgiram no Brasil, como o Breque dos apps, que tomou corpo com o advento da Covid-19.

As manifestações tiveram o objetivo de dar visibilidade às precárias condições laborais dos entregadores de aplicativos, principalmente no contexto da pandemia.

Motociclistas e ciclistas demonstraram sua insatisfação com o valor pago por quilometragem, que os sujeitavam a trabalhar por tempo acima do aceitável.

Reivindicaram o aumento da taxa mínima por entrega; fim dos bloqueios ou desligamento injustificado; fim do sistema de pontuação, que na prática força o trabalho nos finais de semana; direito a seguros, principalmente de saúde, para cobrir suas ausências, caso adoecessem, fato que os privaria do trabalho enquanto se convalesciam[(465)].

Rosane Gauriau observou que o Breque dos *App* "[...] foi um marco em matéria de representação coletiva e de resistência dos trabalhadores de plataformas digitais [...]"[(466)], não lhe passando em branco que novas formas de associação, de auto-organização e de manifestação ocorreram de formas diversas do modelo sindical dos dias atuais.

Durante a paralisação os parceiros que a convocaram destacaram-se por serem "[...] coletivos horizontalizados em comunidades dispersas, mobilizadas principalmente em redes sociais (*Facebook*, *Twitter* e *Instagram*) e grupos de *WhatsApp*"[(467)].

O movimento ainda contou com o apoios de centrais sindicais e sindicatos de classe, que mobilizaram trabalhadores do setor formal de entregadores nos protestos.

Gauriau viu nessa estratégia "[...] uma articulação nova e emergente, um sentido de solidariedade na luta por direitos dos trabalhadores"[(468)].

Um outro aspecto da paralisação que contribuiu para seu êxito decorreu da adesão e solidariedade dos consumidores dos serviços, que "[...] usaram as plataformas para criticar as empresas por meio de avaliações negativas dos serviços"[(469)].

(464) *Idem*.

(465) "Vá de Bike. Os motivos da greve dos entregadores de aplicativos. Jun. 2020". Disponível em: Os motivos da greve dos entregadores de aplicativo Vá de Bike. Disponível em: <vadebike.org>. Acesso em: 15 maio 2022.

(466) GAURIAU, Rosane. *Op. cit.*, 2021. p. 86.

(467) *Idem*.

(468) *Ibidem*, p. 87.

(469) *Idem*.

Após as manifestações dos entregadores de plataformas houve intensa atividade legislativa na apresentação de projetos de lei apresentados em 2020, objetivando garantir uma base legal mínima de direitos sociais aos entregadores.

Dentre os vários projetos, destacou-se o de n. 1.665/2020, de autoria do Deputado Ivan Valente (PSOL/SP), cujo substitutivo foi relatado pelo deputado federal Fabio Trad (PSD/MS).

Todos os projetos de lei previam concessão de direitos básicos aos entregadores que prestam serviços a aplicativos de entrega, mas somente durante o estado de calamidade pública decorrente da pandemia do coronavírus (Covid-19).

O projeto de lei mencionado se transformou na Lei n. 14.297, de 5 de janeiro de 2022, e esta vai merecer mais comentário nestas páginas (v. subitem 2.4 — Trabalhador da empresa 4.0 no estrangeiro e no Brasil).

Desde já antecipa-se que referida lei reconheceu direitos básicos dos entregadores, como seguro contra acidentes, assistência financeira ao entregador afastado por infecção pelo Coronavírus — Covid-19, permissão ao entregador para utilizar as instalações sanitárias do estabelecimento comercial; garantia de acesso do entregador à água potável, dentre outros(470).

Como se viu, os trabalhadores brasileiros plataformizados conseguiram direitos mínimos, precários, considerando que terão eficácia apenas na emergência pública da situação pandêmica.

De qualquer forma, já se estabeleceu uma base legal mínima, obrigatória, que se faz mister para que o direito convencional possa se apoiar para negociar. Essa base mínima não deixa de influenciar o sistema legal, para efeitos de expansão.

Neste sentido, Gauriau discorre que o direito coletivo deveria gravitar sobre o "negociado", para "[...] se inserir num ordenamento jurídico preestabelecido, constituindo fonte complementar ou suplementar [...]. A partir de um patamar mínimo, os parceiros sociais podem fazer concessões ou renúncias"(471).

Direitos mínimos sobre os quais poderia haver consenso e adesão dos trabalhadores e plataformas seriam, por exemplo, a duração da jornada de trabalho, saúde e segurança laboral.

---

(470) "O tempo de trabalho dos entregadores continuou elevado durante a pandemia da Covid-19. A indicação de 56,7% trabalhar mais de nove horas diárias, combinado ao fato de 78,1% desempenhar atividades de entrega em seis dias ou mais por semana, aponta para uma elevada carga horária. Os longos tempos de trabalho, entretanto, tiveram repercussão inversa na remuneração, indicada pela redução de trabalhadores nas faixas remuneratórias mais altas". ABÍLIO, Ludmila Costhek *et all*. Condições de trabalho de entregadores via plataforma digital durante a Covid-19, p. 15. *Revista Jurídica Trabalho e Desenvolvimento Humano* — Procuradoria Regional do Trabalho da 15ª Região, v. 3. Campinas, 2020.

(471) GAURIAU, Rosane. *Op. cit.*, p. 89. 2021.

A esperança que se tem sobre os direitos mínimos concedidos aos entregadores brasileiros de plataformas é que se tornem definitivos, mesmo em caso de suspensão da emergência pública decorrente da Covid-19.

Independentemente da calamidade envolvendo a saúde humana mundial, os trabalhadores plataformizados do ramo da economia do bico fazem jus aos direitos mínimos reconhecidos, e sobre eles poderá haver negociação coletiva entre os interlocutores sociais.

Gauriau exemplifica a concessão de direitos mínimos no contexto da União Europeia, que regulamentou direito de privacidade dos trabalhadores(472), por meio do Regulamento Geral de Proteção de Dados (RGPD): Regulamento (UE) 2016/679 do Parlamento Europeu e do Conselho, de 27 de abril de 2016, em vigor desde 25 de maio de 2018.

O art. 88º do Regulamento UE – 2016/679 dispõe normas mais específicas para garantir a defesa dos direitos e liberdades no que respeita ao tratamento de dados pessoais dos trabalhadores no contexto laboral, nomeadamente para efeitos de recrutamento e execução do contrato de trabalho; e para efeito do exercício e gozo, individual ou coletivo, dos direitos e benefícios relacionados com o emprego, bem como para efeitos de cessação da relação de trabalho(473).

O estabelecimento de direitos mínimos pelo Regulamento UE – 2016/679 influenciou o legislador francês, bem assim aos respectivos trabalhadores e empresas de plataformas, diante de uma base legal mínima, a evoluírem nas regras nacionais e/ou encorajar o diálogo social(474).

A base legal francesa de direitos mínimos constitui-se na Lei n. 2016-1088, de 8 de agosto de 2016, sobre o trabalho, a modernização do diálogo social e a garantia das carreiras profissionais(475).

Gauriau informa que a legislação mencionada, conhecida também como "lei *El Khomri*" deu contornos à figura do trabalhador de plataforma, apresentando-o como um trabalhador independente (*travailleur indépendant*), e quanto às plataformas digitais

(472) *Ibidem*, p. 90.

(473) "Art. 88º. Tratamento no contexto labora1. Os Estados-Membros podem estabelecer, no seu ordenamento jurídico ou em convenções coletivas, normas mais específicas para garantir a defesa dos direitos e liberdades no que respeita ao tratamento de dados pessoais dos trabalhadores no contexto laboral, nomeadamente para efeitos de recrutamento, execução do contrato de trabalho, incluindo o cumprimento das obrigações previstas no ordenamento jurídico ou em convenções coletivas, de gestão, planeamento e organização do trabalho, de igualdade e diversidade no local de trabalho, de saúde e segurança no trabalho, de proteção dos bens do empregador ou do cliente e para efeitos do exercício e gozo, individual ou coletivo, dos direitos e benefícios relacionados com o emprego, bem como para efeitos de cessação da relação de trabalho".

(474) GAURIAU, Rosane. *Op. cit.*, 2021. p. 91.

(475) *Ibidem*, p. 91.

reconheceu a responsabilidade social destas[476], mais especificamente descrita em lei posterior (2016-1321, de outrubro de 2016).

A plataforma digital, com possibilidade de ser pessoa física, pode utilizar-se no exercício da sua atividade profissional, de uma ou mais plataformas de intermediação digital.

Como empresa, independentemente do seu local de estabelecimento, enquanto operador de plataforma, coloca pessoas em contato a distância, por via digital, com vista à venda de um bem, à prestação de um serviço ou à troca ou partilha de um bem ou serviço[477] (cf. arts. L7341-1 à L7345-6 do Código do Trabalho e Lei n. 2016-1321, de outubro de 2016).

Pode-se dizer que a partir deste plexo legal, os trabalhadores franceses de plataforma puderam contar com direitos específicos, alguns sob condições, como "[...] pagamento total ou parcial de uma contribuição contra o risco de acidentes de trabalho (seguro), direito à formação profissional, liberdade de associação e organização sindical, bem como de um 'aparente' direito de greve"[478].

Esta pesquisa não poderia deixar de mencionar alguns dados estatísticos oficiais sobre os trabalhadores informais, precarizados, na economia do bico.

No Brasil, os trabalhadores sob *Gig Economy*, pelas estatísticas oficiais, embora não sejam considerados desempregados, não são incluídos no mercado formal de trabalho; são tidos como trabalhadores com alguma ocupação, categoria que inclui os subocupados.

Podem estar vinculados às plataformas digitais ou não. Quando aderem às plataformas digitais utilizam-se principalmente das que disponibilizam serviços, máxime aqueles que não exigem excelência de instrução[479], a exemplo da *Uber*[480].

---

(476) *Ibidem*, p. 80.

(477) *Idem*.

(478) *Idem*.

(479) "[...] não é incomum encontrar trabalhadores com qualificação profissional diferenciada — a exemplo de graduação ou pós-graduação — nestas atividades. Daí, podemos concluir que maior qualificação profissional não viabiliza, na atual conjuntura de crise econômica, o acesso à ocupação com melhor remuneração". CARELLI, Rodrigo de Lacerda; OLIVEIRA, Murilo Carvalho Sampaio. *Op. cit.*, 2021. p. 78.

(480) Como revelado por KALIL, somente na *Uber*, "a expansão no número de motoristas e usuários ocorreu de forma exponencial na empresa, que iniciou as suas atividades no país em 2014, mas que em setembro de 2015 já contava com 5 mil motoristas e 500 mil clientes inscritos na plataforma. Em outubro de 2016, a *Uber* tinha 50 mil trabalhadores e 4 milhões de usuários, ou seja, cresceu 10 vezes em relação aos primeiros e 8 vezes quanto aos segundos. Em abril de 2018, a plataforma atingiu o número de 500 mil motoristas e 20 milhões de clientes, um aumento em 10 e 2,5 vezes, respectivamente, em apenas um ano e meio. Em fevereiro de 2020, contava com 1 milhão de motoristas e 22 milhões de usuários". KALIL, Renan Bernardi. Op. cit., 2020. Outros dados pesquisados sobre motoristas da *Uber*, *vide* sítio: <https://www.uber.com/pt-BR/newsroom/fatos-e-dados-sobre-uber/>. Acesso em: 22 dez. 2021, p. 22.

Matéria jornalística[481], cujos dados ora se faz referência, diz que no terceiro trimestre de 2021 o número de trabalhadores subocupados chegou a 7,771 milhões no país. O resultado significa alta de 9,4% frente a igual trimestre de 2019 (7,102 milhões), no pré-pandemia[482].

Houve um acréscimo de 669 mil pessoas na estatística dos subocupados no terceiro trimestre de 2021, número que para os especialistas significa estagnação do consumo, sem o qual não há crescimento econômico.

Os autores da pesquisa publicada no jornal mencionado entrevistaram os economistas Rafael Cagnin, do IEDI (Instituto de Estudos para o Desenvolvimento Industrial), e Rodolpho Tobler, do Instituto Brasileiro de Economia da Fundação Getúlio Vargas — FGV- IBGE.

O primeiro pondera que "Para uma recuperação do mercado de trabalho, não basta apenas reduzir a taxa de desemprego. Os subocupados até estão trabalhando, mas gostariam de trabalhar mais e não conseguem".

Acrescenta que "A pessoa está fora da taxa de desemprego, mas se encontra em uma situação que não é confortável. Essa situação não permite a recomposição do padrão de consumo pré-crise".

Aduz o segundo, sobre os dados da PNAD[483] (Pesquisa Nacional por Amostra de Domicílios) do terceiro trimestre de 2021, que "Temos quase 8 milhões de subocupados no país. Isso mostra que a recuperação do mercado de trabalho ainda tem fragilidades", como no caso do PIB (Produto Interno Bruto), que dá sinais de estagnação no Brasil, a exemplo do terceiro trimestre de 2021, no qual o indicador encolheu 0,1%, pela segunda vez consecutiva.

Adita Tobler que "O aumento da subocupação gera uma espécie de bola de neve. Afeta o consumo e, consequentemente, a atividade econômica".

Na análise deste último economista citado no periódico, a implantação pelo governo federal de programas de diminuição da jornada e salários dos trabalhadores formais, no decorrer da pandemia, elevou o número de subocupados no ano passado, e essa situação ainda permanece, com a queda na renda dos ocupados.

---

(481) VIECELI, Leonardo; GAVRAS, Douglas. Número de trabalhadores subocupados cresce e trava consumo no Brasil – Grupo de profissionais que trabalham menos do que gostariam alcança 7,8 milhões, aponta IBGE. Jornal *Folha de S. Paulo*, 18 dez. 2021. Disponível em: <https://www1.folha.uol.com.br/mercado/2021/12/numero-de-trabalhadores-subocupados-cresce-e-trava-consumo-no-brasil.shtml?utm, acessado em 22/12/2021> Acesso em: 29 jun. 2022.

(482) IBGE — Pesquisa Nacional por Amostra de Domicílios Contínua — PNAD Contínua. Disponível em: <https://www.ibge.gov.br/estatisticas/sociais/trabalho/9171-pesquisa-nacional-por-amostra-de-domicilios-continua-mensal.html?=&t=series-historicas>. Acesso em: 16 jun. 2022.

(483) *Idem*.

A PNAD Contínua apurou que no terceiro trimestre de 2021 o rendimento médio da população com algum tipo de trabalho (R$ 2.459,00) atingiu o menor valor para o período de julho a setembro da sua série histórica, iniciada em 2012.

Ademais, os economistas ouvidos são de perspectiva de que o PIB deve ficar entre estagnação e recessão, característica da expectativa de queda da atividade no próximo ano (2022), e o fraco desempenho da economia poderá fragilizar ainda mais o combalido mercado de trabalho brasileiro.

"Em vez de engrenar, a atividade patinou. O aumento dos subocupados, que deveria ser mera etapa do processo de retomada do mercado de trabalho, pode se estender por mais tempo", aponta Cagnin para os autores da reportagem.

Consultado por estes, o sociólogo Clemente Ganz Lúcio, do DIEESE (Departamento Intersindical de Estatísticas e Estudos Socioeconômicos), suspeita que a economia não favorece a subocupação, por não gerar postos de trabalho de qualidade, e que o cumprimento deste objetivo depende essencialmente da capacidade da economia em produzir investimentos públicos e privados e de proporcionar distribuição de renda e crescimento de salários.

Arremata que "O trabalhador tem tido de conviver com uma realidade de insegurança, tanto do ponto de vista do emprego quanto da renda familiar, ausência de perspectivas de melhora do emprego e desproteção", e que "É preciso estratégia para reverter a dinâmica dos últimos anos".

De acordo com a última PNAD divulgada pelo IBGE em maio de 2022, referente ao primeiro trimestre de 2022, das pessoas que trabalham são 95,3 milhões, mas 6,5 milhões delas estão subocupadas, por insuficiência de horas trabalhadas[(484)].

Fora as pessoas ocupadas e subocupadas no total acima, ainda existem 65,5 milhões de pessoas fora da força de trabalho, embora estejam em idade e condições de trabalhar[(485)].

A taxa de subocupação nacional (combinada com insuficiência de horas trabalhadas), no primeiro trimestre de 2022 foi de 17,2%, levemente abaixo da taxa do último trimestre de 2021[(486)].

A taxa média acima considera todas os Estados do Brasil, sendo que os maiores índices de subocupados ocorreram no Piauí (30,4), Bahia (28,7) e Sergipe (28,7);

(484) IBGE — Pesquisa Nacional por Amostra de Domicílios Contínua — PNAD Contínua. Disponível em: <https://ftp.ibge.gov.br/Trabalho_e_Rendimento/Pesquisa_Nacional_por_Amostra_de_Domicilios_continua/Trimestral/Novos_Indicadores_Sobre_a_Forca_de_Trabalho/pnadc_202201_trimestre_novos_indicadores.pdf>. Acesso em: 16 jun. 2022.

(485) *Idem.*

(486) *Idem.*

os menores índices foram os de Santa Catarina (6,5), Mato Grosso (8,1) e Rondônia (10,2)[(487)].

Da cifra de 95,3 milhões de pessoas que se encontram na força de trabalho 67,1% são empregados, 4,3% são de autônomos com CNPJ, 26,5% são de pessoas que trabalham na informalidade ou na subocupação, e 2,0% são de trabalhadores familiares auxiliares[(488)].

Mesmo no número de pessoas com trabalhos formais, acredita-se que grande parte esteja inserida no trabalho intermitente, que é uma formalização precária do emprego, introduzida na CLT, pela Lei n. 13.467/2017, instituidora da reforma trabalhista.

Não se poderia encerrar este subitem sem ouvir pelo menos um representante dos trabalhadores da economia do bico.

A seguir analisa-se parte da realização e interpretação de uma entrevista semiestruturada.

Solicitou-se a um condutor de veículo automotor, a serviço de aplicativos de transporte de passageiros, conhecido apenas como Wilker, que respondesse a questionamentos sobre suas condições de trabalho.

Devidamente habilitado em dois aplicativos, ele pediu para não ser identificado, além da informação de contar com mais de dois anos de trabalho para as plataformas.

Gentilmente respondeu aos questionamentos, assim elaborados: como ele analisa as condições de trabalho dos motoristas de aplicativo; se está satisfeito, se gostaria de ter os direitos do trabalhador registrado em carteira; se complementa renda ou se tem no aplicativo a única fonte de renda.

Solicitou-se que informasse percentagem de ganho por corrida, e de quantos entre os colegas complementam renda, e percentagem daqueles que trabalham com exclusividade para os aplicativos; se há alguma exigência formal para se habilitar nas plataformas, ou aplicativos; a periodicidade do recebimento da contraprestação e a média desta.

Sobre o seguro do carro, se ele próprio custeia, e se, da mesma forma, responsabiliza-se pelas despesas de manutenção do veículo; se as empresas de aplicativo se apresentam como fiadoras, caso o motorista precise alugar um carro pra trabalhar pra elas, como motorista do aplicativo; se existe jornada pré-estabelecida, ou se fica à vontade para trabalhar quando e onde quiser; se cumpre metas; se não estiver produzindo a contento, se há ameaça ou desligamento por isso.

Se as plataformas ainda passam para o cliente a incumbência de avaliar o motorista; se pode ocorrer o desligamento se o motorista ficar muito tempo sem acessar os

(487) *Idem.*

(488) *Idem.*

aplicativos, e que em quais outras condições o desligamento se dá; se existe meio eletrônico com o qual as plataformas poderiam ter conhecimento do roteiro de trabalho do motorista durante toda a jornada, no lapso em que está conectado.

Se as plataformas fazem algum seguro de vida ou de acidente para o motorista, e se têm alguma proposta para recompensar o motorista pela alta do combustível; se o motorista tem usado formas alternativas de combustível, como adaptar o carro para consumir gás; se já pensou em criar uma cooperativa onde se conceberia um aplicativo próprio, como o *Bibi Mob*, de Araraquara, e se a criação de uma cooperativa semelhante teria custos elevados.

Finalmente, se trabalhasse como motorista dos aplicativos somente na jornada de 8 horas por dia, 44 semanais, sem trabalhar em domingos e feriados, valeria a pena, ou se teria sempre que trabalhar em longas jornadas para ganhar uma contraprestação suficiente para a vida normal da família.

As respostas do senhor Wilker, a seguir transcritas não foram alteradas, sequer no que se refere ao léxico ou nas concordâncias verbal e nominal, para não se descaracterizar sua verdadeira e dura rotina de trabalho nos aplicativos, como se constatou. As respostas muitas vezes vêm no plural, mas em alguns quesitos, pretendíamos saber também as condições de trabalho da coletividade dos trabalhadores.

Eis as respostas do Sr. Wilker: "Com certeza não está satisfeito, e cada dia fica mais difícil; que ele e os colegas não têm direito algum, e quem dirá direito de trabalhadores comuns, e que às vezes trabalham muito mais do que a carga horária normal"; sobre a renda, se complementada ou exclusiva, diz que "a grande maioria dos motoristas deixou suas profissões ou investiu tudo o que tinha para trabalhar com os *Apps*".

Disse que "80% trabalham só com apps e outros tem algum tipo de renda complementar; mas como muitos estão desesperados com os apps estão buscando outras fontes de renda"; sobre a existência de formalidades para se cadastrar nos aplicativos, disse que "a única exigência dos apps é não ter antecedentes criminais"; achou difícil responder quanto recebe em percentagem por cada corrida, pois "os *Apps Uber/99pop* estão cobrando em média 25 a 50 %, mas o correto é tirar os custos da corrida, o que muitos motoristas não faz, mas só dos apps já são em média 25 a 50 % por corrida".

Quanto ao rendimento e sua periodicidade, informa que Bruno, um colega que ganha mais entre eles, "consegue fazer até 6 mil por mês, bruto, mas tirando todos os custos em média, resta 2.500, 3mil"; sobre seguro e custeio das despesas com carro, disse que "Sim nós motoristas temos quase por obrigação de ter seguro pelos riscos e porque os carros de motorista quebra demais porque roda muitos km por dia, e sim arcamos com toda a manutenção do veículo, sendo esse o maior custo que os motoristas tem que arcar quase todos os meses".

Sobre as plataformas serem fiadoras em caso de locação do carro, informa: "Sim mas isso é um ponto a ser muito debatido , a *Uber* tinha uma parceria com umas das maiores locadoras do Brasil, a *Localiza* , no começo era muito vantajoso para os motoristas alugar pelo veículo sair né, um preço bom na faixa de 1500 reais por mês, mas a *Localiza* vendo que não era vantajoso para eles pelo fato que os motoristas trabalham demais e assim o carro acaba rodando muito e por consequência quebra demais o carro ou dá muita manutenção, a *Localiza* retirou a facilidade de se locar um carro para se usar na *Uber* ou dificultou muito além de subir os valores absurdamente".

No que se refere à jornada, disse que "Fica a vontade dos motoristas o que parece uma coisa boa a princípio, mas depois você vê que está trabalhando demais, não está ganhando tão bem quanto esperava e seu veículo está todo quebrado. Essa é a realidade".

Quanto a metas, "Só as próprias metas diárias e semanais". Que existe ameaça ou desligamento se a produção não for a esperada: "Sim a todo momento, a *99pop* toca um áudio todos os dias ameaçando bloquear motoristas por falta de aceitar corridas e é muito irritante, já a *Uber* se estiver abaixo da aceitação deles você é bloqueado".

Afirma que as plataformas ainda incumbem ao cliente fazer a avalição do motorista: "Sim e em alguns casos você pode ser banido da plataforma por má intenção de passageiros e isso é quase irreversível, tendo que entrar na justiça para conseguir se opor a decisão do *App*, que muitas vezes nem se deu ao trabalho de conversar com o motorista".

O desligamento por excesso de tempo de inatividade, pode ocorrer: "Em alguns casos sim, mas bem difícil porque para eles quanto mais motoristas melhor". Sobre as condições em que a exclusão pode ocorrer, explica que "Na grande maioria das vezes por relato dos passageiros, outras por não aceitar todas as corridas oferecidas, ou as vezes o app só quer tirar uma classe de motorista que já não dá tanto lucro para eles, o que nós chamamos de motoristas veteranos, sabe quando corridas pegar, sabe seus direitos e sabe que os *Apps Uber/99pop* só se importa com eles (as próprias plataformas)".

Informa que existe meio eletrônico da plataforma para acompanhar o motorista enquanto está logado: "Existe sim e eles acompanham até quando não estão conectados".

Acerca da existência ou não do seguro de vida ou de acidente, informa que "Existe, porém eles não anunciam e poucos motoristas sabe disso consequentemente não reclama seus direitos"; sobre compensação pela alta do combustível, disse que "A *Uber* não, numa entrevista eles disse que os motoristas tem que gastar menos se quiser ganhar mais".

Para o quesito sobre formas alternativas de combustível, como adaptar o carro para gás, responde: "A realidade agora é essa, grande parte dos motoristas financiou o veículo para poder trabalhar, com a alta dos combustíveis os motoristas foi obrigado a adaptar o veículo ou não trabalha porque não tem como trabalhar com *Apps* com o carro original de fábrica, todos os que eu conheço adaptou o carro com dinheiro do próprio bolso".

Sobre a criação de cooperativa, disse que já pensou na possibilidade: "Sim mas infelizmente todas as vezes que surgi um app novo os 2 maiores *Apps Uber/99pop* reage abaixando os preços para os passageiros, fazendo isso eles consegue manter os passageiros temporariamente até o nosso app perder forças e investidores, e nesse tempo os motoristas passa fome porque todas as corridas fica pouco rentável".

Quantos aos custos e burocracia da criação de cooperativa: "Não sei dizer".

Ao falar sobre a jornada e condições dignas de vida da família, somente com a renda percebida nos aplicativos: "Nem um motorista segue isso, se ele seguir não paga as contas, a carga horária de um motorista é em média de 11 a 12 hrs por dia, e todos os fins de semana, as vezes só a noite ou no melhor horário dos fins de semana. Eu mesmo saio 5 hrs da manhã para as 11 da manhã almoço em 40 minuto e volto a trabalhar finalizado as 9 ou 10 da noite, essa é a rotina de 70% dos motoristas".

Analisando as respostas do Sr. Wilker, pode-se ver o quanto a hipótese dessa pesquisa está fartamente comprovada: as plataformas digitais exploram seus trabalhadores.

As empresas por aplicativos passam a ilusão de que os trabalhadores são parceiros, mas com o aumento dos combustíveis e outros fatores que impactam suas condições de trabalho, como o alto custo da manutenção do veículo, as longas jornadas a que se expõem, confirmam a falácia.

As plataformas concretizam seu objetivo de dominar o mercado de transporte de passageiro, quebram a concorrência, que observa normas trabalhistas e tributárias.

Os altos investimentos especulativos na marca compensam o preço baixo que oferecem, e depois de ganhar exclusividade, visam lucro pelo lucro, pois repassam os riscos da atividade econômica para os trabalhadores, a quem não dão a proteção legal das normas trabalhistas.

Pode-se concluir ainda, sobre esse segmento da pesquisa, que existe restrição à organização livre de entidades sindicais para aproximar e solidarizar os trabalhadores da economia compartilhada ou do bico.

Tais trabalhadores poderiam se associar a partir de elementos comuns de seu interesse, como a semelhança da ferramenta que os conecta à empresa e aos consumidores, qual seja, as plataformas digitais.

Por disposição da Constituição Federal, a estrutura sindical brasileira, com a expansão dos empreendimentos por plataforma, acaba perdendo territórios geográficos para as conexões por aplicativo.

Por isso, ainda que os processos de trabalho encontrem-se cada vez mais globalmente integrados, sofrem maior fragmentação em âmbito local, em face das limitações impostas pela unicidade por base territorial, fenômeno que causa desalinhamento com as reestruturações do mundo do trabalho.

Por fim, embora as pesquisas demonstrarem que a classe de trabalhadores informais supere a dos trabalhadores com carteira assinada, a primeira não está organizadas em sindicatos.

Mas surge no país mobilizações de movimentos sociais que tendem a organizá-los, como o Breque dos apps e o MTSD, que já provocaram a aprovação de lei dispondo direitos mínimos aos trabalhadores.

E como alerta Rosane Gauriau, a partir de um patamar mínimo, os sujeitos sociais podem fazer concessões ou renúncias, e assim aumentarem o rol de proteção social a que fazem jus.

2.3. Trabalho subordinado ou autônomo nas plataformas? Zonas cinzentas

Data do início da década de 1990 a profusão de modalidades singulares de emprego, fato que causou precariedade nas relações trabalhistas, e mais recentemente outras formas emergentes de contrato de trabalho à margem da subordinação clássica, como os "miniempregos" na Alemanha, contratos de "zero hora!"[489] na Grã-Bretanha, e "contratos de microemprego" na "economia do bico" — *Gig Economy*)[490].

As formas de contratação precarizadas marcam uma clara ruptura com o período de estabilidade do pleno emprego, que caracterizou o que ficou conhecido como Trinta Anos Gloriosos [1945 a 1975], durante o qual nunca se imaginava que o nível e a complexidade da despadronização da relação de trabalho alcançariam tamanha amplitude, de forma a se questionar "[...] a noção de relação de emprego, cujas fronteiras se tornaram mais incertas e indecisas do que nunca"[491].

"Os contornos borrados da relação de emprego", na expressão de Christian Azaïs, Patrick Dieuaide e Donna Kesselman, residem nas particularidades que se tornaram comuns do processo produtivo, agora aberto, dinâmico e geograficamente dispersado, as quais afetam as condições de emprego e de trabalho. Exemplo típico é o da subcontratação internacional, "[...] na qual as decisões do mandante escapam às normas nacionais, enquadrando a relação de emprego da empresa subcontratada[492]".

(489) Segundo Ricardo Antunes, uma modalidade de trabalho na qual os trabalhadores ficam à disposição de uma plataforma, esperando contato, para realização de serviços que "[...] abrange um universo imenso de trabalhadores e trabalhadoras de que são exemplos médicos, enfermeiros, trabalhadores do *care* (dos cuidados de idosos, crianças, doentes, portadores de necessidades especiais etc.), motoristas, eletricistas, advogados, pessoas que executam serviços de limpeza, consertos domésticos, entre tantos outros. Tudo isso facilitado pela expansão do trabalho *online* e dos 'aplicativos' que invisibilizam, ao mesmo tempo em que ampliam exponencialmente, uma parte expressiva da classe trabalhadora, especialmente (mas não só) no setor de serviços". ANTUNES, Ricardo. Trabalho digital, "indústria 4.0" e uberização do trabalho. In: CARELLI, Rodrigo de Lacerda; CAVALCANTI, Tiago Muniz; FONSECA, Vanessa Patriota da. *Op. cit.*, 2020. p. 348.

(490) AZAÏS, Christian; DIEUAIDE, Patrick; KESSELMAN, Donna. Zona cinzenta do emprego, poder do empregador e espaço público. In: CARELLI, Rodrigo de Lacerda; CAVALCANTI, Tiago Muniz; FONSECA, Vanessa Patriota da. *Op. cit.*, 2020. p. 442.

(491) *Idem*.

(492) *Ibidem*, p. 443.

A zona cinzenta aplicada ao emprego, outra denominação dos contornos borrados da relação de emprego, destaca-se em três dimensões: da relação de poder (num contexto de globalização) dos empregadores com outros interlocutores que os cercam, como Estado, empresas, sociedade civil[(493)] etc.

De forma que a prestação de serviço decorrente dessa interação (relações extrajurídicas e convenções informais) ultrapassa a visão jurídica binária da relação de emprego clássica, e desfoca-se em práticas nem legais, nem ilegais[(494)].

Subjaz à linha cinzenta o enfraquecimento dos níveis jurídicos de proteção e normatização do trabalho, ainda que não haja interferência na subordinação dos trabalhadores, sejam estes "[...] falsos assalariados, falsos independentes, ou mesmo assalariados vítimas de insegurança nos empregos mais protegidos"[(495)].

A zona cinzenta se aproveita da liberdade da economia de mercado, na qual existem lacunas ou permeabilidade para se contratar em um regime alternativo precário da relação de emprego, que pode colocar em xeque a norma jurídica constituidora da relação clássica ou pode constituir "[...] uma engrenagem permanente de uma regulação híbrida de interesses contraditórios afetando a relação de emprego"[(496)].

Não é desarrazoada a reflexão de que contribui para a (in)definição de relação de emprego um inventário de configurações de relações de poder, que vão propiciar uma situação em que "[...] os empregos não sejam mais codificados segundo regras ou procedimentos instituídos, mas negociados caso a caso sob bases locais ou puramente contingentes"[(497)].

Para Supiot, a constatação de zona cinzenta descansa sobre a constatação de divergência entre a atividade profissional do assalariado clássico, agora com autonomia em oposição à antiga falta de iniciativa, e inserido numa organização fortemente hierarquizada, e a atividade do trabalhador independente, "que não é necessariamente um empreendedor livre como assim lhe parece"[(498)].

Infere Supiot que, para o primeiro existe "autonomia na subordinação" e, portanto, "lealdade na independência"; para o segundo, essa convergência encontra seu equivalente no plano jurídico dentro de uma "relativa diluição do critério de subordinação"[(499)].

A zona cinzenta não diz respeito ao que se entende por fronteira do Direito do Trabalho (expansão ou restrição de seu campo de aplicação), antes remete a outro tipo de questionamento que inclui modalidades de exercício do poder do empregador[(500)].

---

(493) *Ibidem*, p. 443.

(494) *Idem*.

(495) *Idem*.

(496) *Idem*.

(497) *Idem*.

(498) SUPIOT, Alain. Les nouveaux visages de la subordination. *Droit Social*, Paris, n. 2, fev. 2000, p. 131-145.

(499) SUPIOT, Alain *apud* AZAÏS, Christian; DIEUAIDE, Patrick; KESSELMAN, Donna. *Op. cit.*, 2020. p. 449.

(500) *Idem*.

Este poder demanda "[...] tanto aos assalariados quanto aos trabalhadores independentes, que tenham 'lealdade'"[(501)].

Em outras palavras, a zona cinzenta constitui-se na passagem da obediência para a lealdade, resultado da mobilização pelo empregador da atividade dos trabalhadores quanto às "[...] suas capacidades de iniciativa, de julgamento e de responsabilidade exercidas na qualidade de homens livres"[(502)].

Pode-se dizer ainda que a zona cinzenta tem potencial de conflito e instabilidade, tensionada entre trabalhadores, "[...] pouco ou mal protegidos e um poder de direção mal identificado", ou, dizendo de outra forma, o âmbito institucional da relação de emprego deixa de definir as prerrogativas do empregador[(503)].

Interessante é a noção de zona cinzenta como espaço público, não de troca, mas de composição de interesses, resolvidos sobre "base de regras híbridas e implícitas ou de convenções de negócios assimiláveis a disposições de caráter não obrigatório (*soft law*)!"[(504)].

Referido espaço público é tomado, sob outra forma de expressão, como um lugar mais ou menos informal de deliberação, permitindo que "[...] duas ordens de legitimidade coexistam; ou ainda se misturem na prática: um institucional e estatal, outro mercantil e contratual"[(505)].

Diz-se que há novas formas de codificação da relação de emprego, engendradas pela zona cinzenta, como os contratos de trabalho independente, a exemplo dos parassubordinados da Itália, conforme acima mencionado.

Emerge desta zona nebulosa um dilema de se reconhecer ou não legalmente toda forma atípica de emprego, visto que "[...] reconhecê-la é favorecer seu desenvolvimento, ignorá-la é abandonar os trabalhadores atípicos à sua própria sorte"[(506)].

As circunstâncias fáticas na prestação de serviços pelos denominados "parceiros" ou "autônomos" devem (ou deveriam) conduzir a regulamentação do trabalho sob demanda, bem assim a natureza jurídica da relação de trabalho entre prestadores e aqueles que se utilizam das plataformas digitais que tem nesse uso atividade econômica que demanda trabalho humano[(507)].

---

(501) *Ibidem*, p. 449.

(502) *Idem*.

(503) *Ibidem*, p. 450.

(504) *Ibidem*, p. 453.

(505) *Idem*.

(506) *Ibidem*, p. 450.

(507) "Certamente, o trabalho autônomo dependente representa fenômeno social complexo. Assim é difícil precisar quantos são os trabalhadores que escolheram, por vontade própria, a independência e quantos tiveram que aceitá-la por imposição de seus empregadores ou em razão da perda de seus empregos". In: BULGUERONI, Renata Orsi. *Op. cit.*, 2012. p. 54.

Carelli e Oliveira são de parecer que "Independentemente da cogitação de proteção de natureza constitucional a todos os trabalhadores empregados ou não, a ordem jurídica infraconstitucional não atribui tratamento tutelar aos trabalhadores autônomos"(508).

Ainda sob a ótica de Rodrigo Carelli e Murilo Oliveira, "Autonomia no sentido de autogoverno e autogestão são coisas muito mais amplas do que a mera gestão de horários de ativação e desativação na plataforma, caso realmente se queira caracterizar o trabalho por conta própria"(509).

Observa-se que os prestadores, pela atual e indefinida regulamentação devem ter a propriedade ou posse dos principais equipamentos e instrumentos para a prestação do serviço(510), como o carro para oferecer transporte, o veículo para fazer a retirada e entrega de mercadorias, as ferramentas para executar consertos e montar móveis, os produtos para realizar limpeza, dentre outros.

Mas em alguns casos é a empresa que determina a especificação desses equipamentos ou instrumentos, pelo que sobressai o controle da atividade laboral pelo tomador dos serviços(511).

O sistema de reputação (avaliação) tende a vincular os trabalhadores a uma ou poucas plataformas, e a avaliação não é do trabalhado em geral, mas do seu desempenho em uma determinada plataforma, o que também configura controle do tomador.

Embora essa avaliação não seja feita diretamente pelo tomador, mas sim por terceiros, a partir dela o trabalhador pode ser recompensado ou punido.

E a avalição por terceiros tem um aspecto pernicioso, como o preconceito racial ou religioso do cliente, que pode desqualificar a avaliação ou reputação, de forma a não fazer justiça ao trabalhador(512).

Ainda sobre a avaliação, que não deixa de ser uma forma de controle do tomador, Rodrigo Carelli afirma que a mesma se dá com vistas a apreciação da realização dos objetivos empresariais, nos seus aspectos quantitativos e qualitativos.

Mas ao mesmo tempo é uma característica da autonomia concedida aos trabalhadores, certamente porque, como se sentem parceiros, importam que a avalição seja positiva(513).

---

(508) CARELLI, Rodrigo de Lacerda; OLIVEIRA, Murilo Carvalho Sampaio. *Op. cit.*, 2021, p. 84.

(509) *Ibidem*, p. 86-87.

(510) Pode haver questionamentos se o carro, a bicicleta ou moto, seriam os principais meios de produção do trabalhador plataformizado. Ou seria a acessibilidade ao aplicativo, à rede digital e física de suporte da comunicação e informação? Ou a propriedade da massa de dados acumulados, da massa de capital investido, ou o acesso da estrutura jurídica da plataforma? Nota do autor.

(511) CHERRY, Miriam. Beyond Misclassification. *In*: KALIL, Renan Bernardi. *Op. cit.*, 2020. p. 103.

(512) *Ibidem*, p. 104.

(513) CARELLI, Rodrigo de Lacerda. *Op. cit.*, 2017. p. 141-142.

Ainda na companhia de Carelli, este vê na nova relação jurídica entre autônomos e tomadores (plataformas) "uma relação de aliança, em uma refeudalização das relações", de forma que:

> O liame da aliança implica em um engajamento ainda maior da pessoa do trabalhador, pois ao invés de se fixar em obedecer mecanicamente a ordens dadas em tempo e lugar anteriormente fixados, devem os trabalhadores se mobilizar totalmente para a realização dos objetivos que lhe são consignados e se submeter ao processo de avaliação de sua performance.(514)

Na uberização, também há ingerência do tomador em relação a manutenção da vinculação ou ao seu rompimento.

Por isso, a dispensa pode se dar por algoritmos: usam-se as notas (não justificadas) para analisar a pertinência de o trabalhador continuar participando da plataforma para oferecer os seus serviços. Pela avaliação de terceiros a empresa pode suspendê-lo temporariamente ou até excluí-lo em definitivo.

De acordo com a percepção de Antonio Aloisi, "O sistema de ranqueamento, combinado com a classificação baseada em aprovação e outros elementos obscuros de algoritmos indescritíveis, é uma forma de implementar regras internas e condicionar a autonomia dos trabalhadores"(515).

Ou, como assevera Tom Slee, "As empresas não oferecem um serviço confiável, mas se exige que as atividades sejam executadas por trabalhadores com boa reputação"(516).

Existe também uma situação de estágio probatório sem fim (na *Uber*, por exemplo, qualquer oscilação negativa de sua nota média abaixo dos parâmetros impostos pela plataforma é razão para suspensão ou desligamento, e isso independe do tempo de serviço prestado)(517).

A grande diferença entre a relação de emprego e o trabalho autônomo é a dimensão da liberdade do trabalhador.

Na primeira, a subordinação jurídica, na definição tradicional, valoriza os outros supostos: pessoalidade, não eventualidade e principalmente a dependência econômica, que justifica recebimento de salário.

Já na segunda deve prevalecer a autonomia, exercício de atividade econômica, habitualidade ou não, pessoalidade ou não, estrutura empresarial, independência econômica e técnica. O problema surge quando essas características se relativizam, favorecendo a fraude.

---

(514) CARELLI, Rodrigo de Lacerda. *Op. cit.*, 2017. p. 141.

(515) ALOISI, Antonio *apud* KALIL, Renan Bernardi. *Op. cit.*, 2020. p. 104.

(516) SLEE, Tom *apud* KALIL, Renan Bernardi. *Op. cit.*, 2020. p. 105.

(517) PRASSL, Jeremias *apud* KALIL, Renan Bernardi. *Op. cit.*, 2020. p. 106.

Em casos de fraude, em conformidade com a jurisprudência do Reino Unido (e também a do Brasil) deve-se perguntar, visando distinguir um falso autônomo de um verdadeiro empregado:

— quem exerce o controle sobre as tarefas, modo, definição de cumprimento das mesmas e o tempo em que terão de ser realizadas? (Importa definir em qual dos atores remanesce o controle);

— como a atividade ou o trabalho se integra na atividade comercial do tomador? [A depender da resposta deste quesito, poderia estar configurada a subordinação objetiva (inserção do trabalhador na atividade fim) ou estrutural (inserção do trabalhador na estrutura organizativa, predeterminada por outrem)];

— que provas existem de subordinação formal aos termos do contrato? (Pode-se verificar a existência ou não de obrigações mútuas entre as partes);

— onde reside o risco financeiro? (Para se revelar a qual das partes pertencem os riscos).

Os questionamentos aqui se assemelham ao teste ABC, da lei californiana AB5, comentada acima.

Faz-se prudente analisar as respostas destes testes para se definir o grau de dependência de um prestador em relação ao seu tomador de serviços(518), para se definir na zona cinzenta qual a natureza da relação jurídica, se subordinada ou não.

A conclusão parcial desta subdivisão é no sentido de que a zona cinzenta se instala na liberdade da economia de mercado, na qual existem lacunas ou permeabilidade para se contratar em um regime alternativo precário da relação de emprego.

Tal circunstância pode colocar em xeque a norma jurídica constituidora da relação clássica ou pode constituir engrenagem permanente de uma regulação híbrida de interesses contraditórios que afetam a relação de emprego.

2.3.1. Ressignificação da subordinação jurídica

O fim do Estado do bem estar significou o retorno da ideologia de que o indivíduo não deve esperar benefícios sociais do ente estatal(519), e que é preciso vencer na vida por seus próprios méritos.

Por outro lado, a financeirização da economia, mais acentuadamente a partir de 1980, e a consequente concentração de renda e patrimônio pelas empresas, a arrastar a

(518) BULGUERONI, Renata Orsi. *Op. cit.*, 2012. p. 175.

(519) A luta generosa contra a pobreza teria frac-assado quando o Estado do bem-estar dissuadiu os pobres de tentar progredir, como asseverou Charles Murray em *Losing Ground* (Perdendo terreno), obra lançada em plena era Reagan: "Manter os indivíduos em categorias desvalorizadas, fazê-los perder dignidade e autoestima, homogeneizar a classe pobre são alguns dos efeitos não desejados do auxílio social". *Apud* DARDOT, Pierre; LAVAL, Christian. *Op. cit.*, 2016. p. 268.

classe trabalhadora ao endividamento e empobrecimento devido à deflação salarial (diminuição salarial em razão do desaquecimento da economia), todos este fatores levaram o trabalhador a uma crucial mudança em relação a si próprio: a capitalização da vida individual.

Longe do sonho thatcheriano, que pregava a possibilidade do empreendedorismo individual, no qual as populações ocidentais poderiam se compor de milhões de pequenos capitalistas, o trabalhador se viu na contingência de conceber-se e comportar-se, em todas as situações de sua vida, como um capital que deveria valorizar-se(520).

Octavio Ianni, discorrendo sobre a ocidentalização do mundo, sustenta que esse fenômeno pressupõe "[...] padrões, valores e instituições predominantes na Europa Ocidental e nos Estados Unidos. É uma tradução da ideia de que o capitalismo é um processo civilizatório não só 'superior', mas também mais ou menos inexorável"(521).

Conforme alerta Byung-Chul Han, o sujeito do empreendedorismo ou do desempenho concorre consigo mesmo e já não tem no outro seu principal concorrente, mas tem a si próprio como autorreferência, a quem se obriga superar.

De modo que "[...] a tentativa de se suplantar, de querer vencer-se, finalmente se mostra fatal, pois é uma autoconcorrência, equiparando-se à proposição de querer ultrapassar a própria sombra(522)".

A ideia do empreendedorismo foi o grande divisor de águas da subordinação clássica no trabalho, para uma independência que é dependência, para uma autonomia que é ilusória.

Não se traduz autonomia no fato de que o trabalhador possa recusar trabalho, ou porque pode trabalhar quando bem entender. Segundo a percepção de Rodrigo Carelli e Murilo Oliveira, a ideia de subordinação jurídica, a partir da Reforma Trabalhista de 2017, que instituiu o trabalho intermitente (art. 452-A e parágrafos, acrescentados à CLT pela Lei n. 13.467/2017), foi reconfigurada e permite a recusa do trabalho"(523).

---

(520) "[...] um capital que devia valorizar-se: estudos universitários pagos, constituição de uma poupança individual para a aposentadoria, compra da casa própria e investimentos de longo prazo em títulos da bolsa são aspectos dessa 'capitalização da vida individual' que, à medida que ganhava terreno na classe assalariada, erodia um pouco mais as lógicas de solidariedade (instaura-se uma concorrência generalizada, inclusive na esfera da subjetividade)". DARDOT, Pierre; LAVAL, Christian. *Op. cit.*, 2016. p. 257-258.

Nesta nota ainda cabe a observação de Ludmila Costhek Abílio, no sentido de que "Envolta na produção discursiva do empreendedorismo, a uberização remete também aos modos de subjetivação relacionados às formas contemporâneas de gestão do trabalho e ao neoliberalismo (...), que nos demandam uma compreensão do engajamento, responsabilização e gestão da própria sobrevivência, praticados e experenciados pelos trabalhadores e trabalhadoras uberizados". ABÍLIO, Ludmila Costhek. A era do trabalhador *just-in-time*? Palestra apresentada em dezembro de 2019 junto ao Instituto de Estudos Avançados, sediado no IEA e coordenado pelo Prof. Dr. René Mendes. Artigo publicado em *Estudos Avançados*, 34 (98), 2020, p. 113.

(521) IANNI, Otavio. *Op. cit.*, 2010. p. 99.

(522) HAN, Byung-Chul. *Op. cit.*, 2017. p. 79.

(523) CARELLI, Rodrigo de Lacerda; OLIVEIRA, Murilo Carvalho Sampaio. *Op. cit.*, 2021. p. 95.

Se assim ocorre, a recusa de um trabalhador de plataforma que disponibiliza serviços seria "[...] a mesma recusa facultada ao empregado intermitente e, assim, não afasta sozinha a condição de dependente e, do mesmo modo, não é indício de autonomia a descaracterizar o vínculo empregatício"(524).

Contra o pensamento acima exposto, muitos dirão que o trabalho externo seria por natureza avesso à subordinação, ainda que este instituto agora se apresente com as novas roupagens dadas pelo art. 452-A e seus parágrafos(525), acrescentados à CLT.

O trabalho a tempo parcial, prestado via plataformas sob demanda, assemelha-se(526) ao trabalho intermitente, agora regido pela CLT.

Mesmo o teletrabalho apresenta aspectos de autonomia, mas ninguém nega que se trata de modelo recente de trabalho por produção, e a subordinação está aí implícita, ainda que a legislação expressamente preveja que no mesmo não se aplica as regras sobre a duração do trabalho, por se dar este de forma externa, mas sempre se deve ter em mente as exceções do art. 62 da CLT, que tornam possível o reconhecimento do controle da jornada(527).

Como alerta Carelli, "É totalmente contrário à lei e à própria definição de empregado e empregador tentar aferir a existência da relação de emprego pela rigidez ou flexibilidade na prestação de trabalho"(528).

---

(524) *Ibidem*, p. 95.

(525) "Art. 452-A. O contrato de trabalho intermitente deve ser celebrado por escrito e deve conter especificamente o valor da hora de trabalho, que não pode ser inferior ao valor horário do salário mínimo ou àquele devido aos demais empregados do estabelecimento que exerçam a mesma função em contrato intermitente ou não. *(Incluído pela Lei n. 13.467/2017)*

§ 1º O empregador convocará, por qualquer meio de comunicação eficaz, para a prestação de serviços, informando qual será a jornada, com, pelo menos, três dias corridos de antecedência. *(Incluído pela Lei n. 13.467/2017)*

§ 2º Recebida a convocação, o empregado terá o prazo de um dia útil para responder ao chamado, presumindo-se, no silêncio, a recusa. *(Incluído pela Lei n. 13.467/2017)*

§ 3º A recusa da oferta não descaracteriza a subordinação para fins do contrato de trabalho intermitente. *(Incluído pela Lei n. 13.467/2017)*

§ 4º Aceita a oferta para o comparecimento ao trabalho, a parte que descumprir, sem justo motivo, pagará à outra parte, no prazo de trinta dias, multa de 50% (cinquenta por cento) da remuneração que seria devida, permitida a compensação em igual prazo. *(Incluído pela Lei n. 13.467/ 2017)*

§ 5º O período de inatividade não será considerado tempo à disposição do empregador, podendo o trabalhador prestar serviços a outros contratantes. *(Incluído pela Lei n. 13.467/2017)*

(526) O trabalhador intermitente tem direito de recusa assegurado, ao passo que o trabalhador plataformizado está sujeito a suspensão, exclusão ou outras formas de restrição pela recusa, além de uma série de mecanismos de indução à aceitação. Há diferentes tipos de trabalho sob demanda: Avulso, o intermitente e o uberizado (ainda que cooperativado). A diferença do uberizado é a internalização do exército de reserva e o intenso controle telemático. Tanto o avulso quanto o intermitente somente concorrem com um número aproximado de trabalhadores necessários. Já o uberizado concorre com uma massa crescente de um exército de reserva que está internalizado na plataforma e constantemente mobilizado, ainda que o número necessário fosse muito maior. Toda a estratégia das plataformas está em submeter os trabalhadores à maior jornada possível para que haja a maior concorrência e disponibilidade possível de trabalhadores. Nota do autor.

(527) CARELLI, Rodrigo de Lacerda; OLIVEIRA, Murilo Carvalho Sampaio. *Op. cit.*, 2021. p. 96.

(528) *Ibidem*, p. 96.

O antigo método de se perquirir sobre a existência ou não da subordinação, na sua definição clássica, a exemplo de questionamentos como "o trabalhador tinha hora para entrar?", "o trabalhador tinha hora para sair?", "o trabalhador poderia cumprir tarefas de seu interesse durante o horário de trabalho, como ir ao médico?", já se tornou anacrônico e não mais corresponde ao ordenamento jurídico atual.

Segundo Carelli os quesitos alinhavados fazem parte de "[...] um imaginário fordista que, apesar de prevalente, não é central às concepções de emprego, empregado e empregador".

Este modelo, apesar de ainda majoritário, mas cada vez perdendo mais importância "[...] vem sendo substituído paulatinamente por outras formas flexíveis de arranjo, como o teletrabalho, horários alternados, '*hot desking*', trabalho por metas, sem ultrapassar, no entanto, o modelo empresa-empregado"(529).

A subordinação jurídica não poderá desbordar de certos limites, pois não fosse assim a condição do trabalhador se reduziria a uma condição servil. Condiz com sua natureza apresentar diferentes graus, que devem estar presentes, ainda que de forma subentendida. Mesmo no modo de potencialidade, não é "[...] fundamentalmente incompatível com a autonomia técnica de execução, como nos mostra o exemplo das profissões ditas 'liberais'"(530).

Alguns autores defendem que a subordinação jurídica não pode ser confundida com a dependência econômica do trabalhador (necessidade da renda de seu trabalho para viver).

Mas em geral estão sempre próximos, "[...] o trabalhador acumulando ao mesmo tempo as condições de sujeito juridicamente subordinado e economicamente dependente — e o direito, claro, não pode e não deve ignorar essa dupla sujeição"(531).

Mas nem sempre são coincidentes, pois a dependência econômica pode existir sem subordinação jurídica, a exemplo de certos casos de "trabalho parassubordinado" (a parassubordinação é uma exceção ao regime de emprego, previsto em algumas legislações específicas como na Itália, mas não regulamentada no Brasil).

Ao longo do avanço de novas formas de se trabalhar, a subordinação jurídica tornou-se mais flexível, principalmente por obra da jurisprudência, que tende a detectá-la em formas cada vez menos vinculadas ao exercício do poder do empregador. De tal forma que sem a possibilidade de se recorrer a uma "escala de subordinação", "[...] interpretar a lei para a aplicar constitui uma tarefa particularmente delicada"(532).

---

(529) *Ibidem*, p. 96.

(530) AMADO, João Leal; MOREIRA, Teresa Coelho. O direito das plataformas de transporte e o contrato de trabalho em Portugal: assuntos, relações e presunção de emprego. In: CARELLI, Rodrigo, CINGOLANI, Patrick, KESSELMAN, Donna (Eds.). *Les travailleurs des plataformes numériques* — regards interdisciplinaires. Editorial Teseo/SDL, 2022, p. 64.

(531) AMADO, João Leal, MOREIRA, Teresa Coelho. *Op. cit.*, 2022. p. 64.

(532) *Ibidem*, p. 64.

Atualmente assiste-se a um fenômeno que alguns qualificam como "evasão ao direito do trabalho" ou "evasão ilícita para o autoemprego", devido à multiplicação de dissimulações fraudulentas de trabalho subordinado, apresentado como trabalho autônomo, prestado ao abrigo de um regime denominado "contrato de prestação de serviços"(533).

O direito português combate a evasão ao direito do trabalho. O art. 10.º do Código do Trabalho de Portugal alarga o âmbito de aplicação de determinadas normas (as relativas aos direitos humanos, igualdade e não discriminação, segurança e saúde no trabalho) às situações em que o trabalho é prestado por uma pessoa em prol de outra sem subordinação jurídica, sempre que a pessoa que presta o trabalho possa ser considerada economicamente dependente do beneficiário da atividade.

Essa norma de direito forâneo poderia ser intentada no sistema jurídico brasileiro, *de lege ferenda*, para se equiparar uma imensa gama de trabalhadores ditos autônomos à especificidade da relação jurídica que os prende aos tomadores(534).

Outra forma de alargar a proteção social aos trabalhadores ditos independentes seria a aplicação do princípio da primazia da realidade, que nada mais é do que dar primazia à vontade real das partes — revelada pela execução contratual — sobre a declarada.

A esse respeito, a doutrina pátria alude ao princípio também conhecido como primazia do real, justamente para enfatizar que as relações jurídicas trabalhistas são definidas pela situação fática, ou seja, pela forma como é realizada a prestação de serviços, independentemente do nome que lhe seja dado pelas partes.

O Código do Trabalho de Portugal consagra a presunção de emprego, referida no seu art. 12.º, § 1.º: A existência de contrato de trabalho presume-se quando a relação estabelecida entre a pessoa que exerce uma atividade e a(s) pessoa(s) dela beneficiária(s) apresenta algumas das seguintes características:

A atividade é realizada em local pertencente ao beneficiário ou por ele escolhido; os equipamentos e instrumentos de trabalho utilizados pertencem ao beneficiário da atividade; a pessoa que realiza a atividade observa os horários determinado pelo beneficiário; compensação financeira é paga regularmente à pessoa que realiza a atividade; a pessoa que exerce a atividade ocupa um cargo de liderança ou direção na estrutura da empresa.

Aqui, uma vez mais o sistema jurídico brasileiro laboral também poderia *de lege ferenda* adotar, exceto no que diz respeito à necessidade dos equipamento pertencerem ao prestador, visto que não constitui mais presunção de ausência de relação de emprego a propriedade ou posse dos bens, como no caso da *Uber* e dos entregadores de refeição.

(533) *Ibidem*, p. 64.

(534) Os trabalhadores não empregados brasileiros (economicamente dependentes) têm assegurado no art. 7º toda uma gama de direitos fundamentais, que independem do vínculo de emprego, além de outros direitos fundamentais. WANDELLI, Leonardo Vieira. *O direito humano e fundamental ao trabalho, fundamentação e exigibilidade*. São Paulo: LTr, 2012.

Presumir-se-ia pela existência da subordinação jurídica nos casos que se fizessem presentes as características da lei portuguesa, e caberia ao tomador dos serviços a prova em contrário.

O avanço de novas formas de se trabalhar tornou a subordinação jurídica clássica mais flexível, e a jurisprudência tende a detectá-la em formas cada vez menos vinculadas ao exercício do poder do empregador.

De tal forma que não havendo possibilidade de se recorrer a uma escala dos níveis de subordinação, interpretar a lei para a aplicar constitui uma tarefa particularmente delicada, e os tribunais vem decidindo que há subordinação jurídica na relação entre trabalhador e plataforma se aquele se mostra economicamente dependente desta.

2.3.2. Subordinação algorítmica e dependência econômica

Não se pode ignorar o algoritmo[(535)] nesta pesquisa, uma novidade no mundo digital, amplamente adotado pelas empresas de aplicativos, ou usuárias de plataformas digitais, ferramenta que propicia a programação e reprogramação dos objetivos empresariais.

Algoritmos funcionam a partir de dados[(536)] coletados pelo empreendedor.

Referidos dados são a transformação de fatos ou ocorrências em símbolos, que vão alimentar o algoritmo para que este determine a decisão a ser tomada, de forma que os dados "[...] são uma leitura codificada da realidade para a sua inserção no algoritmo"[(537)].

Pode-se dizer ainda que "Uma empresa comandada por algoritmo nada mais nada menos é aquela que tem seu regulamento codificado e informatizado"[(538)].

Uma estrutura empresarial algorítmica, funcionando de forma virtual, implementa modelos uniformes de atendimento, e protocolos rígidos e pré-estabelecidos de tomada de decisões.

Este método permite que "[...] não seja realmente importante quem serão os profissionais em serviço, o tipo de personalidade deles, suas opiniões políticas e seu humor ocasional são irrelevantes"[(539)].

O algoritmo está presente também nas empresas tradicionais de prestação de servi-

---

(535) "Um algoritmo é um conjunto metódico de passos que pode ser usado na realização de cálculos, na solução de problemas e na tomada de decisões. Não se trata de um cálculo específico, mas do método empregado quando se fazem cálculos". In HARARI, Yuval Noah. Homo Deus. Uma breve história do amanhã. São Paulo: Cia. das Letras, 2016. p. 91.

(536) "Os dados servem para realizar perfis e classificar as pessoas, otimizar os sistemas, gerenciar coisas, modelar probabilidades e aumentar o valor dos ativos". CARELLI, Rodrigo de Lacerda; OLIVEIRA, Murilo Carvalho Sampaio. *Op. cit.*, 2021. p. 39.

(537) CARELLI, Rodrigo de Lacerda; OLIVEIRA, Murilo Carvalho Sampaio. *Op. cit.*, 2021. p. 37.

(538) *Ibidem*, p. 38.

(539) *Ibidem*, p. 37.

ços, como as de telecomunicação, companhias aéreas e bancos, que estabelecem sistemas rígidos de atendimento indireto, e na requisição de serviços a tais empresas (agora quase sempre por telefone ou virtualmente), o consumidor é obrigado a se submeter a um rol de opções disponibilizadas em ambiente virtual.

No repasse das informações sobre serviços solicitados existe sempre um robô no atendimento, e o contato com humanos somente será possível se esgotadas sem solução as alternativas automatizadas.

A programação de prestação dos serviços em menus virtuais ou remotos pelas empresas, ou suas decisões pré-aprovadas, são de forma que "se a resposta não está no sistema, geralmente não há como ser resolvida a questão, pois é o algoritmo que está no controle, não os trabalhadores"[(540)].

Algoritmos são definidos por Gilles Deleuze como "sociedades do controle", nas quais "a vigilância e o controle substituem a disciplina. Os dados não existem na natureza: eles são definidos, delimitados e escolhidos pelo responsável pelo algoritmo"[(541)].

O algoritmo passa a ser o instrumento da subordinação na medida em que "[...] limita a liberdade do trabalho"[(542)].

A evolução dos algoritmos, inicialmente apenas uma resposta coletiva sobre avalições de provedores de plataformas, tornou-se ferramenta digital de gestão empresarial.

Conforme bem explicado por Jeremias Adam-Prassl a gestão empresarial automatizada, visando completo controle do processo produtivo, consiste numa combinação de coletas de dados com análise de aprendizagem por máquinas, permitindo que os empregadores ou tomadores de serviços

> [...] monitorem e direcionem sua força de trabalho de forma contínua – enquanto dispersam a responsabilidade pelos algoritmos. Impulsionadas por parâmetros imprevisíveis e em rápida evolução, as decisões de gestão tornam-se difíceis de registrar, ou mesmo de explicar[(543)].

Nas plataformas digitais de intermediação de serviços, a faceta da subordinação clássica no que se refere ao controle direto passa a se dar ao "ar livre", na expressão de Gilles Deleuze, citado por Rodrigo Carelli, no sentido de "[...] metáfora de um controle individualizado na subjetividade e não na externalidade física"[(544)].

(540) CARELLI, Rodrigo de Lacerda. *Op. cit.*, 2017. p. 141.

(541) DELEUZE, Gilles *apud* CARELLI, Rodrigo de Lacerda; OLIVEIRA, Murilo Carvalho Sampaio. *Op. cit.*, 2021. p. 39.

(542) CARELLI, Rodrigo de Lacerda; OLIVEIRA, Murilo Carvalho Sampaio. *Op. cit.*, 2021. p. 116.

(543) ADAMS-PRASSL, Jeremias *apud* CARELLI, Rodrigo de Lacerda; CAVALCANTI, Tiago Muniz; FONSECA, Vanessa Patriota da. *Op. cit.*, 2020. p. 91.

(544) DELEUZE, Gilles. *Op. cit.*, *apud* CARELLI, Rodrigo de Lacerda; OLIVEIRA, Murilo Carvalho Sampaio. *As Plataformas Digitais e o Direito do Trabalho*, p. 112. Belo Horizonte: Editora Dialética. Edição do Kindle. 2021. p. 219/226

O controle sob esse aspecto revela a dependência econômica do trabalhador, também ressignificada, pois o "emitir ordens" por parte do empregador, sob a tradicional hierarquia, passa a ser menos importante do que a participação mais ampla do trabalhador sob a direção da organização, de forma que o ícone da empresa não é mais o mando sob decreto, mas a propriedade, a imposição de quem é dono.

Daí que "depender" significa por parte do prestador reconhecer que sua força de trabalho não se realiza sozinha, pois "[...] pertence estruturalmente à empresa, fazendo parte desta e, como consequência possível, podendo ser subordinado"(545).

Neste sentido, cita-se a decisão da Corte de Cassação francesa no caso da plataforma *Take Eat Easy* e seus entregadores ciclistas, de 28 de novembro de 2018(546), que reclassificou relação jurídica de prestação de serviço tida como autônoma em trabalho subordinado.

Sobre essa decisão, o professor Emmanuel Dockès afirma que a Corte, para integrar os trabalhadores da plataforma na relação de emprego não achou útil repisar a noção tradicional de subordinação no contrato de trabalho.

Antes, viu que a integração do trabalhador em serviço empresarial organizado "[...] já é um forte indício de subordinação"(547), cujo conceito não restou analisado nos seus supostos clássicos, mas na prova de sua existência, o que permitiu à corte dotar a subordinação com flexibilidade, modernidade e adaptabilidade ao caso.

O professor faz um comentário em nota de rodapé sobre o entendimento da corte sobre a interpretação da subordinação como já colocado, acrescentando que

> É possível pensar que a jurisprudência seria mais educativa se reconhecesse expressamente a influência que ela atribui à dependência econômica na operação de qualificação (reclassificação da relação como contrato de emprego), ao lado da subordinação.(548)

---

(545) CARELLI, Rodrigo de Lacerda; OLIVEIRA, Murilo Carvalho Sampaio. *Op. cit.*, 2021. p. 117. Resta, pois, superada a conclusão de Reginaldo Melhado, que ao definir a relação entre trabalhador e empregador como natureza jurídica meramente contratual, entende que o fenômeno de poder, autoridade e sujeição presente nesta relação decorreria do conteúdo deste contrato, que seria mera compra e venda de força de trabalho (MELHADO, Reginaldo. *Poder e sujeição* — Os fundamentos da relação de poder entre capital e trabalho e o conceito de subordinação. São Paulo: LTr, 2003. p. 215), porquanto na atualidade o empregador se apodera da força de trabalho do trabalhador de forma estrutural à empresa, e dela faz parte, e não tem como consequência a necessidade da subordinação, visto que esta é apenas possível, como explica Carelli.

(546) Corte de Cassação, Câmara Social, 28 de novembro de 2018, Take Eat Easy, n. 17-20.079 PBRI, Sem. jur. soc. 49. 1398, parecer do advogado geral C. Courcol-Bouchard e nota de G. Loiseau; SSL 2018-1841, obs. B. Gomez, p. 6. Lokiec, p. 10. Citação de DOCKÈS, Emmanuel. Os empregados das plataformas. In: CARELLI, Rodrigo de Lacerda; CAVALCANTI, Tiago Muniz; FONSECA, Vanessa Patriota da. *Op. cit.*, 2020. p. 172.

(547) DOCKÈS, Emmanuel apud CARELLI, Rodrigo de Lacerda; CAVALCANTI, Tiago Muniz; FONSECA, Vanessa Patriota da. *Op. cit.*, 2020. p. 179-180.

(548) *Ibidem*, p. 179-180.

Alterações profundas também se evidenciam na forma de se exigir em *numerus claus* os pressupostos da relação de emprego, à vista de que a interpretação a se dar às novas formas de trabalho sob aparente liberdade no seu cumprimento passa a considerar que "[...] empregado é aquele que está sujeito a *um* poder de direção. Isso não significa que ele deve estar submetido em *todos* os aspectos de sua relação de trabalho"(549).

É que o novo entendimento sobre a relação de emprego pode comportar alguma autonomia e liberdade do prestador na sua auto-organização. "Essa dose da liberdade é até mesmo a regra, pois é difícil imaginar um trabalho produtivo totalmente restrito que ainda não tenha sido substituído por robôs"(550).

A subordinação algorítmica permite aos tomadores de serviços monitorarem e direcionarem a força de trabalho dos prestadores, de forma contínua, enquanto os primerios dispersam sua responsabilidade pelos algoritmos.

Impulsionadas por parâmetros imprevisíveis e em rápida evolução, as decisões de gestão tornam-se difíceis de registrar, ou mesmo de explicar.

Por outro lado, a dependência econômica do trabalhador, também é ressignificada, pois o "emitir ordens" por parte do tomador, sob a tradicional hierarquia, passa a ser menos importante do que a participação mais ampla do trabalhador sob a direção da organização, de forma que o novo modelo empresarial não se caracteriza mais pelo mando sob decreto, porque agora tem mais peso a propriedade, a imposição de quem é dono.

2.4. Trabalhador da empresa 4.0 no estrangeiro e no Brasil

A presente pesquisa não estaria completa sem o estudo de trabalhadores em outros países, como Reino Unido, Itália, Espanha, Portugal e Estados Unidos (como já visto), especialmente sobre trabalhadores que transitam na zona cinzenta da relação de trabalho (entre a autonomia, a parassubordinação e a subordinação), e como o direito e a jurisprudência estrangeiros os distinguem e os classificam nas novas formas de trabalho.

Na Inglaterra, há o trabalhador *worker* ou *employee*, com graus máximos de dependência, cabendo esclarecer desde logo que "[...] o direito inglês não consagra distinção expressa entre o trabalho subordinado e o autônomo"(551).

Bulgueroni nos dá notícias da categoria dos *self employed workers*, que são os autônomos clássicos com grau mínimo de dependência, o que não impede que haja conflitos de classificação, quando a jurisprudência decide por indícios para sua caracterização, relacionados principalmente a existência ou não de autonomia na prestação de serviços, se há sujeição a procedimentos disciplinares, grau de liberdade para contratação de terceiros, método de pagamento, propriedade dos equipamentos, entre outros(552).

---

(549) *Ibidem*, p. 182.

(550) *Ibidem*, p. 182.

(551) BULGUERONI, Renata Orsi. *Op. cit.*, 2012.

(552) BULGUERONI, Renata Orsi. *Op. cit.*, 2012.

O trabalhador *worker* ou *employee* trabalha em tempo parcial e temporário (temporário fixo, sazonal, agência de trabalho temporário e emprego ocasional), sem regulamentação, em cujas modalidades o trabalhador é altamente dependente, e prevalece nessas ocupações de trabalho temporário o labor feminino(553).

Na observação de Kate Purcel, o uso "[...] crescente de contratos para suprimento de força de trabalho entre empregadores e intermediários, tais como agências de emprego, torna complexa a relação de emprego"(554).

A maioria das agências, continua Purcel, "[...] não emprega o pessoal que fornece aos clientes, embora algumas — incluindo a *Manpower*, uma das maiores — empreguem diretamente muitos de seus 'temporários'"(555).

Na Itália, o trabalhador parassubordinado (*parasubordinati* — que realiza contratos com os tomadores de seus serviços do tipo co.co.co. — colaboração continuativa e coordenada)(556).

O Código Civil Italiano incorporou a parassubordinação em seu art. 409, pela reforma conferida pela Lei n. 533, de 11.08.1973.

Com a alteração, o art. 409 passou a dispor no *caput*, onde há referência expressa a "disputas trabalhistas individuais", que as disposições do capítulo serão observadas em disputas relacionadas a: relações de agência, representação comercial e outras relações de colaboração que se materializem na atuação contínua e coordenada do trabalho, principalmente pessoal, mesmo que de natureza não subordinada.

Frise-se que a expressão inserida no *caput* do art. 409, "disputas trabalhistas individuais", atrai a aplicação da disciplina do processo do trabalho, a mesma que regula as demandas de trabalhadores subordinados na Itália.

Na Espanha, o TRADE (*trabajador autónomo economicamente dependiente*), que realiza contratações com os tomadores de seus serviços por intermediação sindical.

O TRADE decorre de experiência inovadora da Lei n. 20/2007, que possibilitou direitos adicionais ao trabalhador autônomo "[...] por meio dos denominados 'acordos de interesse profissional', celebrados por sindicatos ou associações de trabalhadores"(557).

Em Portugal, diante da grande dificuldade, que é geral em todo mundo, em se fornecer um arcabouço legal para o trabalho prestado por plataformas tecnológicas, para

(553) PURCELL, Kate. *Gênero e insegurança no trabalho no Reino Unido*. Employment Studies Research Unit University of West of England, 2004. Extraído do sítio: <https://www.scielo.br/scielo.php?script=sci_arttext&pid=S0104-026X2004000200010>. Acesso em: 18 jun. 2022.

(554) *Idem*.

(555) *Idem*.

(556) BULGUERONI, Renata Orsi. *Op. cit.*, 2012.

(557) BULGUERONI, Renata Orsi. *Op. cit.*, 2012. p. 140.

se equacionar a relação de trabalho entre estas e o trabalho subordinado, autônomo e parassubordinado, a solução encontrada foi pela Lei n. 45, de 10 de agosto de 2018.

A lei buscou consideração de três elementos: a plataforma, o trabalhador e o cliente, fazendo-se necessário esclarecer que Portugal, de forma indireta, regulamentou a atividade das plataformas como a *Uber*, no país, como será verificado adiante.

O Art. 10.º concebe a atividade de motorista de transporte em veículo descaracterizado a partir de plataforma eletrônica (TVDE), e apenas podem conduzir veículos de TVDE os motoristas inscritos junto de plataforma eletrônica típica.

Entende-se por plataforma típica (a exemplo da *Uber*), nos termos do art. 16, da Lei n. 45/2018, "infra-estruturas eletrônicas detidas ou exploradas por pessoas coletivas que prestam, segundo o seu próprio modelo de negócio, o serviço de intermediação entre usuários e operadores de TVDE".

O motorista de veículo descaracterizado, que presta serviço ao operador de TVDE (plataforma intermediária), deve preencher, cumulativamente, os seguintes requisitos: ser titular de carta de condução há mais de três anos, na categoria B; possuir certificado de curso de formação rodoviária para motoristas; ser considerado idôneo; ser titular de certificado de motorista de transporte em veículo descaracterizado, a partir de plataforma eletrônica, com o qual é identificado em todas as plataformas eletrônicas; dispor de um contrato escrito que titule a relação entre as partes (art. 10º).

Ao vínculo jurídico estabelecido entre o operador de TVDE e o motorista afeto à atividade, titulado por contrato escrito assinado pelas partes, e independentemente da denominação que as partes tenham adotado no contrato, é aplicável o disposto no art. 12.º do Código do Trabalho (presunção da relação de emprego).

O motorista de TVDE, de regra, é independente. Mas a lei indica que o contrato firmado entre ele e a respectiva operadora pode, mas não necessariamente, ser um contrato de trabalho.

Com efeito, no art. 10.º, § 10, da lei sob comentário, especifica-se que "aplicam-se as disposições do art. 12.º do Código do Trabalho à relação jurídica estabelecida entre o operador de TVDE e o condutor afeto à atividade, determinada por contrato celebrado entre as partes, qualquer que seja o nome que adotaram no contrato".

Por outras palavras, a lei refere-se expressamente à presunção de emprego estabelecida pelo Código do Trabalho e confirma, neste caso, a sua aplicação.

Mas essa presunção de relação de emprego se refere apenas à relação contratual entre a operadora do TVDE e o motorista; não se refere a tal ligação entre o operador da plataforma digital típica e o condutor, pois pressupõe que a mesma não existe.

Vale ressaltar que, de acordo com a lei portuguesa, empresas como a *Uber* serão consideradas operadoras típicas de plataformas digitais, oferecendo serviços de intermediação entre utilizadores/passageiros e operadores de TVDE.

Ou seja, o motorista não assinará nenhum contrato com o operador típico da plataforma, mesmo que deva estar registado na mesma para poder exercer a sua atividade.

No entanto, a lei impõe ao operador da plataforma típica obrigações comparáveis às de um empregador, nomeadamente no que diz respeito ao controle do tempo de trabalho do condutor e ao respeito dos limites de jornada fixados pelo operador de TVDE (conforme art. 13º, §§ 1º, 2º e 3º; art. 20º, § 3º; e art. 14º da Lei n. 45/2018).

João Amado Leal e Teresa Coelho Moreira, sobre a Lei n. 45/2018, afirmam que na relação da plataforma protagonista e seus atores coadjuvantes são apenas três no resto do mundo, mas em Portugal são quatro, pois envolve "[...] um ator adicional entre o operador da plataforma digital (típica) e o motorista"(558).

Porque quem presta o serviço de transporte para os utilizadores não é o motorista, mas uma empresa separada do operador da plataforma eletrônica, qualificado como "operador TVDE". E é este operador, sem capacidade, a não ser moral, que faz um contrato com os motoristas.

Possivelmente poderá haver burla como a existência de uma relação contratual entre o operador da plataforma TVDE e o condutor, como por exemplo pelo fato de este último e o operador TVDE serem um só, o "condutor-empresa", ou seja, a criação de uma entidade fictícia, caso em que "[...] se, contrariamente ao que o legislador supõe, existir efetivamente uma relação contratual entre o operador da plataforma (típica) e o condutor aplica-se também a presunção prevista no art. 12.º do Código do Trabalho"(559).

Sobeja dúvidas ainda sobre se os bens da plataforma intermediária (a Lei n. 45/2018 especifica que são considerados equipamentos e ferramentas de trabalho todos aqueles pertencentes ao beneficiário ou a ele disponibilizados por aluguel ou qualquer outro tipo de arrendamento — art. 10, § 11), ou se ela própria seria a ferramenta de trabalho do condutor, para efeito de se presumir a relação de emprego com a plataforma, uma vez que a ligação do condutor e do cliente não pode ser feita sem a plataforma.

Neste caso, em não se encontrando bens da plataforma intermediária, não se poderá fugir à conclusão de que a relação de emprego a se presumir será com o condutor e a plataforma titular ou típica, pois esta é a beneficiária da prestação.

Nos demais países, principalmente os emergentes das américas central e do sul, enquanto não se regulamenta, o trabalho nas plataformas apresenta-se com sinais de evidente precarização, como jornadas acima de 8 horas diárias e sete dias por semana, sem pagamento de horas extras e sem descansos semanais ou pausas na jornada; em países como a Colômbia, Costa Rica e Honduras as plataformas não obedecem ao piso salarial nacional(560).

---

(558) AMADO, João Leal, MOREIRA, Teresa Coelho. *Op. cit.*, 2022. p. 77.

(559) AMADO, João Leal, MOREIRA, Teresa Coelho. *Op. cit.*, 2022. p. 79.

(560) OBSERVATÓRIO LABORAL DE LAS AMÉRICAS. Relatório especial. Trabalhadores de plataformas: condições de trabalho e desafios para os sindicatos, uma análise a partir da perspectiva das Cadeias Globais de Fornecimento. Confederación Sindical de Trabajadores y Trabajadoras de las Américas. Buenos Aires, dezembro de 2021.

A par de precarizarem o trabalho, as empresas de plataforma digital estão entre as mais negociadas no mercado, a exemplo da Rappi, que avaliada em US$ 2,5 bilhões em 2019 ultrapassou US$ 5,25 bilhões em 2021(561).

Além disso, segundo dados da OIT,

> [...] as plataformas digitais de trabalho geraram receitas globais de pelo menos US$ 52 bilhões em 2019. Cerca de 70% da receita obtida foi concentrada em apenas dois países, Estados Unidos (49%) e China (23%) (OIT, 2021)."(562)

O relatório do Observatório Laboral de las Américas afirma que

> Sua avaliação de mercado e receitas operacionais (da Rappi) não correspondem às perdas anuais que apresentam em suas demonstrações de lucros e perdas, sugerindo os fins especulativos de um modelo que opera com base no *dumping*, com uma futura tentativa de se estabelecer como o maior *player*, estabelecendo novas regras de mercado, em seus respectivos setores.(563)

O eixo central do modelo empresarial sob plataformas digitais é o processamento de dados, ao lado da gestão algorítmica do emprego e a capacidade monopolística de gerar acordos e promoções com meios de pagamento, negócios e empresas terceirizadas(564).

Interessante é que as plataformas digitais se interessam menos pelo lucro nas atividades de entrega ou de transporte de passageiros do que pelo fato do modelo ser alavancado pelo capital especulativo, para se estabelecerem como empresas monopolistas que ditam as regras do mercado(565).

Os jovens enfrentam um cenário de flexibilização e incerteza do trabalho, onde o acesso a um emprego decente é cada vez mais difícil.

Com a expansão das empresas de plataformas digitais, a pauperização dos mercados de trabalho e a crise econômica, trabalhar sem direitos trabalhistas dentro destes modelos de negócio está se tornando cada vez mais a única opção(566).

A população jovem trabalha principalmente nas plataformas de entrega e transporte de passageiros, e constituem em grande parte uma população altamente educada, com diplomas universitários.

---

(561) *Idem.*

(562) *Idem.*

(563) *Idem.*

(564) *Idem.*

(565) *Idem.*

(566) *Idem.*

Significa que o mercado de trabalho diminuiu para aqueles com qualificação profissional, e a situação é ainda pior para a população migrante, onde o excesso de qualificação e migração é evidente(567).

A relativa soberania da disposição do tempo de trabalho do trabalhador das plataformas facilita o discurso empresarial e dificulta a aplicação dos regulamentos de direitos trabalhistas existentes às práticas próprias nas plataformas.

A mesma ilusão de soberania na disponibilização do tempo põe obstáculos na sindicalização dos trabalhadores, ao mesmo tempo em que se espera que cada país haja desenvolvimento da negociação coletiva e diálogo social para tratar de questões específicas das atividades laborais nas plataformas.

O surgimento do modelo de intermediação tecnológica para a prestação de multisserviços conseguiu contornar a fiscalização do Estado, problematizando os canais de regularização fiscal, tributária, societária, financeira e trabalhista, até porque as plataformas classificam-se incorretamente na atividade econômica, como empresas de tecnologia, e integram-se à cadeias de produção e serviços(568).

A regulamentação pela atividade sindical também vem se tornando inexitosa, e isso se deve ao fato de que as plataformas entraram em sistemas de relações de trabalho instáveis e pouco integrados, alguns surgindo do advento da própria tecnologia(569).

O modelo imposto por elas de autoemprego e autonomia conseguiu contornar os modelos protetores e sindicalizados, o que fez com que a sindicalização se tornasse rejeitada ou indiferente, ou descentralizada, pela empresa e seus prestadores, sem intermediação sindical(570).

Visando proceder à regulamentação existem pelo menos três tendências atuais: considerar os prestadores como autoempregados, economicamente dependentes.

Assalariá-los, considerando a relação como de emprego, aplicando-lhes as leis trabalhistas existentes.

Ou considerar esta última sem os direitos preexistentes, para acrescentar aqueles típicos dessa nova relação, quais a jornada de trabalho com contornos inéditos, direito à desconexão digital(571), horário mínimo garantido, soberania da disposição pelo prestador do seu tempo de trabalho(572) e transparência na gestão algorítmica(573), entre outros.

(567) *Idem.*

(568) *Idem.*

(569) *Idem.*

(570) *Idem.*

(571) "O direito à conexão e desconexão digital são, de fato, novos direitos trabalhistas permitidos pela tecnologia [...]". *Ibid.*

(572) "A gestão do tempo deve ser vista como um novo direito a ser adquirido e não como um impedimento para definir a relação de dependência". *Ibid.*

(573) "[...] exigir auditoria algorítmica, transparência sobre como estes sistemas são geridos e equipar o Estado e os sindicatos com pessoas capazes de entender estes sistemas, é fundamental na defesa dos direitos dos trabalhadores". *Ibid.*

Mas a regulamentação encontra óbices nas gestões que as grandes empresas de plataformas digitais fazem junto à Organização Mundial do Comércio, e realizam com esta acordos de livre comércio, para aprovar o que ficou conhecido como agenda do comércio eletrônico ou da economia digital. Tais acordos contêm cláusulas que limitariam a capacidade dos Estados de regularem corporações de plataforma digitais no nível local[(574)].

São regulamentos supranacionais que incluem cláusulas destinadas a:

— livre mobilidade de dados, que impede que determinado Estado tenha acesso aos dados gerados por seus cidadãos, o que impede por parte estatal ditar requisitos de limitação ou controle de processamento, localização ou armazenamento;

— impedir a capacidade estatal de buscar autorização prévia para operar ou obrigar as empresas a fornecerem acesso ao mercado a fim de se expandirem.

— proibir auditoria algorítmica para verificar se os sistemas de alocação de tarefas são contrários aos regulamentos locais, como forma de provar a legitimidade da operacionalidade empresarial.

— permitir o processamento indiscriminado de *spams* e dados desprovidos de veracidade[(575)].

O capitalismo praticado pelas empresas de plataforma digital está levando a subsunção das relações humanas por meio da datificação da vida.

Este capitalismo permite aos Estados ignorarem ou mesmo expedirem regulamentação concordes com regras supranacionais que impedem a ação estatal em busca de equidade e justiça social, gerando um modelo liberalizador que favorece os mais poderosos em detrimento da classe trabalhadora[(576)].

No entanto, os países do G20 e os membros da OCDE concentram atenção nos gigantescos problemas causados pelas plataformas digitais, e já cogitaram em buscar um acordo que fixe um imposto global, que equivaleria à renda bruta universal aos trabalhadores, mas isso ainda é muito pouco.

No Brasil, cogita-se um novo modelo de direito do trabalho ou vanguardismo inclusivo, considerando que a estrutura vigente foi concebida para uma forma de organização de produção que estaria sendo extinta.

Sugere-se que a regulação do trabalho por meio do vanguardismo inclusivo deve assegurar a flexibilidade e oferecer segurança econômica[(577)].

Seria como adotar uma escala móvel, na qual o grau de organização coletiva dos trabalhadores precários seria inversamente proporcional à dimensão legal da proteção conferida a eles.

---

(574) *Idem.*

(575) *Idem.*

(576) *Idem.*

(577) KALIL, Renan Bernardi. *Op. cit.*, 2020. p. 229.

Em outras palavras, quanto mais organizada uma classe trabalhadora, através do sindicato respectivo, menos a ingerência legal regulatória[(578)].

Quanto ao trabalho do autônomo, este além de assumir integralmente os riscos do negócio, normalmente não possui exclusividade, além de ser livre para recusar clientes, bem assim negociar com desenvoltura prazos de entrega dos serviços, observadas "[...] as regras de mercado, sob pena de ficar sem cliente. Insere-se, pois, nos termos do art. 442-B da CLT, que conceitua autônomo, afastando-o da aplicação do art. 3º da CLT"[(579)].

No Brasil, o Projeto de Lei n. 1.665/2020 visou regulamentar medidas de proteção ao entregador que presta serviço por intermédio de empresa de aplicativo de entrega, mas restrito ao período de duração da emergência em saúde pública, decorrente do Coronavírus (Covid-19).

Depois de passar por emendas, o substitutivo do projeto contava com as seguintes previsões de direito aos entregadores: a empresa de aplicativo de entrega deverá contratar seguro contra acidentes, sem franquia, em benefício do entregador a ela cadastrado, exclusivamente para acidentes ocorridos durante o período de retirada e entrega de produtos, devendo cobrir, obrigatoriamente, acidentes pessoais, invalidez permanente ou temporária e morte.

Previa-se que a empresa de aplicativo deveria fornecer alimentação ao entregador, podendo utilizar-se dos programas de alimentação do trabalhador previstos na Lei n. 6.321, de 14 de abril de 1976.

O projeto de lei ora resumido acabou sendo convertido na Lei n. 14.297, de 5 de janeiro de 2022.

Agora, por determinação legal, a empresa de aplicativo de entrega deve contratar seguro contra acidentes, sem franquia, em benefício do entregador nela cadastrado, exclusivamente para acidentes ocorridos durante o período de retirada e entrega de produtos e serviços, devendo cobrir, obrigatoriamente, acidentes pessoais, invalidez permanente ou temporária e morte (art. 3º, *caput*).

Na hipótese de o entregador prestar serviços para mais de uma empresa de aplicativo de entrega, a indenização, no caso de acidente, será paga pelo seguro contratado pela empresa para a qual o entregador prestava o serviço no momento do acidente (parágrafo único, art. 3º).

A lei em questão ainda garantiu ao entregador afastado por infecção pelo Coronavírus — Covid-19, assistência financeira durante o período de afastamento necessário para a sua recuperação, pela média dos 3 (três) últimos pagamentos mensais recebidos pelo entregador.

---

(578) *Ibidem*, p. 229.

(579) OLIVEIRA NETO, Celio Pereira. *Op. cit.*, 2018, p. 103.

A empresa fornecedora do produto ou do serviço deverá, por imposição legal: permitir que o entregador utilize as instalações sanitárias de seu estabelecimento; garantir o acesso do entregador à água potável.

As empresas de aplicativo de entrega e fornecedora do produto ou do serviço deverão, prioritariamente, adotar a forma de pagamento pela internet.

No contrato ou no termo de registro celebrado entre a empresa de aplicativo e o entregador deverão constar expressamente as hipóteses de bloqueio, suspensão ou exclusão do entregador da plataforma digital.

A aplicação da hipótese de exclusão de conta será precedida de comunicação prévia, com antecedência mínima de 3 (três) dias úteis, e será acompanhada das razões que a motivaram, que deverão ser devidamente fundamentadas, preservada a segurança e a privacidade do usuário da plataforma.

O descumprimento da lei pela empresa de aplicativo ou pela empresa que utilize serviços de entrega implica, nos termos definidos em regulamento: aplicação de advertência; e em caso de reincidência, o pagamento de multa administrativa no valor de R$ 5.000,00 (cinco mil reais) por infração cometida.

Mas houve veto presidencial dos dispositivos que previam que empresas de aplicativo poderiam fornecer alimentação ao entregador por intermédio dos programas de alimentação do trabalhador, como o Programa de Alimentação do Trabalhador (PAT).

A prestação do serviço regulada pela presente lei é de natureza cível e não caracteriza vínculo de emprego nos termos da Consolidação das Leis do Trabalho.

Pode-se dizer que a fórmula por enquanto encontrada na legislação brasileira, pela Lei n. 14.297/2022, como medida protetiva dos trabalhadores das plataformas, constitui-se na securitização, através de seguros como o acidentário.

O legislador evitou estabelecer uma relação tradicional de dependência entre a plataforma e os entregadores, ao negar a estes os direitos trabalhistas fundamentais, supostamente por ter entendido que eventual relação de emprego, se reconhecida legalmente, faria com que a relação de trabalho regulamentada perdesse sua assimetria, própria do direito do trabalho.

Como se vê da regulamentação legal de entregadores, estes serão considerados uma espécie de autônomos, que poderão sair da informalidade, mas tão somente até perdurar a emergência de saúde pública, com reconhecimento de direitos mínimos, a se reconhecer fora do âmbito do Direito do Trabalho.

A jurisprudência brasileira tende ao não reconhecimento da relação de emprego do trabalhador com as plataformas digitais.

A análise judicial vem partindo da não configuração da subordinação, tão somente sob seu enfoque tradicional.

Em caso concreto retratado no procedimento n. 0100353-02.2017.5.01.0066, que flui perante o Tribunal Regional do Trabalho da 1ª região, a sentença, ao analisar pedido de reconhecimento de relação de emprego alegada pelo autor (motorista de aplicativo) contra a *Uber*, julgou improcedente a pretensão.

A fundamentação é muito simples: “Razão assiste à reclamada. De fato, o reclamante não comprovou, conforme lhe competia (art. 818 da CLT c/c o art. 373, I, do CPC) os requisitos inerentes à relação empregatícia. De outra forma, restou demonstrada a autonomia na prestação de serviços”(580).

Confirmado o decreto judicial em segunda instância, o caso chegou ao Tribunal Superior do Trabalho, mais especificamente na 3ª turma. Iniciada a sessão, o Ministro Maurício Godinho Delgado apresentou seu voto, e propôs reverter os pronunciamentos judiciais de primeiro e segundo graus, mas o julgamento restou suspenso por pedido de vista regimental de um dos componentes da turma.

Os meandros desta demanda mereceram comentários na edição do CONJUR, de 1º.12.2020:

> Para Delgado, no entanto, no caso concreto a subordinação ficou demonstrada, pois no sistema uberizado há ordens e diretrizes claras e objetivas que devem ser seguidas, havendo um “poder diretivo exercido com muita eficiência” [...].
>
> O ministro afirmou que o Brasil é um dos poucos países do mundo que já têm legislação que se aplica ‘como uma luva’ a casos de ‘uberização’.
>
> O ministro se referia ao art. 6º da CLT, segundo o qual “os meios telemáticos e informatizados de comando, controle e supervisão se equiparam, para fins de subordinação jurídica, aos meios pessoais e diretos de comando, controle e supervisão do trabalho alheio”.
>
> Assim, a subordinação por meio telemático já existe no ordenamento, mas curiosamente, segundo Delgado, “não vem sendo prestigiada na análise do assunto”.(581)

Retomado o julgamento, a 3ª turma reconheceu o vínculo de emprego entre o reclamante e a *Uber*, e o ministro relator acrescenta no acórdão que a equiparação referida no *caput* do art. 6º transcrito se dá em face das dimensões “[...] objetiva e também estrutural que caracterizam a subordinação”(582).

---

(580) Extraído do sítio: <https://pje.trt1.jus.br/consultaprocessual/detalhe-processo/0100353-02.2017.5.01.0066/2>. Acesso em: 08 jul. 2022.

(581) Extraído do sítio: <https://www.conjur.com.br/2020-dez-02/relator-processo-tst-defende-vinculo-entre-motorista-uber>. Acesso em: 22 jul. 2022.

(582) TST – RR: 0100353-02.2017.5.01.0066, relator Mauricio Godinho Delgado, data de julgamento: 06.04.2022, 3ª Turma, data de publicação: 11.04.2022.

O ministro ainda observa que a dimensão tradicional (ou clássica) costumeiramente não comparece nas relações de trabalho à distância, "[...] bem como nas relações de trabalho concretizadas sob os novos mecanismos de gestão da força de trabalho utilizados adjacentes às plataformas digitais, aplicativos e produtos semelhantes"(583).

Mas a *Uber* interpôs recurso de Embargos, admitido pelo relator, cuja decisão de recebimento do apelo foi publicada em 1º.06.2022, de forma que o acórdão até a data de 08.07.2022 não havia transitado em julgado.

De tudo o que se aduziu neste subitem, sobressai uma realidade de desproteção dos trabalhadores intensamente dependentes (que laboram sob o signo da autonomia), enquanto suas atividades não são regulamentadas minimamente, seja pela lei, jurisprudência ou por sindicatos representativos e combativos.

O controle por programação ou comandos (ou por algoritmo) perfaz a face moderna da organização do trabalho.

Neste contexto de modernidade da organização laboral, existe um engajamento ainda maior da pessoa do trabalhador, pois como afirma Carelli, ao invés de obediência às ordens do tomador, em tempo e lugar anteriormente fixados, devem os trabalhadores se mobilizar totalmente para a realização dos objetivos que lhe são consignados, e para isso se submetem ao processo de avaliação de sua performance(584).

Ainda subjaz a figura do trabalhador juridicamente hipossuficiente perante o tomador de serviços, que controla e dirige a prestação de serviços (agora pelo algoritmo) pelos ditos autônomos, e a relação jurídica entre eles apresenta-se com o mesmo desequilíbrio que ensejou a criação do direito do trabalho.

Citando Carelli mais uma vez, "[...] caso a faceta da organização da força de trabalho se modifique, deve o direito do trabalho se amoldar à nova forma em que se apresenta"(585).

Alterou-se a formatação empresarial, mas não sua natureza. O capitalismo sob demanda, travestido em "realidade intersubjetiva(586)", ou empresa, maneja o capital, para investir na produção e serviços, mas do outro lado, os trabalhadores, "[...] têm somente o trabalho a ser utilizado e apropriado por essas realidades intersubjetivas, para a realização de sua atividade econômica. A exploração dos segundos pelos primeiros continua a mesma".

(583) *Ibid.*, fundamentos transcritos do acórdão da 3ª Turma/TST, constante do processo identificado na nota anterior.

(584) CARELLI, Rodrigo de Lacerda. *Op. cit.*, p. 142.

(585) CARELLI, Rodrigo de Lacerda. *Op. cit.*, p. 142.

(586) "[...] os seres humanos conhecem três tipos de realidade: a realidade objetiva, aquela que existe no mundo; a realidade subjetiva, que existe a partir da construção subjetiva de cada indivíduo, composta de suas crenças; e a realidade intersubjetiva, própria dos humanos, que é de criar seres fictícios cuja crença em sua existência se constrói em todo um grupamento de homens, por exemplo, religiões, nações, estados, empresas, dinheiro etc.". HARARI, Yuval. In: *Sapiens* — Uma breve história da humanidade. Porto Alegre: L&PM Editores, 2020.

Neste subitem pudemos observar que na experiência estrangeira há poucos avanços na proteção social dos trabalhadores plataformizados.

Em países das américas central e do sul, os trabalhadores das plataformas, igualmente sem regulamentação, apresentam-se com sinais de evidente precarização, como jornadas acima de 8 horas diárias e sete dias por semana, e sem quitação da liça excedente.

Cenários como os relatados favorecem as empresas gigantes que se utilizam de plataformas digitais, cujas ações estão entre as mais negociadas no mercado, a exemplo da Rappi, avaliada em US$ 2,5 bilhões em 2019, que superou US$ 5,25 bilhões em 2021.

A liberdade que se concede aos trabalhadores quanto à disposição do tempo de trabalho do trabalhador das plataformas privilegia a ideologia empresarial, e obstaculiza a aplicação dos regulamentos de direitos trabalhistas existentes às práticas próprias nas plataformas.

Essa mesma liberdade dificulta a sindicalização dos trabalhadores, com prejuízo ao desenvolvimento da negociação coletiva e diálogo social, visando questões específicas das atividades laborais nas plataformas.

Viu-se pelo menos três tendências atuais, com vistas a implementar a regulamentação:

— considerar os prestadores como autoempregados, economicamente dependentes, caso em que terão proteção social básica;

— assalariá-los, pressupondo-se a relação como de emprego, aplicando-lhes as leis trabalhistas existentes, como se vem reconhecendo judicialmente, na análise de casos individuais judicializados, como se viu do caso que se relatou;

— ou, o que parece ser mais provável, considerá-los no âmbito da relação de emprego, mas com direitos limitados, típicos dessa nova relação, facultando-lhes a liberdade de jornada, direito à desconexão digital, horário mínimo garantido, e transparência na gestão algorítmica, entre outros.

3. Direitos Sociais (Humanos) Aplicados a Todo Trabalhador

"[...] as relações sociais deram cada vez mais a impressão de estarem submetidas a uma finalidade fria e calculadora, o amor artesão em relação às coisas foi manifestamente substituído por uma atitude de disposição meramente instrumental, e mesmo as experiências íntimas dos sujeitos deixaram pressentir o sopro gélido da complacência calculadora."(587)

Honneth

Autores como Supiot(588) batem-se pela necessidade da concepção de um Direito do Trabalho que se estenda além do abrigo da relação de emprego, e sugerem quatro perspectivas, como se infere do Relatório Supiot.

A primeira seria a cidadania social, na qual se garantiria, de uma forma geral, o alargamento dos benefícios sociais típicos dos estados do bem-estar.

A segunda contemplaria os direitos fundamentais de todo trabalhador voluntário, aos quais seriam assegurados direitos de saúde, segurança no trabalho e aposentadoria.

Entraria na terceira perspectiva a proteção comum a todos trabalhadores, não somente dos formalmente empregados, principalmente direitos como saúde e segurança no trabalho.

Não se perde de vista, numa quarta perspectiva, "[...] uma proteção diferenciada para os trabalhadores subordinados, detentores das relações de emprego"(589).

Na perspectiva de Supiot a quarta alternativa é a prevalecente para os trabalhadores formais, que já contam com a proteção legal.

---

(587) HONNETH, Axel. *Reificação* — um estudo de teoria do reconhecimento (2020-01-15T22:58:59.000). São Paulo: Editora Unesp digital: Edição do Kindle. 2018.

(588) DA ROCHA, Cláudio Jannotti; OLIVEIRA, Marcos Paulo da Silva. A quarta revolução tecnológica e o trabalho na *Gig Economy*: limites e fronteiras do Direito do Trabalho na proteção dos trabalhadores em aplicativos. *Revista de Direito do Trabalho e Seguridade Social*, São Paulo, vol. 216, ano 47, Revista dos Trunais, mar./abr. 2021, p. 156.

(589) SUPIOT, Alain *apud* DA ROCHA, Cláudio Jannotti; OLIVEIRA, Marcos Paulo da Silva. *Op. cit.*, 2021. p. 156.

Na terceira alternativa Supiot certamente inclui os falsos autônomos, para os quais defende direitos mínimos como saúde e segurança no trabalho.

Compreende-se que o tema de destaque no relatório é a definição institucional do status de autônomo, do *status* de empregado e do status de trabalhadores que se posicionam numa classificação intermediária.

Por sua vez, Lorena Vasconcelos Porto observa que alterações legislativas pontuais levadas a efeito nas últimas décadas nos países ocidentais, inclusive no Brasil, visando estender direitos trabalhistas para além das fronteiras da relação de emprego "têm se mostrado artifícios de desregulamentação trabalhista"(590).

De fato, desdobrando seu raciocínio, a autora ora citada sustenta que as alterações legais no sistema legal trabalhista revelam-se pulverizadoras desse sistema, de forma a se entender que a autora mencionada não desconhece a terceira alternativa sugerida no Relatório Supiot, quando identifica trabalhadores não subordinados como aqueles em estágio, e em regime de aprendizagem(591).

Nada obstante, pode-se afirmar que os direitos sociais fundamentais garantidos pela CF/88 devem ser aplicáveis não só ao trabalhador que possui vínculo de emprego, sujeito à subordinação clássica, mas também "[...] àquele que, de alguma forma, desenvolve seu ofício ou profissão mediante subordinação/dependência econômica ou estrutural, em atendimento ao princípio da vedação do retrocesso social"(592).

O art. 5º da CF/88, enquanto disposição da igualdade material, poderia ser invocado para proteção jurídica entre trabalhadores subordinados da relação de emprego e os trabalhadores ditos "independentes", no sentido de garantir a estes os direitos relacionada a um patamar mínimo social.

É o que preconizam Pedro Paulo Teixeira Manus e Ariane Joice dos Santos, no sentido de que "Embora ambos desenvolvam atividades relacionadas à força de trabalho humana, possuem proteções desiguais, na medida em que atualmente os independentes, por exemplo, não têm a mesma proteção social que os subordinados"(593).

Os autores aludidos entreveem na disposição do art. 442-B da CLT, inserido pela reforma trabalhista de 2017, que trata da contratação de autônomos, que estes, a exemplo dos trabalhadores subordinados, têm direito à justiça gratuita e honorários advocatícios

(590) PORTO, Lorena Vasconcelos. *A subordinação no contrato de trabalho:* desconstrução, reconstrução e universalização do conceito jurídico. Dissertação (mestrado) — Mestrado em direito. Pontifícia Universidade Católica de Minas Gerais, 2008.

(591) *Ibidem*, p. 331.

(592) MANUS, Pedro Paulo Teixeira; SANTOS, Ariane Joice dos. A desproteção do trabalhador na economia compartilhada e a necessidade de observância dos direitos fundamentais sociais mínimos. *Revista de Direito do Trabalho e Seguridade Social*, São Paulo, vol. 221, ano 48, p. 59-90. Revista dos Tribunais, jan./fev. 2022, p. 80.

(593) *Ibidem*, p. 81.

sucumbenciais, bem assim outros direitos são aplicados aos demais trabalhadores não regidos pela CLT, como os dissídios coletivos da relação de trabalho e não somente de emprego, nos termos do art. 114, CF/1988(594).

Mas há uma indefinição sobre quais são efetivamente os direitos a serem estendidos e à que categoria de trabalhadores.

Em âmbito nacional, as proteções para o trabalhador independente, atualmente, estão previstas no plano da assistência social e do direito previdenciário, como a assistência e a previdência social (salário-maternidade, auxílio-reclusão, licença-paternidade, aposentadorias por tempo de serviço e por contribuição, proteção a pessoas sem renda na velhice).

Na previdência social há previsão de coberturas relativas à doença (auxílio-doença), invalidez (aposentadoria por invalidez) e morte (pensão por morte).

Utilizam-se dessas coberturas, desde que haja recolhimento individual para a previdência social, em alíquotas bastante elevadas (quando o ideal seria estabelecimento de alíquotas mais baixas e de coparticipação dos tomadores de serviços e do governo), o autônomo, o microempreendedor individual – MEI, o contribuinte individual, e pessoa sem renda ou idosa (neste caso, há previsão legal de benefício sem contraprestação).

Cogita-se, ainda, de medidas alternativas para a proteção social mínima, como

> [...] redução de jornada de trabalho, incentivo ao trabalho compartilhado, capacitação profissional, programas de renda mínima (no Brasil, ex. Bolsa Família), tributação das tecnologias das grandes empresas do mundo digital (*Apple*, *Google*, *Facebook*, *YouTube*, *Amazon*, *Netflix*, *AT&T*, *Microsoft*) para compensar postos de trabalho fechados.(595)

De forma que no cumprimento do contrato de prestação de serviço, seja de emprego ou não, os trabalhadores não raro ficam "[...] sujeitos às prerrogativas unilaterais dos empregadores, que já não necessitam do seu consentimento para dirigir, supervisionar e disciplinar a sua execução laboral [...]"(596).

O patronato assim age pela premência dos negócios empresariais que exigem respostas rápidas às circunstâncias que não poderiam ser exatamente previstas no momento da negociação do contrato, que nada obstante as alterações, deve se manter dentro dos limites do que é razoável e lícito(597).

---

(594) *Ibidem*, p. 82.

(595) *Ibidem*, p. 84.

(596) DE STEFANO, Valerio. Automação, inteligência artificial e proteção laboral: patrões algorítmicos e o que fazer com eles. In: CARELLI, Rodrigo de Lacerda; CAVALCANTI, Tiago Muniz; FONSECA, Vanessa Patriota da. *Futuro do trabalho, os efeitos da revolução digital na sociedade*. Brasília: Escola Superior do Ministério Público da União, 2020. p. 37.

(597) *Ibidem*, p. 37.

Mas a gestão patronal unilateral, embora decorra de características ambivalentes e fundamentais da regulação do emprego, não pode ser demasiadamente abrangente e intensiva.

Porque pode diminuir substancialmente a autonomia dos trabalhadores, por um lado, e limitar à racionalidade, por outro, as prerrogativas empresariais, máxime quando estas ocorrem na "[...] sequência da automação e da crescente utilização de ferramentas tecnológicas para orientar a mão de obra"(598).

É o que ocorre, por exemplo, com a introdução da inteligência artificial, do uso de *big data* e do monitoramento de desempenho eletrônico (EPM), visando recolher dados pessoais do trabalhador, sistemas que podem "[...] permitir uma ampliação sem precedentes da abrangência e do impacto das prerrogativas gerenciais [...]"(599), com o consequente atentado aos direitos humanos dos trabalhadores.

Com a automação e a introdução de ferramentas tecnológicas no universo do trabalho humano, com a supressão em massa de postos de trabalho, não seria suficiente a instalação de programas sociais como o renda bruta universal (RBU).

De fato a regulação do trabalho será sempre imprescindível, principalmente para "evitar abusos gerenciais que põem em perigo a dignidade humana dos trabalhadores"(600).

A natureza dos direitos trabalhistas como direitos humanos vem sendo debatida na doutrina clássica, como em Arthurs(601), e também consagrada em amplo número de tratados internacionais, e a principal razão para se reconhecer os direitos trabalhistas como direitos humanos "[...] reside precisamente na existência de prerrogativas de gestão"(602).

As prerrogativas de gestão empresarial encontram oposição na proteção jurídica ao trabalho, justamente para "[...] garantir que a autoridade dos empregadores não seja exercida de forma a comprometer os direitos humanos dos trabalhadores"(603).

A faculdade generalizada de se lançar mão de regimes de trabalho temporário e ocasional, em substituição à mão de obra contratada por prazo indeterminado, não exige motivação em caso de cessação da relação de trabalho, e

> [...] aumenta as prerrogativas de gestão e agrava o risco de abusos, uma vez que os trabalhadores terão dificuldade em resistir a práticas de supervisão

---

(598) *Ibidem*, p. 41.

(599) *Ibidem*, p. 50.

(600) *Ibidem*, p. 42.

(601) ARTHURS, Harry *apud* DE STEFANO, Valerio. Automação, inteligência artificial e proteção laboral: patrões algorítmicos e o que fazer com eles. In: CARELLI, Rodrigo de Lacerda; CAVALCANTI, Tiago Muniz; FONSECA, Vanessa Patriota da. *Futuro do trabalho, os efeitos da revolução digital na sociedade*. Brasília: Escola Superior do Ministério Público da União, 2020. p. 51-74

(602) DE STEFANO, Valerio, 2020. p. 42.

(603) *Ibidem*, p. 42.

invasivas para que o seu regime de trabalho não seja renovado ou seja reduzido a zero(604).

As abordagens de direitos humanos nas relações de trabalho vão além da proteção aos trabalhadores nas relações de emprego tradicionais, para justificar um enfoque universal destinado a alargar a proteção do trabalho para aqueles em postos precarizados ou disseminados em plataformas, onde sobressai uma zona cinza entre o trabalho sob pressupostos positivos da configuração da relação de emprego e aquele prestado por trabalhadores ditos independentes.

A doutrina especializada já afirmou que a captura de imagens de telas de computadores de trabalhadores para "[...] monitorar seu desempenho e sua produtividade há muito vem sendo utilizada para controlar trabalhadores alegadamente autônomos em plataformas como *Upwork* e outras de *crowdwork online*"(605).

Outra forma dos trabalhadores se oporem às ditas prerrogativa de gestão dos tomadores de seus serviços perfaz-se no exercício dos direitos coletivos, incluindo o direito à negociação coletiva.

A Convenção n. 158 da OIT, de 1982, sobre a cessação da relação de trabalho, alude expressamente aos procedimentos de informação e consulta que devem ser adotados quando se preveem despedimentos por razões "tecnológicas".

O objetivo da Convenção é descobrir medidas "para evitar ou minimizar os despedimentos" e "atenuar os efeitos negativos de quaisquer despedimentos para os trabalhadores em causa, tais como encontrar um emprego alternativo".

A Recomendação n. 166 da OIT sobre a cessação do contrato de trabalho, de 1982, complementa a Convenção n. 158.

A concertação coletiva nas relações de trabalho retira o exercício puramente unilateral daquelas prerrogativas para uma governança consensual do trabalho, que sem a negociação permitiria a organização empresarial reger unilateralmente as condições de trabalho.

A Diretiva 2002/14, de 11 de março de 2002, da UE, prevê o dever de participação no diálogo social para lidar com o impacto previsto da inovação tecnológica, bem assim dispõe sobre deveres de informação e de consulta "sobre decisões suscetíveis de conduzir a alterações substanciais na organização do trabalho ou nas relações contratuais", e "sobre a evolução recente e provável das atividades e da situação econômica da empresa ou do estabelecimento".

Encerra-se este capítulo concluindo-se da necessidade de aplicação dos direitos sociais fundamentais (humanos), nas relações de trabalho, sejam de trato subordinado

(604) *Ibidem*, p. 46.

(605) ALEKSYNSKA, Mariya *apud* DE STEFANO, Valerio. *Op. cit.*, 2020. p. 47.

ou não. Os que defendem essa aplicação o fazem em função das prerrogativas gerenciais do empresariado.

A regulação do trabalho, principalmente do trabalho precário nas plataformas, será sempre imprescindível, principalmente para evitar abusos gerenciais que põem em perigo a dignidade humana dos trabalhadores, como a exposição de sua intimidade.

A natureza dos direitos trabalhistas como direitos humanos vem sendo consagrada em amplo número de tratados internacionais, e a principal razão para se reconhecer os direitos trabalhistas como direitos humanos reside na prerrogativa da gestão empresarial, que normalmente rege unilateralmente as condições de trabalho dos trabalhadores.

3.1. Os desafios para concretização do trabalho digno nas plataformas digitais

A nível internacional as propostas para erradicação do trabalho precário, e implementação do pleno emprego com dignidade, em condições seguras e em ambientes saudáveis, desafiam as políticas públicas estatais.

A Agenda 2030 da ONU, que está em vigência desde 1º de janeiro de 2016, prevê 17 objetivos, subdivididos em 169 metas sobre desenvolvimento sustentável do planeta, e entre eles interessa-nos o objetivo 8º, assim redigido: "Trabalho decente e crescimento econômico: promover o crescimento econômico sustentado, inclusivo e sustentável, emprego pleno e produtivo, e trabalho decente para todos".

O objetivo 8º propõe várias metas, entre elas destacamos as que exigem imediata efetivação, no sentido de solucionar ou amenizar o drama dos trabalhadores em condições precárias de trabalho na denominada economia do bico.

De fato, pela previsão da agenda da ONU, há que se concretizar até 2030 a previsão do emprego pleno e produtivo, com trabalho decente para todas as mulheres e homens, inclusive para os jovens e as pessoas com deficiência, e remuneração igual para trabalho de igual valor.

Há que se reduzir substancialmente a proporção de jovens sem emprego, sem educação e sem formação.

Promete-se proteger os direitos do trabalho e promover ambientes de trabalho seguros e protegidos para todos os trabalhadores, incluindo os trabalhadores migrantes, em particular as mulheres migrantes, e pessoas em empregos precários.

Uma das metas do 8º objetivo, que deveria ter sido cumprida até 2020, já não se cumpriu, pelo menos no Brasil, qual a de desenvolver e operacionalizar uma estratégia global para o emprego dos jovens.

Além da agenda 2030 da ONU, existem as normas programáticas da OIT, visando suprimir o trabalho precário no universo do trabalho informal.

A seguir analisam-se desafios das normas internacionais potencialmente capazes de imporem o trabalho decente, principalmente no âmbito estrito das relações de trabalho informais.

A Convenção n. 181, ainda que não ratificada pelo Brasil, não pode ser desprezada, diante da disposição do art. 8º da CLT, que manda aplicar de forma supletiva, normas do direito comparado, na interpretação do direito pátrio.

De forma que a Convenção n. 181, relativa às agências de emprego privadas, a par de regular a prestação se serviços destas para aproximarem trabalhadores e empregadores, proíbe que a agência de emprego privada se torne parte nas relações de trabalho que daí possam decorrer.

Assim constitui-se ilegítimo o agenciamento que extrapola os objetivos das agências, visando fazer parte das relações de trabalho por elas intermediadas, ou que interferem na direção e execução das tarefas depois de realizado o contrato de trabalho.

As plataformas digitais, na condição de intermediadoras na aproximação e eventual contratação entre trabalhadores e empregadores, se assemelham ao serviço de agenciamento, e por isso não poderiam intervir na relação contratual entre trabalhador e empregador.

Em outras palavras, a Convenção n. 181 permite a prestação de serviços por parte das agências, desde que a agência de colocação privada não se torne parte nas relações de trabalho que daí possam se efetivar (art. 1º, 1, *"a"*).

O agenciamento se resume a serviços que consistem em apresentar trabalhadores a quem os demandam, com o fim de os pôr à disposição de uma terceira pessoa, singular ou coletiva, designada "empresa utilizadora", [...] (art. 1º, 1 *"b"*).

O trabalho não deve ser visto como uma mercadoria à venda (OIT, Declaração de Filadélfia – 1944), sujeita às leis do mercado, pois há o risco de se tratar as pessoas como meros recursos econômicos, o que viola o direito delas de viver com dignidade.

O trabalho humano como mercadoria vem ocorrendo, quando os serviços ofertados por meio de plataformas não considera a pessoa do trabalhador, mas apenas seu trabalho como mero valor de troca.

Desta forma, o serviço prestado, como se mercadoria fosse, dissocia-se do trabalhador, "[...] que se coloca à disposição para prestar pessoalmente serviços oferecidos digitalmente"[(606)].

O reconhecimento da liberdade de trabalho e sua contraprestação não se faz suficiente, é preciso que o trabalho garanta a quem o despende uma vida digna.

O Artigo III (a), da Declaração da Filadélfia, reconhece a "obrigação solene da Organização Internacional do Trabalho de promover entre as nações do mundo programas que alcancem o pleno emprego e a elevação dos padrões de vida". Comentário 4

(606) CARELLI, Rodrigo de Lacerda. *Op. cit.*, 2020. p. 68.

ao Relatório do Alto Comissariado das Nações Unidas para os Direitos Humanos (A/ HRC/31/32)[(607)].

No mesmo relatório se vê que não basta atribuir ao trabalho papel central no contexto dos direitos humanos, antes vale mais incluir ao direito ao trabalho deveres positivos e direitos correlatos[(608)].

O pleno emprego e produtivo e do trabalho decente constitui-se objetivo da OIT, que o coloca no centro das respostas à crise (OIT, Recuperando-se da Crise: Um Pacto Global para o Emprego – 2009)[(609)].

O parágrafo primeiro da Recomendação da Política de Emprego da OIT, n. 169, de 1984, nas Disposições Complementares, define o pleno emprego como "um meio de alcançar na prática a realização do direito ao trabalho", observando que a deterioração das oportunidades de emprego pode provocar tensão social e assim criar condições que possam pôr em perigo a paz e prejudicar o exercício do direito ao trabalho[(610)].

Ainda que o direito internacional não prescreva modelos econômicos específicos, as políticas que visam ao emprego pleno e produtivo devem, segundo a Declaração Universal dos Direitos Humanos (art. 23), atender aos requisitos qualitativos de condições justas e favoráveis, ou como consta do Pacto Internacional sobre Direitos Econômicos e Sociais e Culturais, condições que protejam as liberdades políticas e econômicas fundamentais do indivíduo.

Isso nos diz que os indivíduos necessitam desenvolver e atualizar as capacidades necessárias e habilidades de que precisam, para permitir que sejam ocupados produtivamente para sua realização pessoal e o bem-estar comum, como dispõe a Declaração da OIT sobre Justiça Social para uma Globalização Justa[(611)].

Postula-se que o pleno emprego deve incluir formas de trabalho não assalariado como o trabalho cooperativo e o autoemprego, sem prejudicar a proteção dos trabalhadores assalariados, destacando que as políticas de emprego devem respeitar e proteger o trabalho autônomo, bem como o emprego com remuneração que permita aos trabalhadores e suas famílias desfrutar de um nível de vida adequado[(612)].

É certo que o direito ao trabalho não implica um direito absoluto a um determinado trabalho, mas pressupõe o direito de exercer opções profissionais em condições de

(607) UNITED NATIONS. *Report of the United Nations High Commissioner for Human Rights A/HRC/31/32*. 21 de dezembro de 2015. Disponível em: <https://documents-dds-ny.un.org/doc/UNDOC/GEN/G15/288/28/PDF/G1528828.pdf?OpenElement>. Acesso em: 07 jun. 2022.

(608) *Idem*.

(609) *Idem*.

(610) *Idem*.

(611) *Idem*.

(612) *Idem*.

igualdade, sem obstáculos injustificados que impeçam essas escolhas. Decorre disso que a liberdade de exercício de uma profissão exige que qualquer limitação seja objetivamente justificada, proporcional, estritamente necessária e prevista na lei(613).

Outra medida para evitar o trabalho informal e consequente precarização depende de melhorar a educação e orientação técnico-profissional, que é um componente essencial das medidas necessárias para criar condições de igualdade no mercado de trabalho.

A não ser assim, configura-se o acesso desigual às oportunidades de formação e capacitação, resultando em desigualdades no mercado de trabalho.

Em conformidade com a Convenção de Desenvolvimento de Recursos Humanos da OIT, n. 142, de 1975, art. 1 (4 e 5) não se pode perder de vistas que se deve favorecer ao trabalhador adquirir, desenvolver e atualizar habilidades e conhecimentos, visto ser parte fundamental do desenvolvimento pessoal e autorrealização através da vida profissional(614).

As normativas internacionais incentivam a igualdade de acesso nas oportunidades de trabalho, sob os princípios da igualdade e não discriminação (Declaração Universal, art. 2; Pacto Internacional sobre Direitos Econômicos, Sociais e Culturais, art. 2 – 2).

O princípio da não discriminação não tem protegido os trabalhadores migrantes, vítimas de estigmatização nas relações de trabalho, principalmente no trabalho informal.

A procura por trabalho apresenta-se na atualidade como incentivador da migração, seja pela migração do local de origem ou determinada pela falta de trabalho decente, e também por outros motivos como perseguição, conflito, pobreza, ou degradação ambiental.

Os trabalhadores migrantes e as suas famílias encontram-se frequentemente em situações de vulnerabilidade no Estado onde estão alocados, que podem ser agravados por fatores como gênero, etnia, religião, idioma ou status legal.

Muitos sofrem abusos e discriminação, como baixos salários, falta de condições de trabalho dignas, falta de proteção social e negação de direitos e liberdades básicos.

É consabido que o trabalho é uma condição essencial para a integração no país de acolhimento, bem assim que a migração constitui-se num fator chave para o desenvolvimento econômico e social interdependente dos países de origem, trânsito e destino.

Os arts. 17 a 19 da Convenção de 1951, relativos ao Estatuto dos Refugiados, contêm disposições específicas para garantir o acesso a oportunidades de trabalho para os expatriados(615).

---

(613) *Idem.*

(614) *Idem.*

(615) *Idem.*

Na proteção contra o desemprego, ainda que o direito ao trabalho seja interdependente e indivisível de todos os outros direitos humanos, é de se destacar a particular complementaridade das obrigações do Estado em relação aos direitos ao trabalho e à seguridade social.

Assim é que a OIT, na Convenção n. 168, de 1988, sobre Promoção do Emprego e Proteção contra o Desemprego, no art.7, dispõe que "Cada Membro deve declarar como objetivo prioritário uma política destinada a promover o emprego pleno, produtivo e livremente escolhido por todos os meios apropriados, incluindo a segurança social.

Tem o Estado, desse jeito, a obrigação positiva de tomar medidas para promover um ambiente econômico propício à criação de empregos, e tal imposição deve ser vista como uma obrigação de conduta, e não como uma obrigação de resultado(616).

Ainda no que diz respeito ao desemprego, a Convenção n. 102 o toma como uma contingência que deve ser coberta pela segurança social.

Sob essa visada, os Estados Partes devem promover o pleno emprego, produtivo e livremente escolhido, e devem se esforçar para fornecer benefícios para cobrir a perda ou falta de rendimentos dos trabalhadores, devido à incapacidade destes de obter ou manter um emprego adequado.

No mesmo sentido da Convenção n. 102, a Recomendação n. 202, de 2012, dos Pisos de Proteção Social, estabelece que os pisos de proteção social adotados nacionalmente devem incluir, no mínimo, segurança de renda básica, ainda que num nível mínimo definido nacionalmente, para pessoas que embora em idade ativa, não possam auferir rendimentos suficientes, especificamente em caso de doença, desemprego, maternidade e invalidez (n. 5, alínea c)(617).

Importante observar que a incapacidade do Estado de garantir a plena realização do direito ao trabalho por razões fora de seu controle — como crise financeira ou econômica ou recessão — exige do ente estatal que adote medidas apropriadas para promover a criação de empregos e que tome medidas para estender a proteção social para aqueles que não são capazes de obter ou manter um emprego adequado, conforme dispõe a Convenção n. 168, nos arts. 7, 8 e 10.

Neste sentido, deve-se monitorar o cumprimento do direito ao trabalho por meio de indicadores adequados, que ao mesmo tempo devem servir de base para a identificação dos necessitados para fins de proteção social(618).

Sobre a proteção legal do trabalho decente, as normativas internacionais tratam de condições justas e favoráveis para concretizar tal objetivo.

---

(616) *Idem.*

(617) *Idem.*

(618) *Idem.*

Os trabalhadores da economia informal ou aqueles que estão à margem da proteção legal sujeitam-se a maiores dificuldades e discriminação, e são mais vulneráveis de se tornarem alvo de emprego precário, baixa produtividade, baixa demanda agregada e baixa geração de empregos.

De acordo com a Declaração da OIT sobre a Justiça Social para uma Globalização Equitativa, de 2008, a importância da relação de trabalho deve ser reconhecida como meio de proteção legal aos trabalhadores.

De forma que, para garantir a igual proteção da lei, o Estado deve tomar medidas para se garantir a qualquer trabalhador acesso à proteção social, como seguridade social, equidade a salários, benefícios, jornadas, salário mínimo e fomento da efetividade da legislação e instituições do trabalho, especialmente reconhecimento da relação de trabalho (I, A, ii e iii)[(619)].

No que se refere aos mecanismos de promoção e formalização dos vínculos informais, a OIT detém dados de que aproximadamente 60 por cento dos empregos estão na economia informal e distribuídos de forma desigual ao redor do mundo (Recomendação n. 204, de 2015).

A OIT reconhece que se deve prevenir contra a informalização, cuja prevenção é o primeiro passo para se estabelecer o trabalho decente, e para se cumprir este objetivo, os Estados Partes devem tomar as medidas necessárias, legislativas ou não, para reduzir ao máximo o número de trabalhadores fora da economia formal, trabalhadores que, como resultado dessa situação, não têm proteção (Recomendação n. 204, de 2015).

Tais medidas incluem leis, políticas e programas para lidar com os fatores responsáveis pela informalidade, para estender a proteção a todos os trabalhadores e remover as barreiras à entrada na economia principal.

De acordo com a Recomendação n. 204, os Estados devem incluir um quadro político integrado com estratégias para se tratar das situações peculiares de cada país. Isso inclui medidas preventivas e mecanismos sancionatórios que reforçam os mecanismos de fiscalização e monitoramento do trabalho.

Quanto ao reconhecimento e proteção do trabalho autônomo, o Relatório do Alto Comissariado das Nações Unidas para os Direitos Humanos propõe que o direito ao trabalho deve abranger todas as formas de trabalho, independente ou dependente assalariado.

Isso porque o trabalho humano é digno de valor social em suas diversas formas.

---

(619) *Idem.*

A valorização de outras formas de trabalho depende de duas condições[(620)]: (a) que não prejudique a definição ou a proteção do trabalho assalariado; e (b) que, independentemente dos diferentes regimes de proteção aplicáveis aos trabalhadores não assalariados, estes devem gozar de condições justas e favoráveis de trabalho equivalentes aos trabalhadores assalariados[(621)].

A estratégia nacional de emprego deve respeitar e proteger o trabalho por conta própria, desde que permita aos trabalhadores e suas famílias desfrutar de um nível de vida adequado. Condições seguras e saudáveis de trabalho, proteção da maternidade, liberdade de associação, liberdade de propor remuneração justa e proteção contra o desemprego[(622)].

Conclui o Relatório do Alto Comissariado das Nações Unidas para os Direitos Humanos que para uma melhor proteção do direito ao trabalho há que se mapear as diversas dimensões normativas do direito ao trabalho, de forma a orientar sua implementação integral.

Ao mesmo tempo, o distanciamento entre as realidades do trabalho no mundo atual e os padrões normativos do direito ao trabalho demonstram claramente a necessidade de fortalecer ainda mais sua proteção[(623)].

Isso porque o trabalho é fundamental para a igualdade, dignidade, justiça e desenvolvimento humano e é importante para a participação social e a autorrealização individual e coletiva.

O trabalho decente será sempre um meio de estimular o tipo de atividade econômica que contribuirá para a superação da crise econômica global.

Incontestável também que aumento da produtividade e a sustentabilidade da demanda dependem da melhoria das condições de trabalho existentes[(624)].

Ainda sobre os desafios das normativas internacionais para se efetivar condições dignas de trabalho no mundo, para os trabalhadores da *Gig Economy*, passaremos a discorrer brevemente sobre os 20 princípios do Pilar Europeu dos Direitos Sociais, que constituem o quadro de orientação não somente para a construção de uma Europa social forte, justa, inclusiva e plena de oportunidades, mas para todos os países.

---

(620) Relatório do Alto Comissariado das Nações Unidas para os Direitos Humanos (A/HRC/31/32), § 52: *"Self-employed and cooperative workers also have the right to just and favourable conditions of work.The appreciation of other forms of work depends on two conditions: (a) that it does not undermine the definition or the protection of waged work; and (b) that regardless of the different protection schemes applicable to unwaged workers, they should enjoy just and favourable conditions of work equivalent to wage-paid workers".*

(621) UNITED NATIONS. *Report of the United Nations High Commissioner for Human Rights A/HRC/31/32*. 21 de dezembro de 2015. Disponível em: <https://documents-dds-ny.un.org/doc/UNDOC/GEN/G15/288/28/PDF/G1528828.pdf?OpenElement>. Acesso em: 07 jun. 2022.

(622) *Idem.*

(623) *Idem.*

(624) *Idem.*

Pinçaremos dos 20 princípios os que mais se relacionam ao trabalho justo e digno, ao qual se relaciona o emprego seguro e adaptável (capítulo II, item 5), no sentido de que independentemente do tipo e da duração da relação de trabalho, os trabalhadores têm direito a um tratamento justo e equitativo em matéria de condições de trabalho, acesso à proteção social e formação, sem prejuízo de ser promovida a transição para formas de emprego sujeitas a contrato sem termo.

Garante-se a flexibilidade necessária para permitir que os empregadores se adaptem rapidamente às evoluções do contexto econômico, em conformidade com a legislação e os eventuais acordos coletivos.

Impõe-se a promoção de formas inovadoras de trabalho que garantam condições de trabalho de qualidade.

As relações de trabalho que conduzam a condições de trabalho precárias devem ser evitadas, nomeadamente através da proibição da utilização abusiva de contratos atípicos. Qualquer período experimental deve ter uma duração razoável.

No item 6, do mesmo capítulo, resta disposto que os trabalhadores têm direito a um salário justo que lhes garanta um nível de vida decente.

Garante-se um salário mínimo adequado, de forma a permitir a satisfação das necessidades do trabalhador e da sua família, à luz das condições econômicas e sociais nacionais, assegurando, ao mesmo tempo, o acesso ao emprego e incentivos à procura de trabalho.

Propõe-se a luta contra a pobreza no trabalho. Todos os salários devem ser fixados de forma transparente e previsível, em conformidade com as práticas nacionais e respeitando a autonomia dos parceiros sociais.

No item 7 resta disposto que informações serão fornecidas sobre as condições de emprego e proteção em caso de despedimento, de forma que no início da relação de trabalho, os trabalhadores têm o direito de serem informados por escrito sobre os seus direitos e obrigações decorrentes da relação de trabalho, nomeadamente durante o período experimental.

Antes de serem despedidos, os trabalhadores têm direito de serem informados dos motivos do despedimento e a que lhes sejam concedido um período razoável de pré-aviso.

Os trabalhadores têm direito de acesso a um sistema de resolução de litígios eficaz e imparcial e, em caso de despedimento sem justa causa, direito de recurso, acompanhado de uma compensação adequada.

Para fazer valer as inúmeras disposições internacionais de proteção ao trabalho precário, nossa Constituição Federal apresenta ferramentas eficazes de concretização daquelas disposições de direito estrangeiro.

Com efeito, diante da instauração da ordem constitucional de 1988 no Brasil, após o regime de exceção, a valorização do ser humano passou a fundamentá-la, tanto no art. 1º, inc. III (dignidade da pessoa humana), e art. 4º, inc. II (prevalência dos direitos humanos nas relações internacionais), quanto no art. 5º, § 2º (garantia de *status* de direito fundamental aos direitos e garantias previstos em tratados internacionais)

Neste **último dispositivo**, estão incorporados os tratados internacionais anteriormente ratificados, a exemplo da Convenção Americana de Direitos Humanos e os Pactos Internacionais sobre Direitos Econômicos, Sociais e Culturais e Direitos Civis e Políticos, cujas disposições têm estatura de direitos humanos fundamentais (Decreto n. 678, de 06 de novembro de 1992, Decretos n.s 591 e 592, estes dois últimos de 06 de julho de 1992)[(625)].

Nos preâmbulos de ambos os Pactos consta que "não se pode realizar o ideal de ser humano livre, liberado do temor e da miséria, a não ser que se criem condições que permitam a cada pessoa gozar de seus direitos econômicos, sociais e culturais como de seus direitos civis e políticos".

Diversos países latino-americanos aderiram aos tratados referidos, circunstância que propiciou criação e instalação da Corte Interamericana, tribunal jurisdicional internacional de última instância, vocacionado a harmonizar nos Estados-membros suas legislações internas aos cânones de direitos internacionais referidos, e ainda responsabilizar entes estatais participantes em eventual descumprimento das decisões do órgão judicante[(626)].

Valerio de Oliveira Mazzuoli descreve que o controle de convencionalidade impõe um exame da compatibilidade vertical dos atos normativos domésticos com os tratados internacionais de direitos humanos, colocando-os em uma posição hierárquica superior à Constituição quando mais benéfico ao sujeito protegido[(627)].

Em outra definição, é o "processo de compatibilização vertical (sobretudo material) das normas domésticas com os comandos encontrados nas convenções internacionais em vigor no Estado"[(628)].

O controle de convencionalidade tradicional também é aquele realizado pela própria corte internacional, e constitui um instrumento de harmonização dos atos normativos nacionais com as disposições previstas em tratados internacionais de direitos humanos e sociais sob o fundamento de que o bem comum internacional e regional encontra-se em um nível axiológico superior aos interesses nacionais[(629)].

---

(625) PEIXOTO, Aguimar Martins. Controle difuso de constitucionalidade. In: SOUZA, Leonardo Vieira de (Org.); ANDRADE, Julyana Lannes; MOLINA, Mateus Araújo; ORTEGA, Evandro Bortolotto (Coords.). *Temas Essenciais de Direito Público em Mato Grosso*. Belo Horizonte: Editora Letramento. 2021, p. 552.

(626) *Ibidem*, p. 552.

(627) MAZZUOLI, Valério de Oliveira. *O Controle Jurisdicional de Convencionalidade das Leis*. 4. ed. São Paulo: Revista dos Tribunais, 2016.

(628) MAZZUOLI, Valério de Oliveira. *Curso de Direitos Humanos*. 3. ed. São Paulo: Forense, 2016. p. 244.

(629) PEIXOTO, Aguimar Martins. *Op. cit.*, 2021. p. 553.

Em outras palavras, o controle de convencionalidade tradicional se dá quando a corte internacional, chamada a se manifestar, subsume os casos concretos contra o ente estatal ao corpo de leis do sistema regional, principalmente à Convenção Americana de Direitos Humanos, harmonizando o sistema nacional interno de cada estado-membro com o sistema internacional legal, afastando a eficácia de dispositivos que contrariem os tratados.

O controle de convencionalidade tradicional difere daquele realizado por cada Estado-parte do tratado internacional, signatário da jurisdição da corte interamericana.

Mazzuoli, sobre o controle de convencionalidade realizado internamente por cada signatário, identifica-o como a obrigação imposta aos Estados de promover, por si mesmos, a adequação de seu ordenamento jurídico às disposições inscritas em um tratado internacional de direitos humanos[(630)].

Sobre a possibilidade de denúncia de desrespeito a direitos humanos, nos seus aspectos civis e políticos, o Pacto Internacional de Direitos Civis e Políticos, desde sua criação em 1966, contou com um Protocolo para tal fim.

Mas quanto ao mesmo mecanismo referente ao Pacto Internacional de Direitos Econômicos, Sociais e Culturais (PIDESC), passou-se mais de três décadas para que este Pacto tivesse igual instrumento (Protocolo Facultativo ao PIDESC, aprovado pela Assembleia Geral da ONU, em 10.12.2008, mas o Brasil não o assinou)[(631)].

Enquanto pende de assinatura do Brasil o Protocolo Facultativo ao PIDESC, para que as denúncias individuais ou queixas entre os Estados possam chegar ao Comitê da ONU sobre Direitos Econômicos, Sociais e Culturais, aplica-se no Sistema Interamericano o Sistema Regional da OEA, qual seja o Protocolo de San Salvador de Direitos Econômicos, Sociais e Culturais (ratificado pelo Brasil e promulgado pelo Decreto n. 3.321/99), dando lugar a petições individuais diante da Comissão Interamericana de Direitos Humanos, principalmente quanto a relações de trabalho, e outros direitos sociais, como a liberdade sindical.

Ressalte-se o protagonismo da Corte IDH, a partir da década de 1990, para apreciar, além da proteção aos direitos humanos, questões endêmicas ou crônicas do meio social regional dos Estados partes, agravadas pelas iniquidades na concentração de renda e pelas crescentes e alarmantes disparidades econômico-sociais.

Releva considerar a importância de se usar com mais frequência, principalmente nas instâncias judiciais, o controle de convencionalidade, diante de projetos de leis ou das próprias leis que afrontam direitos sociais, como os trabalhistas.

(630) MAZZUOLI, Valério de Oliveira. *Op. cit.*, 2016.

(631) PEIXOTO, Aguimar Martins. *Op. cit.*, 2021. p. 554.

O controle de convencionalidade pode ser manejado em face de "[...] investidas legislativas contra direitos trabalhistas, que voltam a ganhar fôlego a pretexto de flexibilizarem direitos trabalhistas a bem do resgate da economia brasileira"[632].

Sob a bandeira de resgate da economia brasileira, utilizando-se como pretexto a flexibilização de regulamentos de proteção social, já foram aprovadas leis como as da reforma trabalhista e da liberdade econômica (Leis ns. 13.467/2017 e 13.874/2019).

Ambos os diplomas legais inseriram modificações que desafiam o controle de convencionalidade, como a inserção de acordo individual entre trabalhador e empregador, ou diminuição ou eliminação das obrigatórias negociações coletivas e seus instrumentos, como as convenção ou acordos coletivos.

Referidas regulamentações modificaram, acrescentaram ou suprimiram dispositivos da CLT, a exemplo do art. 8º, *caput* e acréscimo de parágrafos; art. 59, *caput*, e seus §§ 5º e 6º; art. 59-A e art. 74, § 4º.

A redação atual destes dispositivos afrontam a Convenção n. 154, da OIT, que dispõe sobre fomento à negociação coletiva, conforme seu art. 2º)[633].

Em todos os casos alocados, diante das leis citadas, quanto aos dispositivos que afrontam a CF ou tratados internacionais de direitos humanos, como o Protocolo de San Salvador de Direitos Econômicos, Sociais e Culturais, a doutrina, como se viu, incentiva o manejo do controle de convencionalidade difuso.

O controle de convencionalidade difuso passa a ser utilizado, com mais ênfase, no âmbito judicial, visando questionar diante das instâncias primárias do Poder Judiciário leis inconstitucionais ou que afrontem convenções internacionais ratificadas pelo Brasil[634].

Já o controle de convencionalidade concentrado (mesmo significado do controle concentrado de constitucionalidade) se ajuíza perante o STF, porque os tratados com aprovação qualificada equivalem a uma Emenda Constitucional, e desafiam controle de convencionalidade concentrado, por inobservância de dispositivos internacionais de proteção social, previstos em tratados ou convenções internacionais ratificados pelo Estado brasileiro.

---

(632) BELTRAMELLI NETO, Silvio; KLUGE, Cesar Henrique. Controle de convencionalidade difuso e concentrado em matéria trabalhista nas perspectivas da OIT e do sistema interamericano de proteção dos direitos humanos. *Revista DIREITO E JUSTIÇA* — Reflexões Sociojurídicas, ano XVII, n. 28, p. 105-132, maio 2017. Extraído do sítio: <https://www.academia.edu/37013792/Controle_de_convencionalidade_difuso_e_concentrado_em_mat%C3%A9ria_trabalhista_nas_perspectivas_da_OIT_e_do_Sistema_Interamericano_de_Prote%C3%A7%C3%A3o_dos_Direitos_Humanos>. Acesso em: 07 set. 2020.

(633) PEIXOTO, Aguimar Martins. *Op. cit.*, 2021. p. 556.

(634) *Idem*.

Desafiam controle de convencionalidade, por inobservância de dispositivos internacionais de proteção social, previstos em tratados ou convenções internacionais ratificados pelo Estado brasileiro. Neste sentido Mazzuoli afirma que

> Não se pode esquecer que, sendo as convenções internacionais do trabalho tratados internacionais que versam sobre direitos humanos (notadamente direitos sociais) sua integração ao direito brasileiro dá-se com o *status* de norma materialmente constitucional, em virtude da regra insculpida no art. 5º, § 2.º.[(635)]

Existe um arcabouço de tratados internacionais ratificados pelo Brasil, ante aos quais se pode aferir a compatibilização do direito doméstico com aqueles tratados, visto que direta ou indiretamente tratam de direitos sociais como os do trabalho, a exemplo dos seguintes documentos internacionais, como lembram Beltramelli Neto e Kluge[(636)]:

> Tratados pretensamente dedicados a direitos civis e políticos também apresentam disciplina relativa ao trabalho, tais como o Pacto Internacional de Direitos Civis e Políticos de 1966 (arts. 8º e 22), e a Convenção Americana de Direitos Humanos (arts. 6º e 16).

O Supremo Tribunal Federal já declarou que os tratados de direitos humanos ratificados pelo Brasil possuem caráter de supralegalidade, como afirmado por Gilmar Mendes:

> [...] mais consistente a interpretação que atribui a característica de supralegalidade aos tratados e convenções de direitos humanos. Essa tese pugna pelo argumento de que os tratados sobre direitos humanos seriam infraconstitucionais, porém, diante de seu caráter especial em relação aos demais atos normativos internacionais, também seriam dotados de um atributo de supralegalidade.

Um exemplo típico de decisão judicial em que se aplicou controle de convencionalidade foi no Julgamento conjunto do RE n. 349.703 e dos HCs ns. 87.585 e n. 92.566, onde se estabeleceu, sob a relatoria de Gilmar Mendes, que:

> [...] diante do inequívoco caráter especial dos tratados internacionais que cuidam da proteção dos direitos humanos, não é difícil entender que a sua internalização no ordenamento jurídico, por meio do procedimento de ratificação previsto na Constituição, tem o condão de paralisar a eficácia jurídica de toda e qualquer disciplina normativa infraconstitucional com ela conflitante. Nesse sentido, é possível concluir que, diante da supremacia da Constituição sobre os atos normativos internacionais, a previsão constitucional da prisão civil do depositário infiel (art. 5º, inciso LXVII) não foi revogada pelo ato de adesão do Brasil ao Pacto Internacional dos Direitos Civis

(635) MAZZUOLI, Valério de Oliveira. *Op. cit.*, 20016.

(636) BELTRAMELLI NETO, Silvio; KLUGE, Cesar Henrique. *Op. cit.*, p. 28.

e Políticos (art. 11) e à Convenção Americana sobre Direitos Humanos — Pacto de San José da Costa Rica (art. 7º, 7), mas deixou de ter aplicabilidade diante do efeito paralisante desses tratados em relação à legislação infraconstitucional que disciplina a matéria, incluídos o art. 1.287 do Código Civil de 1916 (art. 652, do código atual) e o Decreto-lei n. 911, de 1º de outubro de 1969.

De todo o exposto neste subitem, um dos maiores desafios para concretização do trabalho digno nas plataformas digitais será o reconhecimento e proteção do trabalho informal (precarizado), e para isso o direito ao trabalho deve abranger todas as formas de trabalho, independente ou dependente assalariado, porque o trabalho humano é digno de valor social em suas diversas formas.

A valorização de outras formas de trabalho deve considerar que independentemente dos diferentes regimes de proteção aplicáveis aos trabalhadores não assalariados, estes devem gozar de condições justas e favoráveis de trabalho equivalentes aos trabalhadores assalariados.

Por derradeiro, a eficácia de todos os dispositivos de proteção social aos trabalhadores informais, citados em tratados internacionais ratificados pelo Brasil, poderá ser exigida na Corte IDH, ou através dos juízos e tribunais nacionais pelo controle de convencionalidade de leis que não se harmonizem com aqueles instrumentos internacionais, máxime os da OIT.

Conclusão

Conclui-se do presente estudo que os eventos socioeconômicos atuais tiveram sua aceleração a partir das consequências da primeira revolução industrial.

De fato, as longas repercussões desta revolução engendraram o surgimento de um mercado que se tornou mundial, e que a partir da segunda metade do século XX desencadeou a evolução tecnológica e da informação digital, levando a uma nova forma de se trabalhar e produzir riqueza.

Os novos processos de produção introduziram a flexibilização do direito do trabalho, sob intensa atividade de uma política de desregulamentação da economia, e uma concorrência comercial sem precedentes, fazendo acirrar a relação entre capital e trabalho.

Sob o Estado marcado pela ideologia neoliberalista, desde os anos 1990, instala-se a quarta revolução industrial ou indústria 4.0, já no final dos anos 2010, quando a informação capitalizada (dados digitalizados) passa a ter importância maior que a produção industrial.

A sociedade pós-industrial viria a provocar mudanças profundas no modo de trabalhar e de como organizar a vida individual.

A internet se tornou protagonista da terceira revolução industrial, representada por um canal de comunicação que converge todas as tecnologias.

A quarta revolução industrial constitui o ápice do poder da tecnologia, da informática e da comunicação.

Com o advento das novas tecnologias da informação, profundas alterações atingiram o mundo do trabalho, o que provocou retração das empresas, que lançaram mão da terceirização, do teletrabalho, da teledisponibilidade e da telesubordinação.

A força de trabalho emerge no contexto tecnológico como a energia locada do trabalhador versátil, e entra em cena um novo tipo de relação jurídica, diferenciando-se do antigo contrato de trabalho, cujo objeto era o quantitativo de trabalho, mas agora visa a própria pessoa do trabalhador.

Passou a existir um abismo entre o resultado do trabalho daqueles que dependem do próprio esforço e daqueles que possuem capital, e que essa diferença abismal é responsável pelo descontentamento da maioria maciça dos trabalhadores, impedidos de aumentar a própria renda e pela certeza de que seus descendentes não terão uma vida melhor do que a deles.

A ordem jurídica prevalecente no mercado passa a ser a concorrência dos sistemas legais mais aptos para regular o setor econômico.

Mesmo no meio econômico há uma seleção natural dos sistemas normativos dos países, para se eleger aquele país concorrente que melhor oferece benefícios ao florescimento do capital.

Com isso prevalece o liberalismo de mercado que mais se adequa ao capital especulativo, como se viu sobre a Lei da Liberdade Econômica — **Lei n. 13.874, de 20 de setembro de 2019**, por meio da qual houve a flexibilização de regime jurídico especial, como a CLT, e supressão da função social dos contratos, no Código Civil.

Dessa forma, o darwinismo social instala intensa demanda dos Estados para atrair a maior parte dos investimentos estrangeiros, e isso se faz à custa de condições sociais e fiscais mais favoráveis à valorização do capital, e para isso diminuem salários e gastos públicos, reduzem direitos adquiridos dos trabalhadores.

É um paradoxo que a quarta revolução industrial, a par de melhorar a vida das pessoas, identifique-se como um fenômeno econômico que causa perplexidade e desafia as sociedades, por ausência de trabalho digno aos cidadãos que vivem de seu trabalho.

Num mundo onde prevalece a conectividade também pode gerar maiores expectativas, que podem criar riscos sociais expressivos se as populações começarem a sentir que não alcançarão um nível de prosperidade suficiente, ou encontrar algum significado em suas vidas.

Nos países em desenvolvimento, a desigualdade social não tem limites, como no Brasil, que adota o liberalismo econômico contemporâneo.

O neoliberalismo se singulariza pela multiplicação do capital com os menores custos possíveis, e a falta de oportunidade de empregos formais faz com que multipliquem as atividades laborais no setor da informalidade, onde reina a insegurança, de forma que quanto mais inseguro o trabalho mais favorável se faz o controle do trabalhador dito autônomo, para que os objetivos empresariais sejam melhor alcançados.

Quando se fala no valor social da livre iniciativa, como fundamento da república e da ordem econômica, o que se almeja, além do lucro, é o progresso da sociedade.

É sobre esse entendimento que se diz que o valor social da livre iniciativa não é exclusivamente individual, e os interesses econômicos em geral não devem prevalecer se não atenderem preferencialmente setores tradicionalmente em desvantagem, tais como o de trabalhadores.

Não se trata de propagar a mera livre iniciativa, mas aquilo que esta tem de socialmente valoroso, e neste sentido a iniciativa econômica deve incorporar o valor social do empreendimento.

A ordem econômica há de dar prioridade aos valores do trabalho humano sobre todos os demais valores da economia de mercado.

Não pode haver supremacia da livre iniciativa sobre os demais princípios constitucionais.

Ao contrário, nossa Constituição não deixa dúvidas de que o empreendedorismo deve se integrar à valorização social do trabalho e à justiça social.

Imprescindível se efetivar a justiça distributiva, que pressupõe igual liberdade de cidadania e igualdade de oportunidades, não formalmente, mas equitativamente.

A exacerbação dos livres mercados coloca em risco a proteção ao trabalho, pois tende a ver apenas custos da produção, que devem ser diminuídos ou eliminados; além do mais, os livres mercados pregam, apenas visando interesses próprios, que o melhor é ter mais empregos com menos direitos, para não comprometer o crescimento.

O capitalismo se reinventou nas plataformas digitais, que se popularizaram na medida em que diminuíram uma dificuldade antiga, qual a de facilitar integração dos mercados, mais especificamente de proporcionarem o encontro do vendedor e comprador ou vice-versa.

O trabalho tradicional restou revolucionado pelas plataformas digitais de prestação de serviços, principalmente quanto ao controle pelo empregador, que não o exerce mais sob o confinamento do empregado dentro da fábrica, de uma jornada fixa, de uma disciplina linear, de um vínculo jurídico estável.

Agora sobressai um vínculo etéreo, nas nuvens, pós-contratualista, pós material, emergindo o contrato realidade-virtual, cuja execução se constitui num paradoxo, pois se realiza nas ruas, em condições precárias (e indignas) de trabalho.

Não obstante uma margem de autonomia dada ao trabalhador, como a escolha de horários e não exclusividade, a fixação do preço se dá por algoritmos dinâmicos, uma nova forma de controle da prestação.

O monitoramento da atividade, o conhecimento sobre mudança das condições de trabalho, a forma de execução, sua localização e avaliação, se dão agora de formas completamente inovadoras, por meios tecnológicos.

As relações de trabalho nas plataformas se desenvolvem numa zona cinzenta, entre a autonomia do prestador e sua dependência econômica.

O trabalho móvel sob plataformas digitais oferece alguma flexibilidade, sensação de autonomia, mas causa intensificação do trabalho, aumento dos níveis de estresse e do tempo de trabalho e enfraquece as fronteiras entre trabalho e vida privada; tem o inconveniente de terceirizar para os trabalhadores responsabilidades tradicionais do empregador, como proteção à saúde e segurança.

A regulação do trabalho sob demanda por meio de aplicativos faz-se fundamental para que o trabalho não seja transformado em mercadoria; para que as empresas proprietárias de plataformas passem a operar dentro dos parâmetros do modo de produção capitalista.

Atualmente a interpretação da subordinação jurídica clássica se flexibilizou, de forma que, para integrar os trabalhadores da plataforma na relação de emprego não se faz mais útil repisar a noção tradicional de subordinação no contrato de trabalho, bastando interpretá-la sob a influência da dependência econômica.

Existe subordinação, se após interpretada com flexibilidade, modernidade e adaptabilidade ao caso, perceber-se que o trabalhador é economicamente dependente do empreendimento.

Já não se exige mais a reunião em *numerus claus* dos pressupostos da relação de emprego.

A interpretação a se dar às novas formas de trabalho sob aparente liberdade no seu cumprimento passa a considerar que empregado é aquele que está sujeito a *um* poder de direção, e isso não significa que ele deve estar submetido em *todos* os aspectos de sua relação de trabalho.

É um entendimento novo sobre a relação de emprego, que pode comportar autonomia e liberdade do prestador na sua auto-organização.

Em outras palavras, a liberdade do prestador passa mesmo a ser a regra, considerando ser difícil imaginar um trabalho produtivo totalmente restrito que ainda não tenha sido substituído por máquinas.

As plataformas digitais se interessam menos pelo lucro nas atividades de entrega ou de transporte de passageiros.

É crucial para elas que o modelo seja alavancado pelo capital especulativo, para se estabelecerem como empresas monopolistas que ditam as regras do mercado.

A atividade sindical entre os trabalhadores da informalidade não se regulamenta e se torna inexitosa também pelo fato de que as plataformas entraram em sistemas de relações de trabalho instáveis e pouco integrados, alguns surgindo do advento da própria tecnologia.

Ainda, a prevalência do modelo imposto pelas plataformas do autoemprego e autonomia, contornam os parâmetros de proteção e de sindicalização, o que faz com que a associação sindical se tornasse rejeitada, indiferente ou descentralizada, pela empresa e seus prestadores, sem intermediação sindical.

Há a necessidade da concepção de um direito do trabalho que se estenda além do abrigo da relação de emprego.

Constatou-se que a regulação do trabalho, em todas as formas, será sempre imprescindível, principalmente para evitar abusos gerenciais que põem em perigo a dignidade humana dos trabalhadores.

A nível internacional trouxemos as propostas para erradicação do trabalho precário, e implementação do pleno emprego com dignidade, em condições seguras e em ambientes saudáveis, que desafiam políticas públicas estatais.

Vimos que o trabalho decente para todos e crescimento econômico devem caminhar juntos, pois a ambos interessam a promoção do progresso da economia, inclusivo e sustentável, emprego pleno e produtivo, no termos do objetivo 8º, da Agenda 2030 da ONU, que está em vigência desde 1º de janeiro de 2016.

A pesquisa, no contexto internacional do trabalho informal, foi além da agenda 2030 da ONU, para constatar que existe o Relatório do Alto Comissariado das Nações Unidas para os Direitos Humanos (A/HRC/31/32), confeccionado a partir de Convenções da OIT, da Declaração Universal dos Direitos Humanos e do Pacto Internacional sobre Direitos Econômicos e Sociais e Culturais.

Verificou-se no relatório mencionado que não basta atribuir ao trabalho papel central no contexto dos direitos humanos, antes vale mais incluir ao direito ao trabalho deveres positivados e direitos correlatos.

Levantou-se ainda que se evita o trabalho informal e consequente precarização com a melhora da educação e orientação técnico-profissional, que são componentes essenciais das medidas necessárias para criar condições de igualdade no mercado de trabalho.

Uma das conclusões evidentes do relatório da ONU, no arremate desta pesquisa, é a de que os trabalhadores da economia informal ou aqueles que estão à margem da proteção legal sujeitam-se a maiores dificuldades e discriminação, e são mais vulneráveis de se tornarem alvo de emprego precário, de baixa produtividade, de baixa demanda agregada e de baixa geração de empregos.

A OIT, no que se refere aos mecanismos de promoção e formalização dos vínculos informais, detém dados de que aproximadamente 60 por cento dos empregos estão na economia informal e distribuídos de forma desigual ao redor do mundo (Recomendação 204, de 2015).

Reconhece a OIT que se deve prevenir contra a informalização, cuja prevenção é o primeiro passo para se estabelecer o trabalho decente, e para se cumprir este objetivo, os Estados-Partes devem tomar as medidas necessárias, legislativas ou não, para reduzir ao máximo o número de trabalhadores fora da economia formal, trabalhadores que, como resultado dessa situação, não têm proteção (Recomendação 204, de 2015).

O reconhecimento e a proteção ao trabalho autônomo implica na proposição de que o direito ao trabalho deve abranger todas as formas de trabalho, independente ou dependente assalariado, à vista de que o trabalho humano é digno de valor social em suas diversas formas.

A estratégia nacional de emprego deve respeitar e proteger o trabalho por conta própria, no sentido de permitir aos trabalhadores e suas famílias desfrutar de um nível de vida adequado.

As relações de trabalho que conduzam a condições de trabalho precárias devem ser evitadas, nomeadamente através da proibição da utilização abusiva de contratos atípicos, como os contratos a prazo determinado sem data limite.

A esta altura da conclusão da pesquisa pode-se dizer que o trabalhador atual, seja aquele formalmente empregado, seja o dito 'independente', das plataformas digitais, estão alienados pela racionalidade neoliberal.

Tal racionalidade produz o sujeito de que necessita, e ordena os meios de governá-lo para maximizar seus resultados, expondo-o a riscos, de forma que assuma inteira responsabilidade por eventuais fracassos; 'empresa' é também o nome que se deve dar ao governo de si na era neoliberal[(637)].

A corrosão progressiva dos direitos ligados ao *status* de trabalhador, a insegurança instilada pouco a pouco em todos os assalariados pelas novas formas de emprego precárias, provisórias e temporárias, as facilidades cada vez maiores para demitir e a diminuição do poder de compra até o empobrecimento de frações inteiras das classes populares são elementos que produziram um aumento considerável do grau de dependência dos trabalhadores com relação aos empregadores[(638)].

O trabalhador do processo produtivo atual tornou-se especialista em si mesmo, empregador de si mesmo, inventor de si mesmo, empreendedor de si mesmo: a racionalidade neoliberal impele o eu a agir sobre si mesmo para fortalecer-se e, assim, sobreviver na competição. Todas as suas atividades devem assemelhar-se a uma produção, a um investimento, a um cálculo de custos[(639)].

A noção de 'empresa de si mesmo' supõe uma 'integração da vida pessoal e profissional', uma gestão familiar do portfólio de atividades, uma mudança da relação com o tempo, que não é mais determinada pelo contrato salarial, mas por projetos que são levados a cabo com diversos empregadores[(640)].

Nunca o trabalhador teve de dominar-se a si mesmo, como uma espécie de compensação ao domínio impossível do mundo, ou em uma palavra: quando não se pode mudar o mundo, resta inventar-se a si mesmo[(641)].

---

(637) DARDOT, Pierre; LAVAL, Christian. *Op. cit.*, 2016. p. 426.

(638) *Idem.*

(639) *Ibidem*, p. 429-430.

(640) *Ibidem*, p. 435-436.

(641) *Ibidem*, p. 443 e 445.

O trabalhador carrega a 'irresponsabilidade' de um mundo que se tornou ingovernável em virtude de seu próprio caráter global. Por isso atrai para si a infinita responsabilidade por seu próprio destino, por sua capacidade de ser bem-sucedido e feliz(642).

Assiste-se a uma individualização radical que faz com que todas as formas de crise social sejam percebidas como crises individuais, todas as desigualdades sejam atribuídas a uma responsabilidade individual(643).

O sujeito não vale mais pelas qualidades curriculares que lhe foram reconhecidas durante sua trajetória escolar e profissional, mas pelo valor de uso diretamente mensurável de sua força de trabalho(644).

Por fim, como ressalta Supiot, da Declaração de Filadélfia, concebida após a experiência da segunda guerra mundial, 'uma paz durável só pode ser estabelecida baseada na justiça social', e que 'a pobreza, onde quer que ela exista, constitui um perigo para a prosperidade de todos'(645).

---

(642) *Ibidem*, p. 445/446.

(643) *Ibidem*, p. 450.

(644) DARDOT, Pierre; LAVAL, Christian. *Op. cit.*, p. 454. 2016.

(645) SUPIOT, Alain. *Op. cit.*, 2014, p. 67.

Referências

ABÍLIO, Ludmila Costhek. A era do trabalhador *just-in-time*? Palestra apresentada em dezembro de 2019 junto ao Instituto de Estudos Avançados, sediado no IEA e coordenado pelo Prof. Dr. René Mendes. Artigo publicado em *Estudos Avançados 34* (98).

ABÍLIO, Ludmila Costhek; ALMEIDA, Paula Freitas; AMORIM, Henrique, CARDOSO, Ana Claudia Moreira; FONSECA, Vanessa Patriota da; KALIL, Renan Bernardi; MACHADO, Sidnei. Condições de trabalho de entregadores via plataforma digital durante a Covid-19. *Revista Jurídica Trabalho e Desenvolvimento Humano* — Procuradoria Regional do Trabalho da 15ª Região, v. 3, Campinas, 2020, p. 15

AMADO, João Leal; MOREIRA, Teresa Coelho. O direito das plataformas de transporte e o contrato de trabalho em Portugal: assuntos, relações e presunção de emprego. In: CARELLI, Rodrigo, CINGOLANI, Patrick, KESSELMAN, Donna (editores). *Les travailleurs des plataformes numériques* — regards interdisciplinaires. Editorial Teseo/SDL, 2022.

ANDERSON, Perry. *Brasil à parte:* 1964-2019. São Paulo: Boitempo, 2021.

ANTUNES, Ricardo. Empregos e carreiras — entrevista. Portal *UOL*, 2019. Disponível em: <https://economia.uol.com.br/empregos-e-carreiras/noticias/redacao/2019/09/14/entrevista-sociologo-ricardo-antunes-trabalho-emprego-empreendedorismo.htm>. Acesso em: 23 dez. 2021.

______. *O privilégio da servidão:* o novo proletariado de serviços na era digital. São Paulo: Boitempo, 2018.

______. Trabalho digital, "indústria 4.0" e uberização do trabalho. In: CARELLI, Rodrigo de Lacerda; CAVALCANTI, Tiago Muniz; FONSECA, Vanessa Patriota da. *Futuro do trabalho, os efeitos da revolução digital na sociedade*. Brasília: Escola Superior do Ministério Público da União, 2020.

______. *Adeus ao trabalho?* — ensaio sobre as metamorfoses e a centralidade do mundo do trabalho. 16. ed. São Paulo: Cortez, 2015.

AVOGARO, Matteo. Direitos coletivos. Tratamento do direito sindical e convênios. Edição do Kindle. In LUDOVICO, Giuseppe; ORTEGA, Fernando Fita; NAHAS, Thereza Christina (Coords.). *Novas tecnologias, plataformas digitais e direito do trabalho:* uma comparação entre Itália, Espanha e Brasil. São Paulo: Thomson Reuters Revista dos Tribunais, 2020.

AZAÏS, Christian; DIEUAIDE, Patrick; KESSELMAN, Donna. Zona cinzenta do emprego, poder do empregador e espaço público. In: CARELLI, Rodrigo de Lacerda; CAVALCANTI, Tiago Muniz; FONSECA, Vanessa Patriota da. *Futuro do trabalho, os efeitos da revolução digital na sociedade*. Brasília: Escola Superior do Ministério Público da União, 2020.

BELTRAMELLI NETO, Silvio; KLUGE, Cesar Henrique. Controle de convencionalidade difuso e concentrado em matéria trabalhista nas perspectivas da OIT e do sistema interamericano de proteção dos direitos humanos. *Revista DIREITO E JUSTIÇA* – Reflexões Sociojurídicas, Ano XVII, n. 28, p. 105-132, maio 2017. Extraído do sítio: <https://www.academia.edu/37013792/Controle_de_convencionalidade_difuso_e_concentrado_em_mat%C3%A9ria_trabalhista_nas_perspectivas_da_OIT_e_do_Sistema_Interamericano_de_Prote%C3%A7%C3%A3o_dos_Direitos_Humanos>. Acesso em: 07 set. 2020.

BERCOVICI, Gilberto. As inconstitucionalidades da “lei da liberdade econômica” (Lei n. 13.874, de 20 de setembro de 2019). In: SALOMÃO, Luis Felipe; CUEVA, Ricardo Villas Bôas; FRAZÃO, Ana. *Lei de Liberdade Econômica e seus impactos no direito brasileiro*. São Paulo: Thomson Reuters Brasil – Revista dos Tribunais. Edição do Kindle. 2020.

BETTO, Frei. *O movimento dos sem direitos* — trabalhadores brasileiros lutam por direitos. Extraído do sítio: <https://domtotal.com/noticia/1579920/2022/05/o-movimento-dos-sem-direitos/>. Acesso em: 08 jul. 2022.

BLOCH, Marc. *A sociedade feudal.* Lisboa: Livraria Martins Fontes, 1979.

BRATTON, Benjamin H. *The Stack, on software and sovereignty*. London: Matthew Fuller, Lev Manovich, and Noah Wardrip-Fruin Editors, 2015.

BULGUERONI, Renata Orsi. *Trabalho autônomo dependente:* experiências italiana e espanhola e a realidade brasileira. Dissertação (mestrado) – Mestrado em Direito do Trabalho e Seguridade Social, Faculdade de Direito da Universidade de São Paulo, São Paulo, 2011.

CABRAL, Angelo Antonio; DE PAULA, Guilherme Lima Juvino. Sujeitos coletivos de trabalho e o trabalho no Século XXI: organização coletiva dos trabalhadores de plataformas digitais. *Revista do TST*, São Paulo, v. 86, n. 1, jan./mar. 2020.

CARELLI, Rodrigo de Lacerda. O caso *Uber* e o controle por programação: de carona para o século XIX. In: LEME, Ana Carolina Paes; RODRIGUES, Bruno Alves; CHAVES JÚNIOR, José Eduardo de Resende (Coords.). *Tecnologias disruptivas e a exploração do trabalho humano:* a intermediação de mão de obra a partir das plataformas eletrônicas e seus efeitos jurídicos e sociais. São Paulo: LTr, 2017.

CARELLI, Rodrigo de Lacerda; Oliveira, Murilo Carvalho Sampaio. *As Plataformas Digitais e o Direito do Trabalho*. Belo Horizonte: Editora Dialética, 2021.

CARELLI, Rodrigo de Lacerda. O trabalho em plataformas e o vínculo de emprego: desfazendo mitos e mostrando a nudez do rei. In: CARELLI, Rodrigo de Lacerda; CAVALCANTI, Tiago Muniz; FONSECA, Vanessa Patriota da. *Op. cit.*, 2020.

CHAVES JÚNIOR, José Eduardo de Resende. O Direito do Trabalho pós-material: o contrato realidade-virtual da “multidão” produtora. *Pepe Ponto Rede Blog*, 2017. Disponível em: <https://pepe-ponto-rede.blogspot.com/search?q=o+direito+do+trabalho+pósmaterial%3A+o+contrato+realidade>. Acesso em: 24 jul. 2019.

CHAVES JÚNIOR, José Eduardo de Resende; MENEGHINI, Nancy Bikdal (Coords.). *Trabalhadores plataformizados e o acesso à Justiça pela via dos Direitos:* regulações e lutas em países das Américas, Europa e Ásia voltadas ao reconhecimento, distribuição e representação. Belo Horizonte: Editora Expert, 2021.

CYRINO, André. A constituição econômica e a Lei n. 13.874/2019. In: SALOMÃO, Luis Felipe; CUEVA, Ricardo Villas Bôas; FRAZÃO, Ana. *Lei de Liberdade Econômica e seus impactos no direito brasileiro*. São Paulo: Thomson Reuters Brasil – Revista dos Tribunais, 2020.

COUTINHO, Diogo R. A mão invisível e a faca no pescoço: considerações críticas sobre o "abuso de poder regulatório" na Lei n. 13.874/2019. In SALOMÃO, Luis Felipe; CUEVA, Ricardo Villas Bôas; FRAZÃO, Ana. *Lei de Liberdade Econômica e seus impactos no direito brasileiro*. São Paulo: Thomson Reuters Brasil – Revista dos Tribunais, 2020.

DARDOT, Pierre; LAVAL, Christian. *A nova razão do mundo* — ensaio sobre a sociedade neoliberal. São Paulo Boitempo, 2016.

DE ALMEIDA, Paulo Samuel. **Indústria 4.0**. Pinheiros-SP: Editora Saraiva, 2019.

DE FRADERA, Véra Maria Jacob. Art. 7º: Liberdade contratual e função social do contrato – Art. 421 do Código Civil. *In:* MARQUES NETO, Floriano Peixoto; RODRIGUES RODRIGUES JR, Otávio Luiz; LEONARDO, Rodrigo Xavier. Comentários à lei da liberdade econômica: Lei n. 13.874/2019. São Paulo: Revista dos Tribunais, 2019.

DELEUZE, Gilles. *Post-Scriptum* sobre as Sociedades de Controle. In: *Conversações*. Rio de Janeiro, 1990, p. 219-226. Disponível em: <https://edisciplinas.usp.br/mod/resource/view.php?id=41105>. Acesso em: 18 jun. 2022.

DELGADO, Mauricio Godinho. *Curso de direito do trabalho*. 18. ed. São Paulo: LTr, 2019.

DE MASI, Domenico. *O ócio criativo*. Rio de Janeiro: Sextante, 2000.

______. *O trabalho na economia Global*. São Paulo: Editora Moderna, 1998.

DIDI-HUBERMAN, Georges. *Povo em lágrimas, povo em armas*. Ambassade de France au Brésil, 2020.

DI FELICE, Massimo. *Martin Heidegger* — a questão da técnica. São Paulo: Paulus, 2022.

CARMO, Paulo Sérgio do. *Sociologia e sociedade pós-industrial, uma introdução*. São Paulo: Paulus, 2007.

______. *O trabalho na economia Global*. São Paulo: Editora Moderna, 1998.

DOCKÈS, Emmanuel. Os empregados das plataformas. In: CARELLI, Rodrigo de Lacerda; CAVALCANTI, Tiago Muniz; FONSECA, Vanessa Patriota da. *Op. cit.*, 2020.

DURKHEIM, Émile. *Da Divisão do Trabalho Social*. São Paulo: WMF Martins Fontes. Edição do Kindle, 2015.

DUBAL, Veena B. AB5 para democracia: segurança econômica e a regulação do trabalho do bico na Califórnia. In: CARELLI, Rodrigo de Lacerda; CAVALCANTI, Tiago Muniz; FONSECA, Vanessa Patriota da. *Op. cit.*, 2020.

EUROFOUND. *Novas formas de emprego*. Serviço de Publicações da União Europeia, 2015. Disponível em: <https://www.eurofound.europa.eu/pt/topic/new-forms-of-employment>. Acesso em: 29 de junho de 2022.

FORGIONI, Paula A. Comentários à Lei de Liberdade Econômica – Lei n. 13.874/2019. A interpretação dos negócios jurídicos II – alteração do art. 113 do Código Civil: art. 7º. In: MARQUES NETO, Floriano Peixoto; RODRIGUES JR, Otávio Luiz; LEONARDO, Rodrigo Xavier. *Op., cit.*, 2019.

FRAZÃO, Ana. Liberdade econômica para quem? A necessária vinculação entre a liberdade de iniciativa e a justiça social. In: SALOMÃO, Luis Felipe; CUEVA, Ricardo Villas Bôas; FRAZÃO, Ana. *Op. cit.*, 2020.

GALBRAITH, John Kenneth. *O novo Estado industrial.* Rio de Janeiro: Civilização Brasileira, 1968.

GAURIAU, Rosane. Breves considerações sobre a regulação do trabalho em plataformas digitais na União Europeia, na França e no Brasil. *Revista TST*, São Paulo, vol. 87, n. 3, jul./set. 2021, p. 88.

GIDDENS, Anthony. *O capitalismo e a moderna teoria social* — Uma análise das obras de Marx, Durkheim e Max Weber. 2. ed. Lisboa: Editorial Presença, 1972.

GONÇALVES, Marcos Toledo. Uberização: um estudo de caso – As tecnologias disruptivas como padrão de organização do trabalho no século XXI. *Revista LTr*, São Paulo, n. 81, mar. 2017.

GRAU, Eros Roberto. In: CANOTILHO, *et alii* (Coords.). *Comentários à Constituição do Brasil.* 2. ed. São Paulo: Saraiva, 2018.

GREENFIELD, Susan. Computadores melhoram nosso QI, mas reduzem nossa inteligência? In: SCHÜLER, Fernando; WOLF, Eduardo. *21 Ideias do fronteiras do pensamento* — para compreender o mundo atual. Porto Alegre: Arquipélago Editorial, 2017.

HAN, Byung-Chul. *Sociedade do Cansaço.* 2. ed. Petrópolis: Vozes, 2015.

______. *Topologia da violência.* Petrópolis: Vozes, 2017.

HARARI, Yuval Noah. *Homo Deus* — uma breve história do amanhã. São Paulo: Cia. das Letras, 2016.

HARVEY, David. *Condição pós-moderna* — uma pesquisa sobre as origens da mudança cultural. São Paulo: Loyola, 2017.

______. *Para entender O Capital* — livro 1. Edição do Kindle. São Paulo: Boitempo. 2013.

______. *A Loucura da razão econômica* — Marx e o capital no século XXI. Edição do Kindle. São Paulo: Boitempo, 2019.

HAYEK, Friedrich A. *O caminho da servidão.* Edição do Kindle: LVM Editora, 2010.

______. *A pretensão do conhecimento.* Posição 86/87. Edição do Kindle. LVM Editora. São Paulo, 2019.

HOBSBAWM, Eric. *A era das revoluções: 1789-1848.* Paz e Terra. Edição do Kindle. 2015.

HONNETH, Axel. *Reificação* – um estudo de teoria do reconhecimento (2020-01-15T22:58:59.000). São Paulo: Editora Unesp digital: Edição do Kindle, 2018.

HUWS, Ursula. *Reinventing the Welfare State:* Digital Platforms and Public Policies (Reinventando o Estado Social: Plataformas Digitais e Políticas Públicas). Posição 406. Edição do Kindle. Tradução livre. Pluto Press. 2020.

IANNI, Otávio. *Teorias da Globalização.* 16. ed. S.L: Rio de Janeiro: Civilização Brasileira, 2010.

IBGE. *Pesquisa Nacional por Amostra de Domicílios Contínua* — PNAD Contínua. Disponível em: <https://ftp.ibge.gov.br/Trabalho_e_Rendimento/Pesquisa_Nacional_por_Amostra_de_Domi-

cilios_continua/Trimestral/Novos_Indicadores_Sobre_a_Forca_de_Trabalho/pnadc_202201_trimestre_novos_indicadores.pdf>. Acesso em: 16 jun. 2022.

JESUS, Ana Beatriz Bueno de; COELHO, Bruna da Penha de Mendonça; GARCIA, Ivan Simões; CARMO, Jéssica Lima Brasil. A teoria do valor-trabalho e as relações laborais por plataformas digitais de entrega. *Revista TST*, São Paulo, vol. 87, n. 3, jul./set. 2021.

KALIL, Renan Bernardi. *A regulação do trabalho via plataformas digitais*. São Paulo: Editora Edgard Blücher, 2020.

KANT, Immanuel. *Metafísica dos costumes*. São Paulo: Edipro, 2020.

KUMAR, Krishan. *Da sociedade pós-industrial à pós-moderna*. Rio de Janeiro: Jorge Zahar, 1997.

LEE, Kai-Fu; QIUFAN, Chen. *2041* — Como a inteligência artificial vai mudar sua vida nas próximas décadas (2022-07-19T22:58:59.000). Globo Livros. Edição do Kindle. 2021.

LEME, Ana Carolina Reis Paes. *Da máquina à nuvem* — Caminhos para o acesso à justiça pela via de direitos dos motoristas da *Uber*. São Paulo: LTr, 2019.

LEMOS, Ronaldo. É preciso parar de falar 'usuário" de internet. *Folha de S. Paulo*, 2021. Disponível em: <https://www1.folha.uol.com.br/colunas/ronaldolemos/2021/09/e-preciso-parar-de-falar-usuario-de-internet.shtml?utm_source=sharenativo&utm_medium=social&utm_campaign=sharenativo>.

LLOSA, Mario Vargas. Não existe uma sociedade perfeita. In: SCHÜLER, Fernando; WOLF, Eduardo. *Op. cit.*, 2017.

MAFFESOLI, Michel. *Saturação*. São Paulo: Itaú Cultural, 2010.

MANNRICH, Nelson. Futuro do direito do trabalho, no Brasil e no mundo. *Revista LTr*, São Paulo-SP, ano 82, nov. 2017.

MANUS, Pedro Paulo Teixeira; SANTOS, Ariane Joice dos. *A desproteção do trabalhador na economia compartilhada e a necessidade de observância dos direitos fundamentais sociais mínimos. Op. cit.*, 2022.

MAUERBERG JUNIOR, Arnaldo. *A complexidade e o construtivismo na economia*. Extraído do sítio: <https://www.scielo.br/j/rep/a/q94nWkZ6MDMFKKxnCfwYfBn/?lang=pt>. Acesso em: 18 ago. 2022.

MAZUYER, Emmanuelle. A proteção legal dos trabalhadores de plataforma digital. In: CARELLI, Rodrigo, CINGOLANI, Patrick, KESSELMAN, Donna (Eds.). *Op. cit.*, 2022.

MAZZUOLI, Valério de Oliveira. *O Controle Jurisdicional de Convencionalidade das Leis*. 4. ed. São Paulo: Revista dos Tribunais, 2016.

______. *Curso de Direitos Humanos*. 3. ed. São Paulo: Forense, 2016.

MELHADO, Reginaldo. *Poder e sujeição* — Os fundamentos da relação de poder entre capital e trabalho e o conceito de subordinação. São Paulo: LTr, 2003.

MENDES, Gilmar Ferreira. Liberdade econômica e alienação de empresas estatais: reflexões a partir do julgamento da ADI n. 5.624 In: SALOMÃO, Luis Felipe; CUEVA, Ricardo Villas Bôas; FRAZÃO, Ana. *Op. cit.*, 2020.

MENDES, Guilherme. PL que assegura direitos a entregadores de aplicativo entra na pauta da Câmara. *Portal UOL*, 2021. Disponível em: <https://congressoemfoco.uol.com.br/area/congresso-nacional/pl-que-assegura-direitos-a-entregadores-de-aplicativo-entra-na-pauta-da-camara/?bilb=&utm_source=pushnews&utm_medium=pushnotification>. Acesso em: 23 dez. 2021.

MENEZES, Bianca Caroline Bento; RIBEIRO, Breno Lucas de Carvalho; CARNEIRO, Bruna Salles. Assembly bill n. 5 e classificação dos empregados na Califórnia: um caminho para a proteção social trabalhista. In: ORSINI, Adriana Goulart de Sena; CHAVES JUNIOR, José Eduardo de Resende; MENEGHINI, Nancy Bikdal (Coords.). *Op. cit.*, 2021.

MUMFORD, Lewis. *Técnica e civilização*. Lisboa: Antígona, Editores Refratários, 2018.

OLIVEIRA NETO, Celio Pereira. *Trabalho em ambiente virtual, efeitos e conformação.* Tese (Doutorado) – Doutorado em efetividade dos direitos da terceira dimensão e tutela da coletividade dos povos e da humanidade. São Paulo: Faculdade de Direito da Pontifícia Universidade de São Paulo, 2018.

ORGANIZAÇÃO INTERNACIONAL DO TRABALHO (OIT). *Organizing informal economy workers into trade unions: a trade union guide*. Geneva: International Labour Office, 2019.

ORGANIZAÇÃO INTERNACIONAL DO TRABALHO (OIT). Relatório intitulado *"As plataformas digitais e o futuro do trabalho — promover o trabalho digno no mundo digital"*. Disponível em: <https://www.ilo.org/wcmsp5/groups/public/---americas/---ro-lima/---ilo-brasilia/documents/publication/wcms_759851.pdf>. Acesso em: 15 jun. 2022.

PEIXOTO, Aguimar Martins. A lei da liberdade econômica e a função social do contrato. In: SILVA E SOUZA, Carlos Eduardo; ONUMA, Tatiana Tomie (Orgs.). *Direito civil contemporâneo e direitos fundamentais*. Rio de Janeiro: Editora Lumen Juris, 2021.

______. Controle difuso de constitucionalidade. In: SOUZA, Leonardo Vieira de (Org.); ANDRADE, Julyana Lannes; MOLINA, Mateus Araújo; ORTEGA, Evandro Bortolotto (Coords.). Temas Essenciais de Direito Público em Mato Grosso. Belo Horizonte: Editora Letramento. 2021.

PIKETTY, Thomas. *A economia da desigualdade* (2015-01-21T22:58:59.000). Rio de Janeiro: Editora Intrínseca. Edição do Kindle. 2015.

POLENSKE, Karen R. Leontief's "magnificent machine" and other contributions to applied economics. In: DIETZENBACHER, Erick; LAHR, Michael L. *Wassily Leontief and input-output economics*. Cambridge, 2004.

PORTO, Lorena Vasconcelos. *A subordinação no contrato de trabalho:* desconstrução, reconstrução e universalização do conceito jurídico. Dissertação (mestrado) – Mestrado em direito. Pontifícia Universidade Católica de Minas Gerais, 2008.

PURCELL, Kate. Gênero e insegurança no trabalho no Reino Unido. *ESRU. Employment Studies Research Unit University of West of England*, 2004. Disponível em: <https://www.scielo.br/scielo.php?script=sci_arttext&pid=S0104-026X2004000200010>. Acesso em: 18 jun. 2022.

RAWLS, John. *Uma teoria da justiça*. São Paulo: Martins Fontes, 2000.

RIFKIN, Jeremy. *A terceira revolução industrial* — como o poder lateral está transformando a energia, a economia e o mundo. [s.l.]. M. Books, 2000.

ROCHA, Cláudio Jannotti da; OLIVEIRA, Marcos Paulo da Silva. A quarta revolução tecnológica e o trabalho na Gig Economy: limites e fronteiras do Direito do Trabalho na proteção dos trabalhadores em aplicativos. *Revista de Direito do Trabalho e Seguridade Social.* São Paulo, Revista dos Tribunais, vol. 216, ano 47, mar./abr. 2021.

RODRIGUES JR, Otavio Luiz. A liberdade contratual e a função social do contrato – alteração do art. 421-A do Código Civil: art. 7º. In: MARQUES NETO, Floriano Peixoto; RODRIGUES JÚNIOR, Otávio Luiz & LEONARDO, Rodrigo Xavier. *Op. cit.*, 2019.

SAVATER, Fernando. Coragem para viver, generosidade para conviver e prudência para sobreviver, p. 113. In: Schüler, Fernando; Wolf, Eduardo. *Op. cit.*, 2017.

TODOLÍ SIGNES, Adrián. *El trabajo en la era de la economía colaborativa.* Valencia: Tirant lo blanch, 2017.

SODRÉ, Muniz. *A sociedade incivil* — mídia, iliberalismo e finanças. Petrópolis: Vozes, 2021

SCHWAB, Klaus. *A quarta revolução industrial.* São Paulo: Edipro, 2019.

SILVA, José Afonso da. *Comentários à Constituição do Brasil.* In: CANOTILHO, *et alii* (Coords.). 2. ed. São Paulo: Saraiva, 2018. p. 764.

SLEE, Tom. *Uberização* — A nova onda do trabalho precarizado. São Paulo: Elefante Editora, 2017.

SMITH, Adam. *A mão invisível.* São Paulo: Cia. das Letras / Editora Schwarcz, 2000.

SOUZA, Antônio Paulino de. *A sociologia jurídica e a quantificação em Alain Supiot.* Extraído do sítio: <https://www.redalyc.org/journal/938/93864117011/html/>. Acesso em: 18 ago. 2022.

STANDING, Guy. *O precariado* — A nova classe perigosa. Coleção Invenções Democráticas. vol. IV. Nupsi-USP. São Paulo: Editora Autêntica, 2013.

STÜRMER, Gilberto. Liberdade sindical e trabalho em plataformas digitais: repercussões da estrutura sindical na representação de trabalhadores de aplicativos. *Revista de Direito do Trabalho*, vol. 221/2022, p. 166, jan./fev. 2022.

The free dictionary: <https://encyclopedia2.thefreedictionary.com/gig+economy>.

VIECELI, Leonardo; GAVRAS, Douglas. Número de trabalhadores subocupados cresce e trava consumo no Brasil – Grupo de profissionais que trabalham menos do que gostariam alcança 7,8 milhões, aponta IBGE. Jornal *Folha de S. Paulo*, edição do dia 18 dez. 2021. Extraído do sítio: <https://www1.folha.uol.com.br/mercado/2021/12/numero-de-trabalhadores-subocupados--cresce-e-trava-consumo-no-brasil.shtml?utm>. Acesso em: 22 dez. 2021.

VILHENA, Paulo Emílio de Ribeiro. *Relação de Emprego* — Estrutura legal e supostos. 3. ed. São Paulo: LTr, 2005.

WANDELLI, Leonardo Vieira. *O direito humano e fundamental ao trabalho, fundamentação e exigibilidade.* São Paulo: LTr, 2012.

______. Valor social do trabalho e dignidade na Constituição. In: CLÉVE, Clémerson Merlin. *Direito Constitucional Brasileiro* — Teoria da Constituição e Direitos Fundamentais. v. 1, 2. ed. São Paulo: Revista dos Tribunais, 2020.

______. Assédio moral organizacional: os direitos fundamentais ao trabalho, à saúde e ao meio ambiente saudável na tutela da organização do trabalho. In: NEMER NETO, Alberto; DA ROCHA, Claudio Iannotti; ARANTES, Delaíde Alves Miranda; RIZK FILHO, José Carlos; DE AZEVEDO NETO, Platon Teixeira. *80 Anos da Justiça do Trabalho:* A democracia e a cidadania à luz da tutela jurisdicional trabalhista. São Paulo: Editora, 2021.

WOODCOCK, Jamie. O panóptico algorítmico da Deliveroo: mensuração, precariedade e a ilusão do controle. Edição do Kindle. In: ANTUNES, Ricardo (Org.). *Uberização, trabalho digital e indústria 4.0*. São Paulo: Boitempo, 2020.